AF674898

फ़ील्ड मार्शल

सैम मानेकशॉ

अपने समय का चमकता सितारा

फ़ील्ड मार्शल
सैम मानेकशॉ
अपने समय का चमकता सितारा

ब्रिगेडियर बेहराम एम. पंथकी (सेवानिवृत्त)
और ज़िनोब्या पंथकी

अनुवाद
अक्षय कुमार सिंह चौहान

बहुवचन
नियोगी बुक्स

यह हमारी बेस्ट सेलर अंग्रेज़ी पुस्तक
फ़ील्ड मार्शल सैम मानेकशॉः द मैन एंड हिज टाइम्स
का हिंदी अनुवाद है।

An imprint of Niyogi Books

प्रकाशक
नियोगी बुक्स
ब्लॉक-डी, बिल्डिंग नं. 77
ओखला औद्योगिक क्षेत्र, फेज़-1
नई दिल्ली-110020, भारत
दूरभाष: 91-11-26816301, 26818960
ईमेल: niyogibooks@gmail.com
www.niyogibooksindia.com

संपादकः वंदना गुप्ता
डिज़ाइनः शशि भूषण प्रसाद

ISBN: 978-93-89136-83-8
प्रथम प्रकाशनः 2021

मुद्रकः नियोगी ऑफसेट प्राइवेट लिमिटेड, नई दिल्ली, भारत

मूल्यः ₹895

समर्पण

अपने देश की रक्षा करते हुए जीवन का बलिदान करने वाले सैनिकों और उतना ही त्याग करने वाली उनकी विधवाओं को समर्पित।
इस पुस्तक की रॉयल्टी का संपूर्ण हिस्सा 'वॉर वुंडेड फाउंडेशन' और 'वॉर विडोज़ एसोसिएशन ऑफ इंडिया' को समर्पित।

विषय वस्तु

प्राक्कथन

ब्रिगेडियर बेहराम एम. पंथकी ने अपनी पत्नी ज़िनोब्या के कुशल सहयोग से फ़ील्ड मार्शल एस.एच. एफ.जे. मानेकशॉ पर यह बेहतरीन पुस्तक लिखी है। सैम मानेकशॉ ने सेना अध्यक्ष के रूप में 1971 की जंग में भारतीय सेना का नेतृत्व किया था और ऐतिहासिक व अभूतपूर्व जीत हासिल की। यह पुस्तक एक आत्मकथा नहीं है; बल्कि मुख्य रूप से लेखक के उनके ए डी सी[1] के रूप में कार्य करने के दौरान फ़ील्ड मार्शल और उनके परिवार से जुड़ाव और व्यक्तिगत रूप से हासिल की गई जानकारियों के आधार पर लिखी गई है। इसमें बड़ी खूबसूरती से छोटे-छोटे क़िस्सों के ज़रिए उस महान सैनिक अधिकारी की विनोदप्रियता और हाज़िरजवाबी से भरे व्यक्तित्व और चरित्र को दर्शाया गया है।

मुझे सैम के साथ दो दशक से ज़्यादा समय तक काम करने का सौभाग्य मिला और मैंने उन्हें उदीयमान युवा लेफ़्टिनेंट कर्नल से फ़ील्ड मार्शल तक बढ़ते देखा था। उन्होंने अपने लंबे और लब्धप्रतिष्ठ सेवाकाल के दौरान हर पद पर सभी कार्यों को बखूबी अंजाम दिया। प्रारंभिक दस साल हमारे बीच दोस्ताना और शिष्ट व्यवहार कायम रहा, लेकिन अगला दशक ऐसी परिस्थितियों की छाया में गुज़रा, जिन पर हमारा नियंत्रण नहीं था। हालाँकि बाद में मुझे फिर से सैम के मातहत काम करने का मौक़ा मिला और मेरी ख़ुशनसीबी कि हमारी सारी ग़लतफ़हमियाँ दूर हो गईं। सैम मेरे प्रति बहुत उदार थे।

1960 में मेरी नियुक्ति लेफ़्टिनेंट जनरल बी.एम. कौल के स्टाफ़ अफ़सर के रूप में हुई थी, जो उस समय क्वार्टर-मास्टर जनरल[2] थे। प्रधानमंत्री जवाहरलाल नेहरू और रक्षा मंत्री कृष्णा मेनन से क़रीबी रिश्ते होने के कारण कौल फ़ौज में बहुत प्रभावी हो गए थे। मेनन और कौल दोनों ही अपने-अपने कारणों से सैम से बैर रखते थे। मेनन इसलिए, क्योंकि सैम ने तत्कालीन सेना अध्यक्ष जनरल थिमैया से दग़ा करने से मना कर दिया था, जिनसे मेनन के कुछ मतभेद थे। कौल इसलिए बैर रखते थे, क्योंकि सैम जूनियर होने के बावजूद दक्षता में उनसे बेहतर होने के कारण सेना अध्यक्ष बनने की महत्वाकांक्षा के लिए ख़तरा थे।

बतौर स्टाफ़ अफ़सर होने के नाते मैंने कौल के साथ ईमानदारी से काम किया और इसके इनाम में उन्होंने मुझे इंगलैंड में जॉइंट सर्विसिज़ स्टाफ़ कॉलेज में शामिल होने की इच्छित सीट के लिए मनोनीत किया, जिसके लिए हर साल एक जगह होती थी और तीनों सेनाओं में से किसी एक अफ़सर को चुना जाता था। कोर्स के लिए थल सेना को अपना मौक़ा तीन साल में एक बार मिलता था। सामान्यतया, कर्नल या ब्रिगेडियर पद के अधिकारियों को इस कोर्स के लिए भेजा जाता था, जबकि मैं तो सिर्फ़ मेजर था। चूँकि मैंने दस साल पहले इंडियन आर्मी का स्टाफ़ कोर्स किया था, कौल ने सुझाव दिया कि इंगलैंड जाने से पहले वेलिंगटन (दक्षिण भारत) में डिफेंस सर्विसिज़ स्टाफ़ कॉलेज (डी एस एस सी) जाकर नौ सेना और वायु सेना

---

1 एक युवा अफ़सर, जो एक जनरल का व्यक्तिगत अंगरक्षक होता है।

2 क्वार्टर-मास्टर जनरल सेना में आपूर्ति एवं परिवहन का प्रभारी होता है।

सैम ने फ़ौज में अपनी उन्नति जारी रखी...1969 में वह सेना अध्यक्ष बने...

के साथ दो हफ़्ते का अटैचमेंट पूरा करूँ। उस समय सैम मेजर जनरल और कॉलेज के कमांडेंट थे। चूँकि सैम और कौल के रिश्ते अच्छे नहीं थे, मुझे कौल का आदमी समझते हुए, माना गया कि मैं कमांडेंट पर नज़र रखने के लिए भेजा गया हूँ। मैंने कॉलेज पहुँचकर सैम को एक अलग अंदाज़ में पाया; वे मुझसे बहुत सँभल कर बात करते और मेरे प्रति क़ाफी उदासीन थे। अटैचमेंट के दौरान एक दिन देर रात को मुझे संदेश मिला कि मुझे कुनूर के एक होटल में एक कर्नल से तुरंत मिलना है, जिसे दिल्ली से कौल ने भेजा था। जब मैं कर्नल के कमरे में पहुँचा तो देखा स्टाफ़ कॉलेज के दो सैन्य प्रशिक्षक कर्नल को कुछ बता रहे थे और इशारा कर रहे थे कि सैम देशद्रोही गतिविधियों में शामिल थे। कर्नल ने मुझसे भी इसी तरह की बातें कहने को कहा, पर मैंने इनकार कर दिया, क्योंकि मैंने सैम को कभी किसी देशद्रोही गतिविधि में लिप्त नहीं देखा था। यह सुनकर कर्नल उग्र हो गया और मुझे जनरल कौल को फोन करने की धमकी देने लगा। उसने कई बार दिल्ली फोन मिलाया भी, पर बात नहीं हो पाई। मैंने होटल के बाहर आकर कुछ राहत महसूस की, पर इस अनैतिक कृत्य से मन खिन्न हो उठा। जो कुछ मैंने देखा था, ज़ाहिर-सी बात थी कि वह बताने मैं सैम के पास नहीं जा सकता था, क्योंकि मुझे कहानियाँ गढ़ने वाला मान लिया जाता। दिल्ली लौट आने पर कौल ने मुझे बुलाया, वह मेरे द्वारा कर्नल को कुछ कहने से इनकार करने से बहुत नाराज़ थे और मुझे इंगलैंड के कोर्स से हटा देने की धमकी देने लगे। मुझसे बड़े रूखेपन से उनके कार्यालय से चले जाने के लिए कहा गया। मैंने कुछ राहत और कुछ नफ़रत महसूस की और चला आया। इसके बाद मेरी उनसे कभी कोई बात नहीं हुई और अपने कार्यक्रम के मुताबिक तीन दिन बाद मैं इंगलैंड के लिए रवाना हो गया। मैंने सुना कि सैम के ख़िलाफ़ एक कोर्ट ऑफ इंक्वायरी हुई और वह अपने ऊपर लगाए सारे आरोपों से दोषमुक्त सिद्ध हुए।

कोर्स पूरा करने पर मैं पदोन्नत होकर लेफ़्टिनेंट कर्नल बना और वेलिंगटन में डी एस एस सी के प्रशिक्षक पद पर नियुक्त हो गया। सैम अब भी कॉलेज के कमांडेंट थे और उन्होंने मुझसे दूरी बनाए रखी। इस बीच कौल ने उत्तर-पूर्व में चीन की सीमा पर नई बनी 4 कॉर की कमांड ली। कुछ ही हफ़्तों बाद 1962 की असफलता देखनी पड़ी, जब चीन की सेना घुस आई और शर्मनाक पराजय का सामना करना पड़ा। कौल को कमांड से हटा दिया गया और सैम को पदोन्नत कर उनकी जगह भेजा गया। यह ईश्वर की मरज़ी थी।

सैम ने फ़ौज में अपनी उन्नति जारी रखी। जब वह पूर्वी सेना के कमांडर थे, मैं उनके मातहत पहले 1965 में बतौर बटालियन कमांडर और फिर 1968 में बतौर ब्रिगेड कमांडर था। 1969 में वह सेना अध्यक्ष बने और 1970 में मुझे सेना मुख्यालय में नव स्थापित वेतन प्रभाग में नियुक्त किया गया, जिसे तीसरे वेतन आयोग के समक्ष सेना के मामलों को पेश करना था। 1934 में पहली बार भारतीय सेना अकादमी से उपाधि हासिल करने वालों से लेकर सभी भारतीय कमीशन प्राप्त अधिकारियों ने 1947 में ज़बरदस्त वेतन कटौती का सामना किया था। एक ब्रिगेडियर के रूप में सैम का मासिक वेतन उनसे

एक साल पहले सैण्डहर्स्ट[3] से कमीशन प्राप्त ब्रिगेडियर के वेतन से एक हज़ार रुपए कम था। पहले दो वेतन आयोगों के दौरान सेना का प्रतिनिधित्व रक्षा मंत्रालय ने किया, इसलिए तब मज़बूती से इस मुद्दे के निवारण से मना कर दिया। जब सैम सेना अध्यक्ष बने, उन्होंने सरकार से सेना के लिए तीसरे वेतन आयोग में इस मुद्दे को रखने की अनुमति ले ली। कुछ समय बाद ही उनकी सेवानिवृत्ति होनी थी और सेना में वेतन वृद्धि उनकी बिदाई का तोहफ़ा हो सकती थी। उस समय मैं अपने इस दिए गए कार्य के महत्व को नहीं समझ पाया, और मुझे लगा कि यह कोई ऊँचे दर्जे की तैनाती नहीं थी और मेरे व्यावसायिक जीवन का अंत दिखने लगा। अत्यधिक निराश होने के बावजूद मैंने बड़ी मेहनत करके वेतन आयोग के लिए एक 300 पृष्ठ की रिपोर्ट तैयार की। सैम मेरे काम की गुणवत्ता एवं गहराई से बहुत ख़ुश थे और उन्होंने मुझसे सेना के कमांडरों तथा अन्य दोनों सेनाओं के प्रमुखों को प्रेजेंटेशन करने को कहा।

यह 1971 था; और इससे पहले कि वेतन आयोग सेना के मामले को देखता और पुरस्कृत कर पाता, पाकिस्तान के साथ युद्ध के बादल मँडराने लगे। मेजर जनरल के लिए मेरी पदोन्नति साफ़ हो गई और मैंने सामरिक तैनाती और युद्ध में सक्रिय भागीदारी के लिए सैम से संपर्क किया। उनको 1946 में सैन्य संचालन निदेशालय में एकसाथ किए गए कामों की याद दिलाई। मैंने मज़ाक किया कि जी एस ओ-1[4] लेफ़्टिनेंट कर्नल सैम मानेकशॉ जी एस ओ-2 मेजर याहया ख़ान[5] से युद्ध करने जा रहे थे, तो जी एस ओ-3, यानी मैं, कैप्टन एस.के. सिन्हा को युद्ध से बाहर ही कैसे छोड़ दिया? वह ज़ोर से हँसे और मुझे बताया कि मैं शीघ्र ही पदोन्नत होकर डिप्टी एड्जुटेंट जनरल[6] बनने वाला हूँ। मुझे वेतन प्रकोष्ठ सँभालने के साथ-साथ जनशक्ति नियोजन की अतिरिक्त ज़िम्मेदारी दी जाने वाली है। मेरे पास उनके फ़ैसले को स्वीकार करने के अलावा कोई विकल्प नहीं था। युद्ध के दौरान सेना को लड़ाई की जगह तक पहुँचाना और यह सुनिश्चित करना कि उनको कोई कमी न हो, मेरी ज़िम्मेदारियों में शामिल था। युद्ध के बाद 93,000 पाकिस्तानी युद्धबंदियों की व्यवस्था करने की भारी-भरकम ज़िम्मेदारी भी मुझे सौंपी गई। हमें नीति के तहत इन बंदियों की इतनी अच्छी तरह देखरेख करनी थी कि वे स्थायी शांति के दूत बनकर पाकिस्तान लौटें। हमने मुशायरे, फिल्में, इस्लामिक धर्मगुरुओं के व्याख्यान और यहाँ तक कि अपने अधिकारियों और पाकिस्तानी युद्धबंदियों के अधिकारियों के बीच क्रिकेट मैच का भी आयोजन किया। हमने रुड़की में पाकिस्तानी युद्धबंदियों के कैंप में अमेरिकी पत्रकारों को आने की इज़ाज़त दी। *लॉस एंजिल्स टाइम्स* के एक संवाददाता ने लिखा कि इतिहास में कभी भी

कुछ समय बाद ही उनकी सेवानिवृत्ति होनी थी और सेना में वेतन वृद्धि उनकी बिदाई का तोहफ़ा हो सकती थी।

3 1934 के पूर्व भारत में नियुक्त होने वाले अफ़सर इंगलैंड के सैण्डहर्स्ट स्थित रॉयल मिलिट्री अकादमी से कमीशन प्राप्त करते थे। उन्हें के सी आई ओ (किंग्स कमीशंड इंडियन अफ़सर) कहा जाता था।

4 जी एस ओ (जनरल स्टाफ़ अफ़सर) ग्रेड 1 लेफ़्टिनेंट कर्नल, जी एस ओ ग्रेड 2 मेजर और जी एस ओ ग्रेड 3 कैप्टन होता है।

5 मेजर याहया ख़ान ने आज़ादी के समय पाकिस्तान को चुना। मार्च 1966 में वह सेना अध्यक्ष बने और मार्च 1969 से मार्च 1971 तक चीफ़ मार्शल लॉ प्रशासक और राष्ट्रपति रहे।

6 एड्जुटेंट जनरल की शाखा, अनुशासन, चौकसी, समारोह और कल्याण के कार्यों की ज़िम्मेदार होती है।

युद्धबंदियों के साथ इतना अच्छा व्यवहार नहीं किया गया। इस व्यवहार पर चर्चा के लिए संयुक्त राष्ट्र द्वारा प्रायोजित इंटरनेशनल रेड क्रॉस द्वारा इटली में आयोजित कॉन्फ्रेंस में भारतीय प्रतिनिधिमंडल का नेतृत्व करने के लिए सैम ने मुझे भेजा। मेरे प्रस्तुतीकरण की बड़ी प्रशंसा की गई और रक्षा मंत्री बाबू जगजीवन राम तथा सैम दोनों ने ही इसकी खूब तारीफ़ की।

सैम को 3 जनवरी 1973 को फ़ील्ड मार्शल बनाया गया। मैं कार्यकारी महासैन्य अंगरक्षक था और बहुत मुश्किल से नौकरशाहों को उनके लिए फ़ील्ड मार्शल की औपचारिक छड़ी देने के लिए राज़ी किया, लेकिन उनके वेतन, विशेषाधिकार और प्रोटोकॉल को लेकर बड़े मामले अब भी विचाराधीन थे। उन्हें सेना अध्यक्ष का अपना पद 15 जनवरी 1973 को छोड़ना था।[7] मैंने व्यवस्था कर दी कि सेना दिवस की वार्षिक परेड पर उनकी बिदाई होगी। भारतीय सेना के इतिहास में पहली और एकमात्र बार परेड में विभिन्न रेजिमेंटों के फ्लैग्स उन्हें सलामी देने के लिए लाए गए। सिर्फ़ राष्ट्र प्रमुखों और फ़ील्ड मार्शलों को यह अनूठा सम्मान मिलता है। सैम अभिभूत हो गए। दस दिन बाद, मुझे सूचना मिली कि मैं परम विशिष्ट सेवा मेडल (पी वी एस एम) से सम्मानित किया गया हूँ। यह शांतिकाल में उत्कृष्ट कार्य के लिए सेना का सर्वोच्च सम्मान है। आमतौर पर लेफ़्टिनेंट जनरल पद के अधिकारियों को उनकी सेवानिवृत्ति की पूर्व संध्या पर यह सम्मान दिया जाता है। मैं उस समय मेजर जनरल था और क़रीब दस साल की सेवा अभी बाक़ी थी। मैंने महसूस किया कि मुझे दिया जाने वाला यह विशेष सम्मान सैम के कारण है। मैं उनको धन्यवाद देने एम ई एस[8] के निरीक्षण बंगले में गया, जहाँ वह अस्थायी तौर पर रह रहे थे, जब तक कुनूर में उनके घर को तैयार किया जा रहा था। उस दिन मैंने सोचा, आज सब कुछ साफ़ कर लूँगा और उन्हें बता दूँगा कि 1961 में कैसे उनके ख़िलाफ़ बोलने से मना किया था। वह मुसकराए और बोले कि मुझे यह बात उनको बहुत पहले बता देनी चाहिए थी। वह ख़ुश थे कि मुझे उनकी वजह से परेशान नहीं होना पड़ा था।

सैम के साथ लंबे अरसे तक रहे संबंधों को उनकी भूमिका, ख़ासतौर पर उनकी समझदारी और ईमानदारी, से जोड़कर देखता हूँ। ऐसा करने में, मुझे गर्व एवं संतोष है कि मैं भारतीय सेना के एक महानतम सैनिक को श्रद्धासुमन अर्पित कर रहा हूँ। मैं पुरज़ोर तरीक़े से इस पुस्तक की सिफ़ारिश मौजूदा और भावी पीढ़ी के लिए करना चाहूँगा। ♦

लेफ़्टिनेंट जनरल एस.के. सिन्हा (सेवानिवृत्त)

---

7 फ़ील्ड मार्शल कभी सेवानिवृत्त नहीं होते हैं। इसलिए सैम मानेकशॉ ने क्रियाशील पदभार छोड़ दिया, किंतु वे जीवनपर्यंत सेवारत अफ़सर बने रहे।

8 मिलिट्री इंजीनियरिंग सर्विस, जो सभी सेना की छावनियों में निवास की प्रभारी होती है।

प्रस्तावना

यह भाग्य की विचित्र चाल ही है कि मुझे लेफ़्टिनेंट जनरल सैम मानेकशॉ का अंगरक्षक नियुक्त कर दिया गया। देहरादून में भारतीय सेना अकादमी (आई एम ए) में पढ़ते समय मैं 8 गोरखा राइफ़ल्स में जाना चाहता था लेकिन पासिंग आउट परेड[1] यानी उपाधि देने के दस दिन पहले मुझे पता चला कि मैं संकेतक कॉर में नियुक्त किया जा रहा हूँ। मेरा मनोबल बहुत गिर गया। मेरे कंपनी कमांडर मेजर रतन सिंह यादव (आर्मी आर्डिनेंस कॉर) ने मुझे निराश देखा, तो प्रक्रिया से परे, 8 गोरखा राइफ़ल्स के लेफ़्टिनेंट जनरल सैम मानेकशॉ से मेरी बातचीत की व्यवस्था कर दी, जो उस समय सिमला (अब शिमला) में पश्चिमी सेना के कमांडर थे। हताशा में प्रोटोकॉल को नज़रअंदाज़ कर सावधानी बरतते हुए, फ़ौजी अंदाज़ में क़दम बढ़ाते हुए, मैंने अपना मामला उनके समक्ष रखा। बहादुरी का विवेक से संबंध कुचल कर मैंने धमकी भी दी कि मेरिट में छठा स्थान होने के कारण अपनी योग्यता के अनुसार यदि मनपसंद रेजिमेंट न मिली तो इस्तीफ़ा दे दूँगा।

मुझे बहुत बाद में पता चला कि मेरी कॉल ने जनरल के भोजन में व्यवधान डाला था। मुझसे बातचीत के बाद वह टेबुल पर लौटे और अपने परिवार को आई एम ए के उस जेंटलमैन कैडेट बेरोज़[2] पंथकी की बातचीत के बारे में बताया, जो उनकी रेजिमेंट में आना चाहता था। संवाद में दिक़्क़त की वजह से उन्हें मेरा सही नाम सुनाई न दिया, और वह मुझे हमेशा 'बेरोज़' ही कहते रहे! मेरी अर्ज़ी को प्रमुखता से नहीं लिया और इस्तीफ़ा देने की धमकी पर उनको हँसी आई। यह मेरा सौभाग्य था कि उनकी बेटी शैरी ने उनको समझाया कि वह उस 'बेचारे लड़के' के लिए कुछ न कुछ ज़रूर करें, जिसने फ़ौजी कमांडर से बात करने का साहस जुटाया था। उन्होंने मेरे लिए बहुत कुछ किया और 48 घंटे के अंदर मैं 'भाग्यशाली' बन गया! आई एम ए को एक संशोधन संदेश पहुँचा, और मेरी पुनः नियुक्ति कर मुझे 8 गोरखा राइफ़ल्स भेज दिया गया।

मैंने 9 फरवरी 1964 को भारतीय सेना में सेकेंड लेफ़्टिनेंट के रूप में अपनी कमीशन हासिल की और देहरादून में 58 गोरखा प्रशिक्षण केंद्र (जी टी सी)[3] में तैनात कर दिया गया। मात्र तीन महीने में प्रशिक्षण संस्थान के नीरस काम से मैं ऊब गया और सक्रिय क्षेत्र के चुनौतीपूर्ण काम की चाहत में जनरल को पत्र लिखा। इस बार 'ओल्ड मैन'[4] समझ गए कि मैं समस्या पैदा करने में माहिर हूँ और मुझे सबक़ सिखाने की ज़रूरत है। एक बार और उन्होंने मेरे लिए सिफ़ारिश की और दस दिन के अंदर मुझे 8वीं गोरखा राइफ़ल्स की दूसरी बटालियन (2/8 जी आर) में तैनाती का आदेश मिल गया, जो नागालैंड[5] में

1 सेना का प्रशिक्षण समापन समारोह।

2 सही वर्तनी है बेहरोज़, लेकिन फ़ील्ड मार्शल हमेशा बेरोज़ बुलाते थे।

3 अपनी बटालियन में शामिल करने से पहले इन प्रशिक्षण केंद्रों में जवानों को मूल प्रशिक्षण दिया जाता है।

4 सेना में 'ओल्ड मैन' यानी 'बुजुर्ग पुरुष' शब्द का इस्तेमाल वरिष्ठ अधिकारी के लिए किया जाता है।

5 बर्मा (अब म्यांमार) की सीमा से जुड़ा पूर्वी भारत का एक राज्य।

इस पुस्तक का उद्देश्य उनके चरित्र और दिलोदिमाग़ की ख़ासियत पर रोशनी डालना है।

आतंकवाद निरोधी गतिविधियों में लगी हुई थी। मैं जून में यूनिट पहुँचा। मेरे कमांडिंग अफ़सर (सी ओ) स्व. लेफ़्टिनेंट कर्नल शमशेर सिंह पुराने ख़यालात के थे और मानते थे कि लेफ़्टिनेंट को सुनना नहीं, सिर्फ़ देखा जाना चाहिए। मैं एक इन्फैंट्री बटालियन की दिनचर्या में रम गया और मेरा ख़्वाब तब पूरा हुआ, जब मैंने असली लड़ाई देखी। दिसंबर में लेफ़्टिनेंट जनरल सैम मानेकशॉ, जो कि उस समय पूर्वी क्षेत्र के आर्मी कमांडर बन गए थे, हमारी बटालियन का दौरा करने आए, जब हम असम के मैदानों में प्रशिक्षण ले रहे थे। नए आर्मी कमांडर के स्वागत में जोरहट हवाई अड्डे पर अधिकारी और जे सी ओ[6] पंक्तिबद्ध खड़े हुए। कनिष्ठतम होने के नाते, स्वागत करने वालों में मैं आख़िरी था। जब वह मेरी तरफ़ आए, मैंने सैल्यूट ठोंकते हुए कहा, 'सेकेंड लेफ़्टिनेंट पंथकी सर!' 'अच्छा तो तुम हो वह मुसीबत?' मैंने जवाब दिया, 'जी सर!' कुल मिला कर यही था हमारी पहली मुलाक़ात का लेखा-जोखा!

छह महीने बाद, जून 1965 में एक दोपहर मुझे सी ओ के कार्यालय में बुलाया गया; और हुक्म दिया कि अपना बिस्तर बाँध कर अगले दिन एयर फ़ोर्स कुरियर[7] से कलकत्ता (अब कोलकाता) जाने को कहा। आर्मी कमांडर ने मुझे अपना अंगरक्षक बनाने की इच्छा प्रकट की थी। एक अधीनस्थ होने के नाते मेरे पास कोई विकल्प नहीं था। मैं अपनी बाशा[8] में लौटा, एक छोटे, काले स्टील के बक्से में अपना रोज़मर्रा का सामान और किटबैग समेटकर अपना स्थानांतरण आदेश ले लिया। अगली सुबह मैं कलकत्ता के लिए एयर फ़ोर्स कुरियर में रवाना हो गया। कड़क सूती वरदी में सैम ब्राउन[9] और गोरखा हैट लगाकर मैंने आर्मी कमांडर के कार्यालय में अपनी उपस्थिति दर्ज़ कराई। मैंने एक बड़े-से कमरे में प्रवेश किया, जहाँ बहुत थोड़ा फ़र्नीचर था। मैंने दोनों पैरों को ठक से जोड़कर सैल्यूट किया और सावधान में खड़ा हो गया, जो ऐसा लगा कि अनंत है। वहाँ कोई प्रतिक्रिया नहीं हुई और जनरल अपने काम में डूबे रहे। कालीन पर उनके तीन कुत्ते– एक अल्सेशन, एक लैब्राडोर और एक कॉकर स्पेनियल– आराम से लेटे थे और खूब ज़ोर-ज़ोर से खर्राटे ले रहे थे। उन्होंने भी अपने मालिक की तरह मेरी मौजूदगी को नज़रअंदाज़ किया। अंततः जनरल ने काग़ज़ों से नज़र उठाकर मेरी तरफ़ निहारते हुए रूखे स्वर में पूछा, 'क्या तुम मेरे लिए काम करोगे?'

इससे पहले कि मैं कोई उत्तर दे पाता, मुझे बाहर जाने को कहते हुए बताया कि उनके निर्देश उनके अंगरक्षक सेना सचिव (ए एम एस) से ले लूँ। मैं पीछे मुड़ा और उनके कार्यालय से प्रस्थान किया, सोचते हुए कि क़िस्मत से मैं इस आदमी के पल्ले कैसे पड़ा! ए एम एस लेफ़्टिनेंट कर्नल रुस्तम खम्बाता (आर्टिलरी) अधिक कठोर थे। मुझे मेरा काम और मेरी ज़िम्मेदारियाँ, क्या करना है और क्या नहीं, तथा जनरल की पसंदगी और नापसंदगी, उनकी धुन और सनक के बारे में विस्तार से बताया गया। इसके साथ ही मुझे अपने दफ़्तर भेज दिया गया और पढ़ने के लिए एक फाइल थमा दी गई। कुछ समय बाद आर्मी कमांडर मेरे कमरे में आए, सरसरी निगाह से मुझे देखा और पूछने लगे कि मैं सज-धज कर उनके साथ काम करने

---

6 कमीशन प्राप्त कनिष्ठ अधिकारी (वारंट अफ़सर के समकक्ष)।

7 सैन्यकर्मियों के लिए भारतीय वायु सेना की उड़ान।

8 फूस की झोपड़ी, जो अभियान क्षेत्रों में अस्थायी निवास होता था।

9 क्रॉस बेल्ट।

क्यों आया, उनका इशारा उस पोशाक की ओर था, जो सिर्फ़ औपचारिक समय पर पहनी जाती है। मैंने बताया कि मैं तो सिर्फ़ अपने सी ओ के हुक्म का पालन कर रहा था। वह घूमे और बिना कुछ बोले चले गए; अब मैं अजीब-सी दुविधा में डूब गया।

फ़ील्ड मार्शल सैम मानेकशॉ एक ऐसे प्रतिष्ठित व अद्भुत नेतृत्व वाले व्यक्ति थे, जो किसी देश में कई पीढ़ियों के बाद जन्म लेते हैं।

जनरल सैम मानेकशॉ जब पूर्वी क्षेत्र के आर्मी कमांडर थे तो मैंने दो साल तक उनके अंगरक्षक के तौर पर काम किया। मई 1968 में उनको छोड़कर मैं नेफ़ा (एन ई एफ ए)[10] में अपनी बटालियन में वापस गया। अगस्त 1969 में मैं फिर से उनका अंगरक्षक बनकर वापस आ गया, जब वह सेना अध्यक्ष बने। 1971 में पाकिस्तान से युद्ध के वक़्त थोड़े समय के लिए बटालियन में शामिल हुआ। इसके सिवाए, मैं लगातार उनके साथ 15 जनवरी 1973 तक उनके कार्यालय में काम करता रहा। उनकी पदोन्नति 1 जनवरी को फ़ील्ड मार्शल के तौर पर हो चुकी थी। कुल मिलाकर, मैंने उनके साथ भारतीय सेना के किसी भी अधिकारी से ज़्यादा समय तक काम किया और मैं स्वयं को सौभाग्यशाली मानता हूँ कि मुझे एक सैन्य कूटनीतिज्ञ के साथ काम करने का मौक़ा मिला, जिसने भारतीय उपमहाद्वीप का नक़्शा ही बदल दिया।

फ़ील्ड मार्शल सैम मानेकशॉ एक ऐसे प्रतिष्ठित व अद्भुत नेतृत्व वाले व्यक्ति थे, जो किसी देश में कई पीढ़ियों के बाद जन्म लेते हैं। उनके सैन्य कौशल के बारे में बहुत कुछ लिखा गया है। इस पुस्तक का उद्देश्य उनके चरित्र और दिलोदिमाग़ की ख़ासियत पर रोशनी डालना है। उस समय की याददाश्त से यह किताब लिखी है, क्योंकि मैंने कभी यह सोचा भी न था कि एक दिन ये तजुर्बे, कलम से काग़ज़ पर उतरेंगे! इसमें ज़्यादातर याददाश्त मेरी है और लेखनी मेरी पत्नी की है। यह पुस्तक उस शख़्स का चरित्र चित्रण है, जो अपनी ईमानदारी, पवित्रता, नैतिक तथा कार्मिक साहस के मूल्यों से समझौता किए बिना भारतीय सेना के उच्चतम पद तक पहुँचा। हम आशा करते हैं कि इस पुस्तक से भारतीय युवाओं को प्रेरणा मिलेगी और इस बात की पुष्टि होगी कि विनम्रता तथा सत्यनिष्ठा आपस में निरपेक्ष नहीं हैं।

हम मानेकशॉ परिवार के आभारी हैं कि जिन्होंने व्यक्तिगत चित्र, पत्र और क़िस्से हमसे साझा किए। लेफ़्टिनेंट जनरल एस.के. सिन्हा के मार्गदर्शन और इस पुस्तक की भूमिका लिखने के लिए, पूर्व उपसेना अध्यक्ष और 8वीं गोरखा राइफ़ल्स के कर्नल, लेफ़्टिनेंट जनरल एस.के. सिंह, और शिलॉन्ग में 58 जी टी सी के मानेकशॉ संग्रहालय की मदद के लिए आभारी हैं। मेरी बटालियन (2/8 जी आर) का, कई वरिष्ठ, सेवानिवृत्त अधिकारियों का, जिन्होंने सैम के मातहत काम किया और स्वेच्छा से अपने अनुभव साझा किए। साथ ही, परिवार, दोस्तों, साथियों व सहकर्मियों का, जिन्होंने हमें लिखने के लिए प्रेरित किया, उनका भी आभार व्यक्त करते हैं। विशेष रूप से अपने प्रकाशक नियोगी बुक्स (इंडिया) का धन्यवाद, जिन्होंने पुस्तक *फ़ील्ड मार्शल सैम मानेकशॉः द मैन एंड हिज टाइम्स* को एक सुंदर रूप में पाठकों के सामने पेश किया। अब इस पुस्तक का हिंदी अनुवाद प्रस्तुत है। ♦

ब्रिगेडियर बेहराम एम. पंथकी (सेवानिवृत्त) और ज़िनोब्या पंथकी

---

10 उत्तर-पूर्वी सीमांत एजेंसी, जिसे अब अरुणाचल प्रदेश कहा जाता है।

सैम एक कुँवारा युवा।

साभार: मानेकशॉ परिवार

अमृतसर से देहरादून

सैम का जन्म अमृतसर में 3 अप्रैल 1914 को एक पारसी परिवार में हुआ था; और वह छह बच्चों में पाँचवीं संतान थे। पारसियों का बहुत छोटा-सा समुदाय है, जो आठवीं शताब्दी के आसपास धार्मिक अत्याचारों से त्रस्त होकर अपनी ज़ोरास्ट्रियन आस्था को बचाने के लिए ईरान (प्राचीन फारस) से भारत आए थे। भारत में पारसियों की सबसे अधिक संख्या बंबई (अब मुंबई) शहर में है, लेकिन लगभग हर परिवार की वंशावली गुजरात से है, जहाँ बतौर शरणार्थी समुदाय सबसे पहले आया था और सदियों तक यह उनका घर रहा। जब ब्रिटिश भारत आए, तब कई पारसी परिवार बंबई चले गए और पश्चिमी सभ्यता में पारंगत सुशिक्षित समुदाय के रूप में विकसित हुए। अपने अनुशासन और ईमानदारी के बल पर ब्रिटिश राज में पारसियों की छवि जल्दी ही अच्छे प्रशासक की बन गई। पाश्चात्य शिक्षा और उदार नज़रिया रखने से वे कला, विज्ञान और व्यापार के क्षेत्र में भी सफल हुए। अपने उदार और परोपकारी रवैए के कारण हमेशा से ही भारत में, हर क्षेत्र के विकास में, पारसियों का बड़ा योगदान रहा है।

सैम के दादा, फ्रामजी, गुजरात के वलसाड शहर में एक शिक्षक थे। उनके छात्रों में से एक थे मोरारजी देसाई, जो कि एक स्वतंत्रता सेनानी, गांधीवादी और 1977 से 1979 तक भारत के प्रधानमंत्री रहे। सैम के पिता होरमसजी वलसाड में पैदा हुए और पले-बढ़े, लेकिन डॉक्टर बनने के लिए ग्रांट मेडिकल कॉलेज, बंबई चले आए। पढ़ाई के दौरान ही उनकी मुलाक़ात ज़िंदादिल हिल्ला मेहता से हुई और दोनों के बीच प्यार हो गया। पर उनकी यह 'कोर्टशिप' लंबे समय तक

अमृतसर के मॉल रोड पर स्थित, मानेकशॉ परिवार का घर।
साभार: मानेकशॉ परिवार

चलती रही, परंतु युवा होरमसजी शादी का प्रस्ताव नहीं रख पाए, क्योंकि उनकी माली हालात कमज़ोर थी। उन्होंने अपने गुज़ारे ख़र्चे से पैसे बचाए और जैसे ही चिकित्सक की उपाधि मिली, उस बचाई धनराशि से बंबई के मशहूर जौहरी, के. वाडिया, के यहाँ से एक हीरे की अँगूठी ख़रीदी। फिर कुछ घबराहट के साथ उन्होंने हिल्ला के आगे शादी का प्रस्ताव रखा, जिसे हिल्ला ने फ़ौरन ख़ुशी से स्वीकार कर लिया। इस प्रकार 1899 में उनकी शादी हो गई।

पर ज़िंदगी सहज नहीं थी। होरमसजी की मेडिकल प्रैक्टिस ठीक नहीं चल रही थी और ख़ासतौर से पहला बच्चा फली के होने के बाद उन दोनों को घर का ख़र्च पूरा करना मुश्किल हो रहा था। उन्हें इस तरह संघर्ष करते देख दोस्तों ने लाहौर जाने का सुझाव दिया, क्योंकि वहाँ चिकित्सकों की सख़्त कमी थी। दोस्तों की सलाह पर 1903 में यह युवा जोड़ा गोद में पहला बच्चा और ज़ेब में 150 रुपए लिए बॉम्बे सेंट्रल रेलवे स्टेशन पर फ्रंटियर मेल में सवार हो गया। वे पारसियों और एंग्लो-इंडियन के लिए आरक्षित 'इंटरमीडिएट क्लास' के डिब्बे में बैठ गए और दो दिन बाद अमृतसर पहुँचे। सैम के अनुसार, जब उनके पिता ने खिड़की खोली तो उनकी माँ, जो सिर्फ़ 18 साल की थीं और पूरी ज़िंदगी बंबई में रही थीं, प्लेटफॉर्म पर बड़े लहराते बाल और बड़ी दाढ़ी वाले लंबे-चौड़े सिखों को आते-जाते देख कर घबरा गईं। डाक्टर साहब अपनी घबराई हुई पत्नी को लेकर जैसे ही शहर में घुसे, उनको अमृतसर से प्यार हो गया और उन्होंने यहीं बसने का फ़ैसला कर लिया।

होरमसजी ने शहर के बीच, कटरा अहलूवालिया में अपना दवाख़ाना और दवा बनाने का काम शुरू किया। उस क्षेत्र में वह अकेले चिकित्सक थे और उनकी प्रैक्टिस तथा बनाई हुई दवाएँ चल निकलीं, क्योंकि उनके नुसख़े सटीक थे और दवाओं के दाम लोगों की पहुँच के अंदर थे। थोड़े समय में ही उन दोनों ने मॉल रोड पर एक 5000 ग़ज़ का प्लॉट ख़रीदकर घर बनाया और वहीं बस गए। मॉल रोड के उस घर में बच्चों की किलकारी पाँच बार और गूँजी। सभी छह बच्चे पंजाब में पले-बढ़े और हिंदी, अंग्रेज़ी, मातृभाषा गुजराती के साथ पंजाबी आसानी से बोल सकते थे।

सैम के माता-पिता हिल्लाबाई एवं कैप्टन होरमसजी मानेकशॉ।
साभार: मानेकशॉ परिवार

प्रथम विश्वयुद्ध के दौरान होरमसजी ने असैनिक चिकित्सकों को सेवा में लेने वाले संगठन इंडियन मेडिकल सर्विस के साथ काम करना शुरू किया। उन्होंने मेसोपोटामिया (अब ईराक) और बाद में मिस्र में कैप्टन के पद पर सेवाएँ दीं। जब युद्ध समाप्त हुआ तो वह अमृतसर लौट आए और अपनी प्रैक्टिस फिर से चालू की। साथ में वह शहर की सामाजिक कल्याण की गतिविधियों में सक्रिय रुचि लेने लगे। 1933 में बने रोटरी क्लब ऑफ अमृतसर के वह संस्थापक सदस्य थे। हिल्ला ने अमृतसर में ज़िंदगी के साथ अच्छा सामंजस्य

भाई-बहनों के साथ (बाएँ से) सैम, सिल्ला, जान व शेरू।

साभार: मानेकशॉ परिवार

अपने सभी भाई-बहनों में सैम सबसे ज़्यादा शरारती थे।

बैठा लिया था। वह महल्ले में सभी के साथ दोस्ताना थीं और लोगों की परेशानियाँ सुनने तथा मदद के लिए हाथ बढ़ाने को हमेशा तैयार रहती थीं। मानेकशॉ परिवार की सक्रिय सामाजिक ज़िंदगी थी और वह सर्विसिज़ एवं अमृतसर क्लब के सदस्य थे।

उन दिनों अमृतसर में कोई इंगलिश मीडियम स्कूल नहीं थे, इसलिए उनके पहले बच्चे, फली, को नाना-नानी के पास बंबई भेज दिया गया। छोटे बेटे जान, सैम और जिमी को नैनीताल के शेरवुड कॉलेज में डाला गया, जबकि लड़कियों, सिल्ला और शेरू, को मरी (रावलपिंडी जिले का एक पर्यटन स्थल) के कॉन्वेंट ऑफ जीसस एंड मैरी में भेजा गया। अब हिल्ला और होरमसजी का घर साल में ज़्यादातर सूना और खाली घोंसला बनकर रह गया। दिसंबर से फरवरी तक बच्चे अपनी शीतकालीन छुट्टियों में घर आते थे और घर उनके खेल-कूद तथा हँसी-ठहाकों से गूँज उठता था। हिल्ला खूब अच्छा खाना बनाती थी और हर खाने में पारसी पकवानों की दावत होती थी।

अपने सभी भाई-बहनों में सैम सबसे ज़्यादा शरारती थे। वह अपने पिता के साथ सर्विसिज़ क्लब जाते, पर जल्दी ही ठीक से व्यवहार करने के सारे वादे टूट जाते और वह कोई न कोई शरारत कर बैठते। यह कैप्टन मानेकशॉ के ताश के साथियों का समय पर हस्तक्षेप ही था, जो उन्हें अच्छीख़ासी पिटाई से बचा देता था। चार साल की मासूम उम्र में, जब उनके पिता मिस्र में थे, एक दिन सुबह, सैम अपनी माँ से झगड़ा करके पैर घसीटते हुए घर से बाहर चले गए। एक वृद्ध पारसी महाशय ने, जो सुबह टहलने निकले थे, इस छोटे से बच्चे को अकेले सड़क पर देखा तो उससे पूछा कि कहाँ जा रहे हो? सैम ने आत्मविश्वास के साथ जवाब दिया कि वह अपनी माँ के ख़िलाफ़ शिकायत दर्ज कराने पुलिस स्टेशन जा रहा था, क्योंकि यह बताने के बावजूद कि वह घर से हमेशा के लिए जा रहा था, उनकी माँ ने उन्हें पारिवारिक हिस्सा देने से इनकार कर दिया! सैम को वापस घर ले जाने और माँ से समझौता करने के लिए

चार साल की मासूम उम्र में, जब उनके पिता मिस्र में थे, एक दिन सुबह, सैम अपनी माँ से झगड़ा करके पैर घसीटते हुए घर से बाहर चले गए।

बुज़ुर्ग को काफ़ी मान-मुनव्वल और ख़ुशामद करनी पड़ी। उनको जो आमतौर पर डाँट पड़ती, उसकी प्रतिक्रिया में सैम नौकरों से हिल्ला को सौतेली माँ बताते हुए कहते, कि मेरी असली माँ तो अंग्रेज़ हैं! शेरवुड कॉलेज में इस शरारती स्वभाव की वजह से कई बार उन्हें सज़ा अथवा दंड का सामना करना पड़ा।

सैम खूब छेड़खानी करते थे और अकसर उनके शिकार उनके भाई-बहन ही होते थे। एक बार अपने छोटे भाई जिमी को बहलाकर उसकी दो उंगलियाँ बिजली के प्लग में रखवा दीं, जिससे उसे ज़ोर का झटका लगा। इसी तरह, एक बार दोपहर में जब उनके माता-पिता सो रहे थे, उन्होंने अलमारी से बिसकुट का डिब्बा उतरवाने के लिए जिमी को कंधे पर उठा लिया। जब जिमी दोनों हाथ से अलमारी पर लटका तो वह सारे सामान सहित नीचे गिर पड़ा। अलमारी गिरने की ज़ोर की आवाज़ से माता-पिता की नींद टूट गई। सैम एक बार फिर कटघरे में डाले गए।

सैम के इस ऊधमी स्वभाव की सबसे ज़्यादा शिकार उनकी बहन शेरू होती थी। उन दोनों में झगड़ा इस हद तक होता कि मारपीट तक होती रहती, जब तक सिल्ला और जान बीच-बचाव कर दोनों को अलग नहीं कर देते थे। जब सैम को पकड़ लिया जाता तो वह दूर से बहन पर थूकने की कोशिश करते! इसके जवाब में शेरू हर एक से कहती, यहाँ तक कि नौकरों से भी, कि जब वह बड़ी होगी तो शादी करके अपना घर बसाएगी और जब उसके भाई मिलने आएँगे तो वह फली, जान और जिमी को मुर्गा व बत्तख बना कर खिलाएगी लेकिन सैम के लिए सिर्फ़ कद्दू पकाएगी। जैसा कि अकसर होता है, जब वे बड़े हुए सैम और शेरू एक-दूसरे के बड़े क़रीबी थे। हर बार जब सैम बंबई में उसके घर जाते तो शेरू शानदार खाना परोसती, जबकि सैम यह पूछना कभी नहीं भूलते थे, 'शेरू, मैं अब भी उस कद्दू का इंतज़ार कर रहा हूँ।'

मानेकशॉ परिवार के सभी बच्चे अपने क्षेत्र में बहुत सफल हुए। फली इंगलैंड से पढ़कर इंजीनियर बना और कलकत्ता में 'स्टूवर्ड्स एंड लॉयड्स' के लिए काम किया। बड़ी बेटी सिल्ला अमृतसर के खालसा कॉलेज में अंग्रेज़ी पढ़ाती थीं। दूसरा बेटा जान भी इंगलैंड से पढ़कर इंजीनियर बना और कलकत्ता में ब्रिटिश 'इंसुलेटेड कैलेंडर्स केबल्स' (जो बाद में 'इंडियन केबल्स' बना) में काम किया। वह कंपनी से बतौर निदेशक सेवानिवृत्त हुए। शेरू शिमला के सेंट बीड्स कॉलेज से प्रशिक्षित अध्यापिका थीं। सैम अपने माता-पिता की पाँचवीं संतान थे पर शुरू में उनका नाम 'सैम' नहीं था। जन्म के समय बच्चे का नाम बहुत बड़े पारसी योद्धा राजा के नाम पर 'सायरस' रखा गया था। लेकिन उनकी चाची ने जब यह सुना तो वे बहुत परेशान हो गईं, क्योंकि उस समय इसी नाम के एक पारसी व्यक्ति को भारी बदनामी के बाद जेल भेजा गया था। नाम में क्या रखा है? पर ज़ाहिर है चाची के लिए यह बहुत बड़ी बात थी और इस कारण बच्चे का नाम बदलकर 'सैम' रखा गया। जिमी सबसे छोटा था, जो अपने पिता की तरह डॉक्टर बन गया। उसने लाहौर मेडिकल कॉलेज से डिग्री हासिल की, भारतीय वायु सेना में सेवाएँ दीं और एयर वाइस मार्शल पद से सेवानिवृत्त हुए। मानेकशॉ भाई-बहनों के संबंध जीवनभर बहुत ही घनिष्ठ रहे। सैम हमेशा स्नेहिल और उपकार करने वाले भाई और मामा-चाचा रहे। उनके भतीजे और भतीजियाँ उनसे प्रेम करते थे और उनका बहुत सम्मान करते थे। अपने तीन नाती-पोतों के लिए वह निस्संदेह विशेष पितामह थे।

बचपन में सैम का अपने पिता से बहुत लगाव था और वह उनके साथ मरीज़ों को देखने तथा दवाख़ाने में भी जाते थे। बालपन में उनका इरादा चिकित्सा विज्ञान पढ़ने का था। यह जानते हुए कि उनका बेटा शरारतें

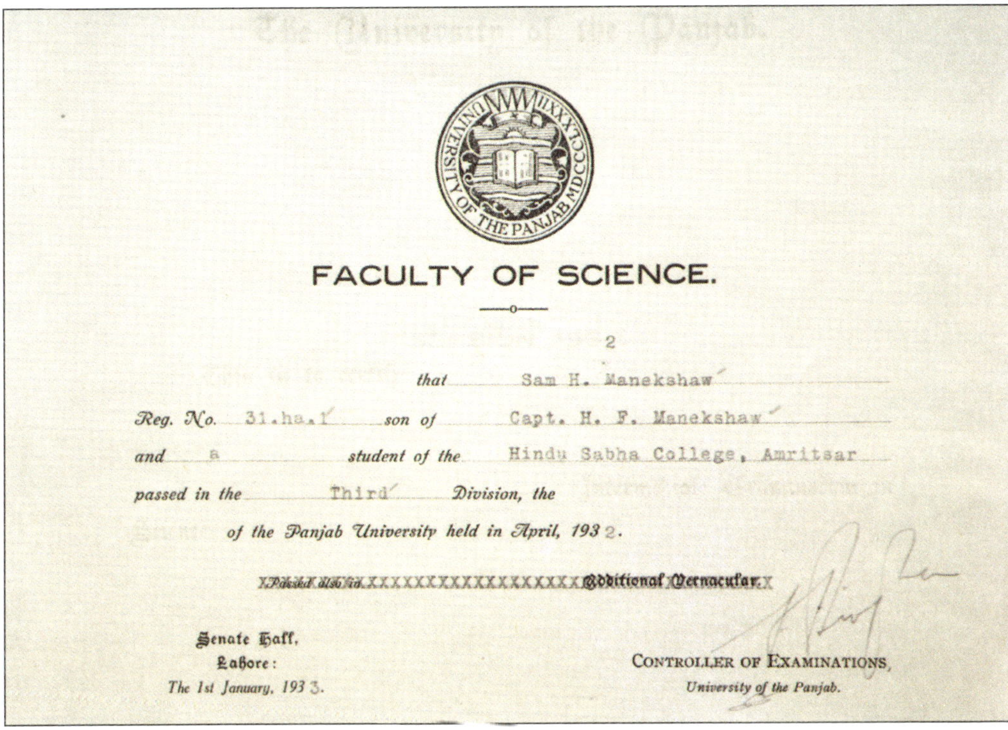

UNIVERSITY OF THE PANJAB MDCCCLXXXII

FACULTY OF SCIENCE.

2

that Sam H. Manekshaw

Reg. No. 31.ha.1 son of Capt. H. F. Manekshaw

and a student of the Hindu Sabha College, Amritsar

passed in the Third Division, the

of the Panjab University held in April, 1932.

Passed also in XXXXXXXXXXXXXXXXXX Additional Vernacular.

Senate Hall,
Lahore:
The 1st January, 1933.

CONTROLLER OF EXAMINATIONS,
University of the Panjab.

पंजाब विश्वविद्यालय का प्रमाणपत्र।

साभार: मानेकशॉ परिवार

नहीं छोड़ सकता है, होरमसजी ने उसके सामने यह शर्त रखी कि यदि वह हाई स्कूल में अच्छा परिणाम प्राप्त करेगा तो वह ज़रूर उसे उच्च शिक्षा के लिए इंगलैंड भेजेंगे। यह सुनकर सैम प्रोत्साहित हुए। उन्होंने शरारतें छोड़ दीं, और पढ़ाई में कड़ी मेहनत करने लगे। 1931 में वह क़ामयाब हुए और सीनियर कैम्ब्रिज[1] परीक्षा विशिष्ट श्रेणी के साथ पास की!

सैम ने अपनी तरफ़ से वादा निभाया, पर उनके पिताजी दुविधा में पड़ गए थे, क्योंकि होरमसजी 17 साल के शरारती लड़के को बिना देखरेख के नहीं छोड़ना चाहते थे। इसके अलावा दो लड़कों के पहले से इंगलैंड में होने से उनकी आर्थिक मजबूरियाँ भी थीं तो उन्होंने सैम से एक साल इंतज़ार करने को कहकर अमृतसर के हिंदू सभा कॉलेज में भरती करवा दिया। दुखी और उदास सैम ने 18 महीने तक अपने पिता से ठीक से बात नहीं की। हालाँकि बाद में उन्हें अपने इस व्यवहार का जीवनभर अफ़सोस रहा।

फ़ौज में बतौर कमीशन प्राप्त अधिकारी आने की इच्छा रखने वाले युवाओं के लिए अंग्रेज़ों द्वारा 1932 में देहरादून में भारतीय सेना अकादमी (इंडियन मिलिट्री एकेडमी, आई एम ए) की स्थापना हुई। सैम ने अपनी माँ से पैसे माँगे, दिल्ली गए और आई एम ए की प्रवेश परीक्षा दी। उनका मेरिट में छठा स्थान आया और 1 अक्टूबर 1932 को उनका बतौर जेंटलमैन कैडेट (जी सी) दाख़िला हो गया।

पहले दस हफ़्तों में कोर्स के साथियों के साथ सैम का ज़्यादातर समय ड्रिल स्कवायर पर सार्जेंट मेजर[2] की

1 स्कूल छोड़ने के लिए परीक्षा, जिसे अब 'ओ' वर्ग कहा जाता है।

2 ब्रिटिश के सार्जेंट मेजर, हिंदुस्तान के हवलदार मेजर।

सख़्त नज़र के नीचे रहे, जो अपने आदेश दहाड़ कर देते और युवाओं को कई घंटों तक ड्रिल कराते, जब तक वे काम में निपुण नहीं हो जाते थे। अकादमी में ज़बरदस्त शारीरिक एवं छोटे हथियारों का प्रशिक्षण, सैन्य कौशल तथा कनिष्ठ स्तर के नेतृत्व के लिए व्याख्यान शामिल होते थे। जो युवा इसमें दाखिल होते, उन्हें सज्जन और अधिकारी; अनुशासित, मिलनसार, त्रुटिहीन ढंग से काम करने वाला बनाया जाता था। अंग्रेज़ी और गणित में अच्छे अंक हासिल करने के कारण सैम को पहले 'बी' कंपनी में भेजा गया था, वह शाखा जो अधिकारियों को सेना के तकनीकी हिस्से, जैसे इंजीनियरिंग और सिगनल्स[3] के लिए प्रशिक्षित करती है। लेकिन उनके अंक कम होने लगे और सैम को सैण्डहर्स्ट शाखा में भेज दिया गया, जहाँ अधिकारियों को हथियारों के बारे में प्रशिक्षित किया जाता था। उनके कंपनी कमांडर मेजर डी.टी. 'पंच' कॉवन (6वीं गोरखा राइफ़ल्स) थे और बाद में द्वितीय विश्वयुद्ध में बर्मा में उन्हीं के नीचे काम करते हुए मिलिट्री क्रॉस अर्जित किया। मेजर कॉवन ने उनकी पहली रिपोर्ट में लिखा, 'यह अफ़सर मुश्किल के समय में धैर्य रख सकता है, निराश नहीं होता, परेशान नहीं होता है और इसमें ख़ुशमिज़ाजी से आगे बढ़ने के साथ नेतृत्व करने की क्षमता है। वह अपने साथी कैडेट्स के बीच लोकप्रिय है।'

बतौर जी सी सैम ने अपने नेतृत्व की पूरी क्षमता दिखाते हुए अपनी प्रामाणिकता की मुहर लगा दी। वह अपने साथियों से आगे और बेहतर रहे और इसीलिए कॉरपोरल के पद से सम्मानित किए गए। ज़्यादातर खेलों में वह श्रेष्ठ थे और टेनिस ब्लू[4] थे। इसके अलावा सैम अच्छे मुक्केबाज़ भी थे और रिंग के अंदर तथा बाहर उन्हें एक अच्छा मुक़ाबला पसंद था। दुर्भाग्य से घुड़सवारी जो अकादमी में अनिवार्य थी, वह उनको

सैम अच्छे मुक्केबाज़ भी थे और रिंग के अंदर तथा बाहर उन्हें एक अच्छा मुक़ाबला पसंद था।

नहीं जँचती थी। वह हमेशा यह कहते हुए इसका मज़ाक उड़ाते कि 'वरिष्ठ अफ़सर के अगाड़ी और घोड़े के पिछाड़ी से हमेशा बचना चाहिए, पता नहीं कब दुलत्ती मार दें।'

सैम एक चीज़ नहीं सीख पाए, और वह है हंगामों से दूर रहना। एक सप्ताहांत में 'लिबर्टी'[5] पर कोर्स के अपने दो साथियों के साथ उन्होंने पड़ोस के हिल स्टेशन मसूरी जाने का फ़ैसला किया। तीनों युवा रविवार की शाम 'हैकमेंस ग्रैंड होटल' के मनोरंजन कार्यक्रम में गए, समय का अंदाज़ा नहीं रहा, जिससे देहरादून के लिए आख़िरी बस छूट गई और उन्हें रात मसूरी में ही गुज़ारनी पड़ी। वे सोमवार सुबह आई एम ए लौटे और उन्हें तुरंत ही बिना अनुमति बाहर जाने के आरोप में ब्लैक वॉच रेजिमेंट के एड्जुटेंट कैप्टन जे.एफ.एस. मैकलॉरेन के सामने पेश होना पड़ा। तीनों को बतौर सज़ा 15 दिन के लिए बैरक में सीमित रहने को कहा गया। सैम से कॉरपोरल का पद ले लिया गया। कैप्टन मैकलॉरेन ने कभी सपने में भी नहीं सोचा होगा कि जिस कॉरपोरल को पदावनत[6] कर रहे हैं, वह एक दिन भारतीय सेना का भावी अध्यक्ष और भारत का पहला फ़ील्ड मार्शल बनेगा! बचपन की शायद यही शरारतें थीं, जिन्होंने बाद के सालों में सैम को युवा अधिकारियों की कमियों के प्रति उदार और विनम्र बना दिया था।

फरवरी 1935 में 22 अन्य भारतीय युवा के साथ पहले बैच में सेकेंड लेफ़्टिनेंट सैम मानेकशॉ

---

3 दूरसंचार।

4 टेनिस चैम्पियन: 'ब्लू' शब्द उस नीले ब्लेज़र का प्रतीक है, जो आई एम ए में हर क्षेत्र में चैम्पियन रहने वालों को मिलता है।

5 लिबर्टी उस इज़ाज़त को कहते थे, जो अकादमी में रविवार की सुबह से शाम तक, बाहर जाने के लिए दी जाती थी।

6 पदावनत अर्थात जिसे पद से हटाकर निम्न पद पर कर दिया गया हो।

श्री सूरी के सक्षम हाथों में चलता दवाख़ाना।

साभार: मानेकशॉ परिवार

को भारतीय सेना में कमीशन प्राप्त अधिकारी का पद दिया गया। चिकित्सा के क्षेत्र ने जो खोया, उसकी क्षतिपूर्ति भारतीय फ़ौज ने कर ली। सैम अकसर अपने अधिकारियों की पत्नियों को मज़ाक में कहते कि उन्हीं की क़िस्मत की वजह से मैं फ़ौज में आ गया। आँखों में एक चमक के साथ वह कहते, अगर हालात कुछ अलग होते तो जनरल होने के बजाए वह स्त्री रोग विशेषज्ञ होते और उनकी मुलाक़ात ज़रूर होती पर अलग परिस्थिति में!

सैम कई हुनर के मालिक थे। खाना बनाना और हाज़िरजवाब रहना उन्हें अपनी माँ से विरासत में मिला था। अपनी माँ को देखकर सीखे हुए पारंपरिक पारसी स्वादिष्ट व्यंजनों से अपने मेहमानों को ख़ुश करना उन्हें पसंद था। उनका रसोई के आसपास भटकते रहना अकसर पारिवारिक ख़ानसामे से विरोध की वजह बन जाता, जो गुस्सा होने का नाटक करके चाकू घुमाते हुए धमकाकर रसोई से बाहर कर देता था। संगीत और बाग़वानी के प्रति प्रेम उन्हें अपने पिता से विरासत में मिले थे। ज़िंदगी भर उनकी सबसे बहुमूल्य संपत्ति उनका अपना म्यूज़िक सिस्टम था, और उनके हर घर में खूबसूरत बग़ीचे इस क्षेत्र में उनकी दक्षता और रुचि का प्रमाण थे।

आज़ादी और बँटवारे की घोषणा के साथ अगस्त 1947 में हिल्ला और होरमसजी वापस बंबई चले गए। पहले उन्होंने अपना घर चर्चगेट पर अडेल्फी कॉटेज में बसाया और बाद में वहाँ से ब्रीच कैंडी के कश्मीर हाउस में चले गए।

होरमसजी ने अपना दवाख़ाना और उससे जुड़ा हुआ दवा बनाने का काम (फार्मेसी) अपने विश्वासपात्र प्रबंधक सुरिन्दर सिंह की देखरेख में छोड़ दिया,

अडेल्फी कॉटेज और बाहर खड़ी परिवार की सिट्रोन गाड़ी।
साभार: मानेकशॉ परिवार

जबकि सड़क के दूसरी तरफ़ एक अन्य फार्मेसी को श्री देवराज सूरी के अंतर्गत रखा गया। इसके कुछ साल बाद, 1950 के आसपास, होरमसजी ने दवाख़ाना और फार्मेसियों को अपने प्रबंधकों को तोहफ़े में देने का फ़ैसला कर लिया। उन दोनों ने बदले में आजीवन अपने दाता और उनकी पत्नी को एक सालाना राशि भेजने को अनुबंधित कर लिया।

होरमसजी का अप्रैल 1964 में निधन हो गया, जब सैम शिमला में पश्चिमी सेना कमांडर थे। पिता के देहांत के बाद बंबई के आधिकारिक दौरों पर कार्यालयी काम को निपटा लेने के बाद बाक़ी का समय सैम घर पर अपनी माँ के साथ बिताते थे।

कुछ साल बाद हिल्ला की सेहत ख़राब रहने लगी। बिस्तर पर पड़ी वह अपनी जगह लेटे-लेटे फ़ौजी तमग़ों से सजी सैम की तसवीर, जो बिस्तर की साइड टेबुल पर रखी थी, उसको निहारती रहतीं। भारत में 15 जनवरी को सेना दिवस मनाया जाता है। 1949 को इसी दिन पहली बार भारतीय अफ़सर, लेफ़्टिनेंट जनरल (बाद में फ़ील्ड मार्शल) के.एम. करिअप्पा, को भारतीय फ़ौज का कमांडर इन चीफ़[7] बनाया गया था। जब सैम सेना अध्यक्ष बने तो उन्होंने निश्चय किया कि वह दिल्ली में तैनात सभी सूबेदार मेजर को अपने घर पर

7 आज़ादी से पूर्व सेना अध्यक्ष को कमांडर-इन-चीफ़ बुलाया जाता था।

अमृतसर के आधिकारिक दौरे के दौरान दवाख़ाने में सबसे मिलने आए। साभार: मानेकशॉ परिवार

वर्षों बीत गए, पर सैम का रिश्ता अमृतसर से गहरा और लंबा था।

प्रीतिभोज पर आमंत्रित कर सेना दिवस मनाएँगे। पार्टी की तैयारियाँ ज़ोरों से चल रही थीं, जब फोन की घंटी बजी। उनकी बहन सिल्ला ने एक बुरी ख़बर सुनाई। उनकी माँ का देहांत हो गया था और पारसी रिवाज़ के मुताबिक, अंतिम संस्कार उसी शाम को होना था। सैम ने इस ख़बर को दबाए रखने का फ़ैसला किया। पूर्व नियोजित तरीक़े से पार्टी का आयोजन किया गया। सैम ने तहेदिल से मेज़बान की तरह स्वागत किया। वह अपनी माँ के अंतिम संस्कार में शामिल नहीं हो पाए।

वर्षों बीत गए, पर सैम का रिश्ता अमृतसर से गहरा और लंबा था। सेना अध्यक्ष बनने के बाद अमृतसर के अपने पहले आधिकारिक दौरे पर वह बिना बताए दवाख़ाने पर पहुँच गए। उन्हें देखकर सुरिन्दर सिंह और देवराज सूरी गर्व से फूले न समाए। श्री सिंह ने अभी तक दवाख़ाने में कोई बदलाव नहीं किया था। मुख्य हॉल में होरमसजी की खाली कुरसी को उनकी स्मृति के रूप में सहेज कर रखा गया था। सैम की उपस्थिति की बात जंगल में आग की तरह फैल गई। उत्साहित पड़ोसी और जान-पहचान वाले उन्हें मुबारकबाद देने आए, भीड़ इतनी ज़्यादा हो गई कि दवाख़ाना एकदम भर गया और लोग सड़क तक पहुँच गए।

1971 में पाकिस्तान के साथ युद्ध में विजय के बाद अमृतसर के लोगों ने ऐतिहासिक रामबाग़ में सैम का अभिनंदन किया। वहाँ मौजूद लोगों को संबोधित करते हुए सैम ने कहा कि इस शहर के होने के नाते उनके लिए गर्व की बात है और उन लोगों के बीच आकर वह ख़ुश हैं, जिनके साथ उन्होंने कभी अपनी ज़िंदगी के सबसे हसीन लम्हें बिताए थे। ♦

जेंटलमैन कैडेट
सैम मानेकशॉ
साभार: मानेकशॉ परिवार

युवा अधिकारी

सेना में भारतीय कमीशन प्राप्त अधिकारियों के पहले दस्ते में 1 फरवरी 1935 को सेकेंड लेफ़्टिनेंट सैम होरमसजी फ्रामजी जमशेदजी मानेकशॉ, आई सी-14[1], को शामिल किया गया। इस पहले दस्ते ने भारतीय उपमहाद्वीप को तीन सेना अध्यक्ष दिए: भारत के जनरल सैम मानेकशॉ, पाकिस्तान के जनरल मुहम्मद मूसा और बर्मा (अब म्यांमार) के जनरल स्मिथ डन। एक अन्य प्रख्यात भारतीय 5/2 पंजाब रेजिमेंट के सेकेंड लेफ़्टिनेंट मेलविल ड़ि मेलो भी इस पहले दस्ते में ही शामिल थे, लेकिन मेलविल ने आकाशवाणी में काम करने के लिए सेना से इस्तीफ़ा दे दिया। कई वर्षों तक जब कभी राष्ट्र में उल्लास या दुख की घड़ी होती, तो मद्धम सुर में उनकी आवाज़ हमारे घरों और हृदय में गूँजती।

सैम का यह असाधारण लंबा-चौड़ा नाम कैसे पड़ा? आई एम ए में उनके एड्जुटेंट कैप्टन जे.एफ.एस. मैकलॉरेन थे। सैम उनके नाम के आगे तीन आद्याक्षर से बहुत प्रभावित हुए और उन्होंने अपने नाम के आगे अपने पिता, दादा और परदादा के नाम जोड़ लिए। सेवाकाल के पहले साल परंपरा के अनुसार, सैम की लाहौर स्थित रायल स्कॉट्स की दूसरी बटालियन में पोस्टिंग हो गई। उन पुराने दिनों में कैप्टन के नीचे के स्तर के फ़ौजी अधिकारियों को उनके पद से नहीं, बल्कि महोदय कह कर बुलाया जाता था और उनको अपना ओहदा कमाना पड़ता था। चूँकि उनका नाम उच्चारण में थोड़ा कठिन था, तो ब्रिटिश अधिकारियों ने उनका उपनाम मिस्टर मैकेंटॉश रखने का फ़ैसला किया! मैकेंटॉश अंग्रेज़ी में रेनकोट का दूसरा नाम है। उनके पास मुसकराने और बरदाश्त करने के सिवा कोई चारा नहीं था।

रायल स्कॉट्स के साथ संबद्धता का एक साल पूरा करने पर, 1935 में सैम ने अपनी पहली ए सी आर[2] (एनुअल कॉन्फिडेंशल रिपोर्ट) हासिल की। वह बन-ठन कर सैम ब्राउन[3] और तलवार के साथ एड्जुटेंट के कार्यालय में दाख़िल हुए। सख़्त परीक्षण के बाद उनको झिड़की लगाई गई। 'आप एक कर्नल से मिलने जा रहे हैं। ज़रा ख़ुद को तो देखिए! आपकी पट्टी बहुत मैली, गंदी है। अपनी बेल्ट को देखो, यह कितनी भद्दी है! जाओ और पहले अपनी वरदी ठीक करो।' सैम एड्जुटेंट के कार्यालय से बाहर आ गए, पाँच मिनट तक इंतज़ार किया और बिना कुछ किए एपोलेट (स्कंधिका) से धूल झाड़ कर वापस दफ़्तर में प्रवेश किया। उनको देखते ही एड्जुटेंट ने उन्हें 'काफ़ी बेहतर' पुकारा। यह देखने के बाद कि रिपोर्ट पर हस्ताक्षर करने के लिए फाउंटेन पेन है, एड्जुटेंट ने निर्देश दिया कि सी ओ[4] आपकी रिपोर्ट को पढ़ेंगे, उसके बाद बाएँ कोने में अपने हस्ताक्षर कर देना। 'समझ में आया?' सैम ने 'जी सर' उत्तर दिया। वह सी ओ के कार्यालय में दाख़िल हुए और सैल्यूट करते हुए बोले, 'मिस्टर मानेकशॉ रिपोर्टिंग सर।' सी ओ ने सैम को ऊपर से नीचे तक

---

1 हर अफ़सर जो आई एम ए से कमीशन प्राप्त करता है, उसे एक पहचान संख्या दी जाती है, जो कि उसके पूरे सेवाकाल में अपरिवर्तित रहती है।

2 वार्षिक गोपनीय रिपोर्ट।

3 क्रॉस बेल्टः सैम का चित्र पृष्ठ 149

4 कमांडिंग अफ़सर।

रायल स्कॉट्स के साथ संबद्धता के समय सैम (दाएँ से पहले) एक युवा अधिकारी। साभार: 58 गोरखा प्रशिक्षण केंद्र

देखा और रिपोर्ट उनके सामने पटक दी। रिपोर्ट में सिर्फ़ एक वाक्य था, 'यह अफ़सर, माफ़ कीजिएगा, यह व्यक्ति शायद एक दिन अफ़सर बनेगा।' सैम ने चुपचाप हस्ताक्षर किए और बाहर चले आए। उनकी रेजिमेंट के एक और अफ़सर, ख़ालिद शेख़, के साथ भी ऐसा ही व्यवहार कर, वैसा ही एक वाक्य थमाया गया था, 'यह अफ़सर तो ग़ैर-ज़िम्मेदार लग रहा है।' पिछले साल ख़ालिद की रिपोर्ट में था कि वह निश्चित रूप से ग़ैर-ज़िम्मेदार थे, तो इस हिसाब से इस साल की रिपोर्ट तो काफ़ी बेहतर थी!

रायल स्कॉट्स के साथ एक साल की संबद्धता पूरी करने के बाद, सैम को 12 फ्रंटियर फ़ोर्स रेजिमेंट की चौथी बटालियन (4/12 एफ एफ आर) में तैनात किया गया। इस बटालियन का गठन 1846 में पहले सिख युद्ध के बाद चौथी सिख स्थानीय पैदल सेना के रूप में किया गया था। 1903 में यह 54 सिख (फ्रंटियर फ़ोर्स) बनी और फिर 1922 में अलग पहचान देते हुए इसका नाम बदलकर एक बार फिर से 4/12 एफ एफ आर रखा गया। चूँकि बटालियन का सामरिक काम पंजाब की हाल ही में ली गई ज़मीन पर था, इसलिए इसे पंजाब इर्रेग्युलर फ्रंटियर फ़ोर्स (पी आई एफ एफ) और इसके जवानों तथा अधिकारियों को पी आई एफ एफ आर एस (पिफरज़) कहा जाता था। वर्ग निर्धारण के लिहाज़ से 4/12 एफ एफ आर में सिखों और पश्तूनों[5] का मिश्रण था। ब्रिटिश इंडियन आर्मी की परंपरा, जिसको भारतीय सेना अब भी मानती है, के अनुसार, अधिकारियों से अपेक्षा की जाती है कि वे अपने मातहत सैनिकों से उनकी भाषा में ही बात करें। सिखों की भाषा 'पंजाबी' सैम अच्छी तरह बोल सकते थे, और थोड़े ही दिनों में उन्होंने पश्तूनों की भाषा 'पश्तो' भी सीख ली। दरअसल, अपने तेज़ नैन-नक़्श तथा आँखों के हलके रंग की वजह से सैम पश्तून लगते और अकसर वही मान लिए जाते थे।

5 पाकिस्तान के उत्तर-पश्चिम प्रांत के क़बीलाई लोग पश्तून (या पठान) कहलाते हैं।

उत्तर-पश्चिम क्षेत्र में कहीं 4/12 एफ एफ आर के साथ, सैम।
साभार: मानेकशॉ परिवार

सैम घर पर छुट्टी के दौरान।
साभार: मानेकशॉ परिवार

इस सुंदर, तरुण अफसर को सिख प्लाटून में तैनात कर दिया गया, जहाँ उसके गोरे रंग और खूबसूरत नैन-नक़्श से हट्टे-कट्टे सिख सिपाही बिलकुल प्रभावित नहीं हुए। एक दिन सैम ने उन्हें आपस में अपनी क़िस्मत को कोसते सुना कि 'ओए कुड़ी नू प्लाटून कमांडर बना दित्ता। हुण की करियां!' (एक लड़की को प्लाटून कमांडर बना दिया गया तो अब क्या करें!) सैम उस समय चुपचाप चले गए और दृढ़ निश्चय किया कि इनको सबक़ सिखा कर ही रहेंगे। कुछ दिन बाद, सैम टेनिस खेलने जा रहे थे तो उन्होंने देखा कि प्लाटून के एथलीट हाई जंप का अभ्यास कर रहे थे। सर्वश्रेष्ठ खिलाड़ी बार-बार संघर्ष करता रहा, पर चार फीट की ऊँचाई टाप नहीं पाया। रैकेट हाथ में लिए, कुछ दूर की दौड़ लगाकर सैम उस ऊँचाई पर लगे बाँस के उस-पार कूद गए और घूमकर उन जवानों से पंजाबी में बोले, 'तुसी केहो जाए एथलीट हो! ऐना ऊँच्चा ते कुड़ियाँ वी टप जान्दिया ने।' (तुम किस तरह के एथलीट हो? इतना ऊँचा तो लड़कियाँ भी आसानी से कूद जाएँगी)। जवानों में ख़ामोशी छा गई, वे शीघ्र ही जान गए कि उनका प्लाटून कमांडर अमृतसर में पला-बढ़ा था और अच्छी पंजाबी बोल सकता था! एक हफ़्ते बाद सैम ने एक और नपा-तुला जोख़िम लेते हुए प्लाटून के सर्वश्रेष्ठ धावक को थोड़ी बढ़त देने के बावजूद हरा दिया। उन्होंने ज़ाहिर तौर पर अपनी प्रामाणिकता साबित कर दी और प्लाटून के जवानों ने सर्वसम्मति से उनको अपना कमांडर मान लिया।[6]

1939 में सैम ने सिल्लू बोद से शादी की और 1940 में उनकी बेटी शैरी का जन्म हुआ। क़बाइली बग़ावत के कारण 4/12 एफ एफ आर ज़्यादातर एन डब्ल्यू एफ़ पी में रहती थी। यह जंगी तैनाती थी और उनकी पत्नी को अमृतसर में उनके माता-पिता के साथ अपने ससुराल में रहना पड़ता था।

1942 में द्वितीय विश्वयुद्ध के दौरान और बर्मा पर जापान के हमले के समय 4/12 एफ एफ आर को

6 यह क़िस्सा मेजर जनरल के.एस. बाजवा ने बताया।

सिल्लू एक अतिसुंदर युवती, जिनसे सन 1939 में सैम ने शादी की। साभार: मानेकशॉ परिवार

सैम एक एल एम जी की गोलियों का निशाना बने और नौ गोलियाँ उनके पेट में लगीं, जो उनके फेफड़े, यकृत, गुरदे और आँतों को छेद गईं।

सित्तंग नदी के किनारे तैनात कर दिया गया था। सैम कैप्टन बन चुके थे, और 'ए' कंपनी को कमांड कर रहे थे। जापानियों ने आक्रमण कर एक रणनीतिक जगह पगोड़ा पहाड़ी पर क़ब्ज़ा कर लिया। 22 फरवरी को उनको जवाबी हमला करने का आदेश मिला। अपने कंपनी अफ़सर सेकेंड लेफ़्टिनेंट मुहम्मद अतीक़ 'तुर्क' रहमान, जो बाद में पाकिस्तान की सेना में लेफ़्टिनेंट जनरल के पद तक पहुँचे, के साथ उन्होंने उस जगह को फिर से जीत लिया लेकिन कंपनी को भारी जनहानि हुई। सैम एक एल एम जी[7] की गोलियों का निशाना बने और नौ गोलियाँ उनके पेट में लगीं, जो उनके फेफड़े, यकृत, गुरदे और आँतों को छेद गईं। डर यह था कि घायलों को साथ लेकर चलने से बटालियन के पीछे हटने की गति ख़तरनाक ढंग से धीमी हो जाएगी। कमांडिंग अफ़सर ने आदेश दे दिया कि सभी हताहतों को पीछे छोड़ दिया जाए। सैम की कंपनी के वरिष्ठ सूबेदार[8] ने ज़ोरदार विरोध करते हुए कहा, 'सैम साहिब ते साड्डी कंपनी दा सरताज अये। असी ओहनू पीछे किवें छड सकदे हैं?' (सैम साहब तो हमारी कंपनी के सरताज हैं। हम उन्हें पीछे कैसे छोड़ सकते हैं?) युवा अफ़सर के नेतृत्व का यह अद्भुत सम्मान था। सैम का अर्दली शेर सिंह उन्हें अपनी पीठ पर लाद कर चिकित्सकीय सहायता पोस्ट पर पहुँचा, जो घायलों से भरा हुआ था। यहाँ उसने चिकित्सकों से लाख मिन्नत की कि वे सैम को देखें पर कोई फायदा नहीं हुआ। निराशा में घिरे इस सीधे और वफ़ादार सैनिक ने अपनी भरी हुई राइफ़ल उठाकर यह कहते हुए चिकित्सक को धमकाया, कि 'असी जापनियन दे नाल लड़दे हुए वी अपने साहिब नूं मीलन तक चुक के ले के आइए हाँ। हुण असी अपने साहिब नूं मरदियां नहीं देख सकदे। साहिब जी, तुसी एह्नन दा इलाज करो नहीं ते मैंनूं गोली चलाउनी पाई गी।' (जापानियों से लड़ने के बावजूद हम अपने साहब को मीलों से लाद के लाए हैं, अब हम इन्हें मरते हुए नहीं देख सकते। चूँकि आप इन्हें नहीं देख रहे हैं, महोदय, कृपया इनका इलाज करें, अन्यथा मुझे आप पर गोली चलानी पड़ेगी)। हालाँकि अनिच्छा से, पर चिकित्सक ने सैम का इलाज शुरू किया। उसने गोलियाँ और छिदी हुई आँत का कुछ हिस्सा निकाल दिया और लापरवाही से सिलकर उनके पेट में एक मामूली लेकिन स्थायी उभार हमेशा के लिए छोड़ दिया। सर्जरी के बाद सैम स्वस्थ होने के लिए पेगु के सैन्य अस्पताल में भेजे गए, तभी वहाँ हवाई बमबारी शुरू हो गई। जापानियों के हाथ में जाने रो पहले आख़िरी पोत में अन्य मरीज़ों के साथ उनको भी वहाँ से निकाला गया। पहले मांडले, फिर रंगून और फिर अंत में भारत भेजा गया। सैम अपनी ज़िंदगी को दोबारा पाने की वजह अपने अर्दली शेर सिंह को मानते थे और उन्होंने इसे हमेशा याद

सैम... मज़ाक करते कि उनका तो पेट लोहे का बना है, जिसमें जापानियों की गोलियाँ भी प्रवेश नहीं कर पाईं।

रखा। मौत के साथ मुठभेड़ का वर्णन करते हुए वह मज़ाक करते कि उनका तो पेट लोहे का बना है, जिसमें जापानियों की गोलियाँ भी प्रवेश नहीं कर पाईं।

युवा कैप्टन बहुत बहादुरी से लड़ा और उसके बचने की उम्मीद बहुत कम लग रही थी। युद्ध के मैदान से उनके कमांडिंग अफ़सर और ब्रिगेड कमांडर ने मुख्यालय को एक संदेश भेजकर उनको मिलिट्री क्रॉस (एम सी) देने की सिफ़ारिश की। तब मेजर जनरल

---

7 लाइट मशीन गन।

8 भारतीय सेना में सूबेदार एक पद होता है, जो कमीशन प्राप्त अधिकारियों से नीचे तथा ग़ैर कमीशन प्राप्त अधिकारियों से ऊपर होता है।

सैम अपनी पहली पुत्री शैरी के साथ।
साभार: मानेकशॉ परिवार

दूसरी पुत्री माया के साथ।
साभार: मानेकशॉ परिवार

कॉवन, आई एम ए में सैम के कंपनी कमांडर, 17 इन्फैंट्री डिवीज़न के जी ओ सी[9] थे। उन्होंने भी तुरंत इस संस्तुति का समर्थन कर आगे बढ़ाया, क्योंकि मिलिट्री क्रॉस मरणोपरांत नहीं दिया जा सकता था। अकसर यह भी कहा जाता है कि जनरल ने अपने मेडल उतारकर सैम के सीने पर लगा दिए। यह एक कहानी है, क्योंकि युद्ध के समय मेडल नहीं पहने जाते हैं। संस्तुति स्वीकार कर ली गई और युवा कैप्टन अलंकृत अफ़सर बन गया।

9 जनरल अफ़सर कमांडिंग।

1943 से 1946 तक हर कुछ महीनों में सैम यहाँ से वहाँ जाते रहे। 23 अगस्त से 22 दिसंबर 1943 तक उन्होंने क्वेटा (अब पाकिस्तान में) में 8वें स्टाफ़ कॉलेज कोर्स में हिस्सा लिया। यहीं उनकी अपने डी एस[10], मेजर जे.एन. 'मुचु' चौधरी, जो 1962 में सेना अध्यक्ष बने, से चिरस्थायी दोस्ती हो गई। सैम की पदोन्नति

10 मिलिट्री कॉलेजों में डी एस या डायरेक्टिंग स्टाफ़ शब्द का इस्तेमाल उस प्रशिक्षक के लिए होता है, जिसकी ज़िम्मेदारी निर्देश देने के बजाए फ़ौजी विषयों पर चर्चा कराने की होती है।

मेजर के पद पर हो गई थी। उन्होंने कोर्स के दौरान अच्छा प्रदर्शन किया और जनवरी 1944 में इसके पूरा होने पर उनको उत्तरी वज़ीरिस्तान (अब पाकिस्तान में) में बतौर बी एम[11] रज़मक ब्रिगेड तैनात कर दिया गया। द्वितीय विश्वयुद्ध अब भी ज़ोरों से जारी था और दस महीने बाद अक्टूबर में उनको बर्मा में 9/12 एफ एफ आर में जनरल डब्ल्यू.जे. स्लिम की 14वीं आर्मी में रिपोर्ट करने का हुक्म मिला। 1945 में वह वापस क्वेटा के स्टाफ़ कॉलेज में बतौर डी एस पहुँच गए, यह पद लेने वाले वह पहले आई सी ओ थे। इसी काल के दौरान ही उनकी दूसरी बेटी, माया, पैदा हुई। द्वितीय विश्वयुद्ध अब समाप्ति पर था और नवंबर 1945 में सैम की तैनाती जनरल डेज़ी के स्टाफ़ अफ़सर के रूप में भारत-चीन सीमा (अब वियतनाम) पर 10,000 जापानी युद्धबंदियों के पुनर्वास में सहायता के लिए हो गई।

सैम के संगठनात्मक कौशल और नेतृत्व की क्षमता ने कमांडर-इन-चीफ़ फ़ील्ड मार्शल लॉर्ड क्लौड औकिन्लेक का ध्यान खींचा। मार्च 1946 में छह माह के लिए व्याख्यान दौरे पर आस्ट्रेलिया जाने वाले भारतीय सेना प्रतिनिधिमंडल के लिए उन्हें चुना गया। इसका मुख्य उद्देश्य द्वितीय विश्वयुद्ध के दौरान भारत की उपलब्धियों को प्रमुखता से बताना था।

सितंबर में आस्ट्रेलिया से वापस आने के बाद सैम की पदोन्नति लेफ़्टिनेंट कर्नल के पद पर हुई और उन्हें जनरल हेडक्वाटर्स[12] में सैन्य अभियान निदेशालय-3 (एम ओ-3) में बतौर जी एस ओ 1 तैनात कर, भावी योजना की ज़िम्मेदारी दी गई। 1946 तक बहुत कम भारतीय लेफ़्टिनेंट कर्नल पद तक पहुँचे थे; हर दृष्टि से सैम के सामने उनका उज्ज्वल भविष्य था। इसके बाद जल्दी ही एम ओ-1 निदेशालय में, मेजर ए.एम. याहया ख़ान को जी एस ओ 2 तैनात कर एन डब्ल्यू एफ़ पी और वज़ीरिस्तान की ज़िम्मेदारी दी गई और एम ओ-2 निदेशालय में कैप्टन एस.के. सिन्हा को जी एस ओ 3 तैनात कर, आंतरिक सुरक्षा से निपटने की ज़िम्मेदारी दी गई। पहली बार निदेशालय में तीन भारतीय तैनात किए गए, जो उस वक़्त अंग्रेज़ों का गढ़ हुआ करता था। बँटवारे के समय मेजर याहया ख़ान ने पाकिस्तान को चुना। नियति की यह विडंबना तो देखो कि 1971 में, भारत-पाक युद्ध के समय, सैम और याहया अपनी-अपनी सेनाओं के प्रमुख थे। इस बीच कैप्टन एस.के. सिन्हा लेफ़्टिनेंट जनरल बन गए थे और 1981 से 1983 तक बतौर उप सेना अध्यक्ष का ओहदा सँभाला। सेवानिवृत्ति के बाद उनको नेपाल का राजदूत (1990-1991), फिर असम का राज्यपाल (1997-2003) और बाद में जम्मू-कश्मीर का राज्यपाल (2003-2008) नियुक्त किया गया। ♦

---

11 ब्रिगेड मेजर सभी अभियानों में ब्रिगेडियर के नीचे स्टाफ़ का प्रमुख होता है।

12 राज के दौरान सेना मुख्यालय को जनरल हेडक्वाटर्स कहा जाता था।

लेफ़्टिनेंट कर्नल सैम मानेकशॉ
साभार: मानेकशॉ परिवार

स्वतंत्रता और बँटवारा

ब्रिटिश सरकार ने 20 फरवरी 1947 को भारत को आज़ाद कर देने के फ़ैसले की घोषणा की। यह उल्लास महज़ थोड़े ही दिन का था, क्योंकि 3 जून को आए आदेश के अनुसार राष्ट्र को दो स्वतंत्र देशों– भारत और पाकिस्तान– में विभाजित करने का निर्णय सुनाया गया। इसका मतलब मात्र नई सरहदें खींच देना ही नहीं था, बल्कि फ़ौज सहित अन्य संपत्तियों के बँटवारे का बड़ा मुद्दा था। 16 जून को सैन्य बल पुनर्गठन कमेटी बनाई गई। इसने निर्देशित किया कि दो-तिहाई भौतिक परिसंपत्तियाँ भारत के पास रहेंगी और एक-तिहाई हिस्सा पाकिस्तान के सुपुर्द रहेगा। मुस्लिम सिपाही की बड़ी संख्या वाली रेजिमेंटें, इकाइयाँ और उप-इकाइयाँ पाकिस्तान को दे दी जाएँगी और हिंदू तथा सिख रेजिमेंटें भारतीय सेना के साथ रहेंगी। यह बहुत ही बड़ा काम था। अलग हो रहे देश पाकिस्तान के साथ जाने वाले सैन्य संस्थानों और सैनिकों के दस्तावेज़ और फ़ाइलें अलग करने में विभिन्न दलों ने परिश्रम किया और अतिरिक्त फुरती दिखाई। परिचारन प्लान का बँटवारा तो और भी चुनौतीपूर्ण था। मार्च में ही, जब केवल संकेत थे कि राष्ट्र का बँटवारा हो सकता है, सैम के निदेशालय-3 (एम ओ-3) ने उन नक़्शों और योजनाओं की सीमाओं को छाँटना शुरू कर दिया, जो भारत से हट कर पाकिस्तान का हिस्सा बनने वाली थीं, क्योंकि परिचारन प्लान अलग करके नहीं देखे जा सकते हैं। दस्तावेज़ पूरे रखने के लिए एक शानदार पहल करते हुए सैम ने दूरदृष्टि से पाकिस्तान के लिए चिह्नित सभी सामान की एक प्रतिलिपि तैयार कर रखी थी।

आख़िर वह दुर्भाग्यपूर्ण दिन आ ही गया। जुदाई बेहद दुखद थी। अफ़सरों को अपनी रेजिमेंटों से अलग होना पड़ा, जिनके साथ उनका परिवार जैसा संबंध था। 14 अगस्त 1947 को भारत के सैनिक अधिकारियों ने दिल्ली जिमखाना क्लब में अपने उन साथियों के लिए बिदाई समारोह आयोजित किया, जो जल्द ही पाकिस्तान जाने वाले थे। वह शाम ख़ुशमिज़ाज, भाईचारा और एक-दूसरे से जुड़े रहने के वादों से भरी थी। उन्होंने 'ऑल्ड लैंग साइन' व 'ही इज़ ए जॉली गुड फेलो' जैसे बिदाई गीत भी गाए थे। भारत के वरिष्ठतम अधिकारी मेजर जनरल के.एम. करिअप्पा ने पाकिस्तान के वरिष्ठतम अधिकारी ब्रिगेडियर ए.एम. रज़ा को चाँदी की ट्रॉफ़ी दी, जिसमें हिंदू और मुसलमान सैनिक, दोनों एक ही दुश्मन पर गोली चलाते हुए बने थे। उस शाम वहाँ मौजूद किसी ने यह कल्पना भी नहीं की थी कि जल्दी ही ये बंदूकें एक-दूसरे पर तन जाएँगी!

पाकिस्तान और भारत क्रमशः 14 और 15 अगस्त 1947 को स्वतंत्र देश बन गए। 17 अगस्त को ब्रिटिश सरकार ने सीमा, 'द रेडक्लिफ़ लाइन' उजागर की, जो सिरिल रेडक्लिफ़ ने खींची थी; जिससे दो देश अलग हो गए। इससे 100 से 120 लाख लोगों का विस्थापन हो गया। मुसलमानों ने भारत से अपने नए घर पाकिस्तान जाना, जबकि हिंदुओं और सिखों ने पाकिस्तान से भारत आना शुरू कर दिया। पंजाब में दिल दहला देने वाले दृश्य सामने आए, जब लोगों को ज़बरदस्ती अपना घर, अपनी संपत्ति और पीढ़ियों से जोती अपनी ज़मीन को छोड़ना पड़ा। इसकी वजह से सांप्रदायिक उन्माद और दंगे भड़क उठे। उनसे उत्पन्न परिस्थिति को सँभालना

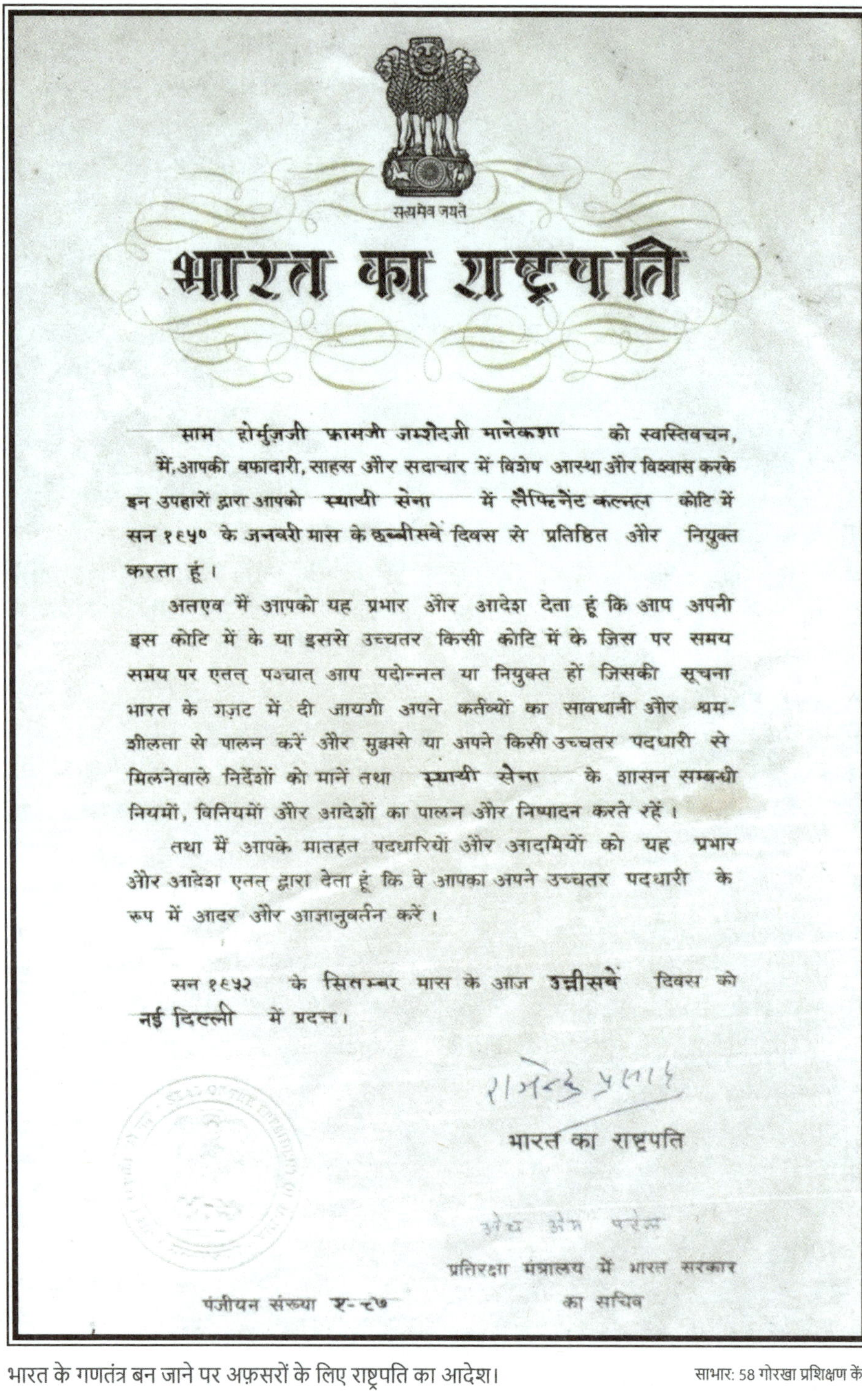

सत्यमेव जयते

भारत का राष्ट्रपति

साम होर्मुज़जी फ्रामजी जम्शेदजी मानेकशा को स्वस्तिवचन,

मैं, आपकी वफादारी, साहस और सदाचार में विशेष आस्था और विश्वास करके इन उपहारों द्वारा आपको स्थायी सेना में लैफ्टिनेंट कर्नल कोटि में सन १९५० के जनवरी मास के छब्बीसवें दिवस से प्रतिष्ठित और नियुक्त करता हूं।

अतएव मैं आपको यह प्रभार और आदेश देता हूं कि आप अपनी इस कोटि में के या इससे उच्चतर किसी कोटि में के जिस पर समय समय पर एतत् पश्चात् आप पदोन्नत या नियुक्त हों जिसकी सूचना भारत के गज़ट में दी जायगी अपने कर्तव्यों का सावधानी और श्रम-शीलता से पालन करें और मुझसे या अपने किसी उच्चतर पदधारी से मिलनेवाले निर्देशों को मानें तथा स्थायी सेना के शासन सम्बन्धी नियमों, विनियमों और आदेशों का पालन और निष्पादन करते रहें।

तथा मैं आपके मातहत पदधारियों और आदमियों को यह प्रभार और आदेश एतत् द्वारा देता हूं कि वे आपका अपने उच्चतर पदधारी के रूप में आदर और आज्ञानुवर्तन करें।

सन १९५२ के सितम्बर मास के आज उन्नीसवें दिवस को नई दिल्ली में प्रदत्त।

राजेन्द्र प्रसाद

भारत का राष्ट्रपति

अेच अेम पटेल

प्रतिरक्षा मंत्रालय में भारत सरकार का सचिव

पंजीयन संख्या श-९७

भारत के गणतंत्र बन जाने पर अफ़सरों के लिए राष्ट्रपति का आदेश। साभार: 58 गोरखा प्रशिक्षण केंद्र

बहुत मुश्किल था। दिल्ली में दरिद्रता और कड़वाहट से भरी शरणार्थियों की भीड़ शहर भर में फैल गई। कई इलाक़ों में दंगों पर काबू रखने के लिए फ़ौजें बुला ली गईं। सैन्य अभियान (एम ओ) निदेशालय को कानून व्यवस्था बनाए रखने के लिए प्रशासन की मदद करनी पड़ी। सैम ने दिल्ली के आपातकालीन प्रशासनिक कमेटी के प्रभारी अधिकारी एच.एम. पटेल के साथ मिलकर रात-दिन काम किया।

बँटवारे के साथ ही महाराजाओं के अधीन 565 रजवाड़ों के एक और मुद्दे को भी हल करना था। ब्रिटिश सरकार ने अपनी बुद्धिमानी में महाराजाओं को, यदि वे उनका आधिपत्य मानें, तो अपने राज्य में स्वायत्त शासन का अधिकार दिया था। ये रजवाड़े आधिकारिक तौर से ब्रिटिश साम्राज्य का हिस्सा नहीं थे, इस कारण स्वतंत्रता के समय महाराजाओं को भारत या पाकिस्तान में से किसी एक को चुनना था और 'इंस्ट्रूमेंट ऑफ एक्सेशन' (विलय संधि) पर हस्ताक्षर करने थे। 1947 में सरदार वल्लभभाई पटेल तत्कालीन उपप्रधानमंत्री थे और अतिरिक्त प्रभार के तौर पर रजवाड़ों के मंत्रालय का कार्य सँभालते थे। वी.पी. मेनन मंत्रालय में सचिव थे। उनको सरदार पटेल ने निर्देश दिए कि वह सैम के साथ हर रियासत में जाएँ और उनका हिंदुस्तान में विलय सुनिश्चित करें। सैम इसमें ख़ुद को 'हौआ या राक्षस' बताते थे, जिसका लक्ष्य ही मंज़ूरी दिलवाना था! ज़्यादातर मामलों में विलय मुद्दा नहीं था क्योंकि ये रियासतें भारत में सीमित थीं। 14 अगस्त तक जम्मू-कश्मीर, काठियावाड़ जिले के जूनागढ़ और दक्खिन में हैदराबाद को छोड़कर अधिकतर क्षेत्रों ने भारत को चुन लिया था। प्रारंभ में जूनागढ़ के नवाब ने पाकिस्तान को चुना। यह एक राजनीतिक उकसावे की चाल थी, क्योंकि चारों तरफ़ भारत से घिरे होने के कारण यह संभव नहीं था। काठियावाड़ की अन्य रियासतों के दबाव और लॉर्ड लुई माउंटबेटन के हस्तक्षेप के कारण फ़ैसला पलटा गया और शुरुआती नवंबर 1947 में जूनागढ़ का भारत में विलय हो गया, जबकि नवाब अपने परिवार और ज़ेवरात जड़े ताज सहित पाकिस्तान भाग गया। हैदराबाद के निज़ाम ने अपनी रियासत के लिए स्वतंत्रता की माँग की लेकिन उन्हें लॉर्ड माउंटबेटन ने बताया कि यह कोई विकल्प नहीं है। इसके बावजूद हैदराबाद ज़िद पर अड़ा रहा, जब तक कि एक छोटे, सैन्य अभियान के बाद 13 सितंबर 1948 को उसका भारत में विलय हो गया।

जम्मू-कश्मीर[1] में स्थिति चुनौतीपूर्ण थी। यहाँ घाटी में मुसलमान, जम्मू में हिंदू और लद्दाख़ में बौद्ध बहुसंख्यक थे। राजा हिंदू थे और प्रांत की पश्चिमी सीमा पाकिस्तान और दक्षिणी सीमा भारत से मिलने के कारण यहाँ अलग तरह की चुनौतियाँ उत्पन्न थीं। हालाँकि घाटी में मुस्लिम आबादी प्रबल बहुमत में थी, पर कश्मीरी मुसलमानों में सूफ़ी मत की समन्वयात्मक धारा अधिक प्रचलित थी और उपमहाद्वीप के अन्य हिस्सों में प्रचलित इस्लाम से साफ़तौर पर अलग थी। घाटी के राजनीतिक नेता शेख़ अब्दुल्ला ने धर्म के आधार पर विभाजन के मत का कड़ा विरोध किया और धर्मनिरपेक्ष भारत के साथ रहना ही बेहतर माना। यहाँ के शासक महाराजा हरि सिंह व्याकुल थे। यह स्थिति 22 अक्टूबर 1947 को और भी बिगड़ गई, जब पाकिस्तानी आक्रमणकारियों (अनियमित सैनिक), जिसमें ज़्यादातर उत्तर-पश्चिम प्रांत के क़बाइली लोग थे और इनके पीछे छिपकर पाकिस्तानी सेना की नियमित यूनिटें, परंतु गुप्त रूप से घुसपैठ की। हालाँकि इस आरोप को पाकिस्तान महीनों, बल्कि सालों तथा आज भी अस्वीकार करता है। उन्होंने कश्मीर पर क़ब्ज़ा कर लेने के लिए श्रीनगर की तरफ़ बढ़ना शुरू किया। मार्ग में, क़बाइलियों ने लूटपाट, बलात्कार और नरसंहार से बारामूला, राजौरी और पुंछ इलाक़ों को तहस-नहस कर दिया।

उन्होंने कश्मीर में छुट्टियाँ मनाने आए सिख रेजिमेंट के कर्नल टॉम डाइक्स और उनकी पत्नी की हत्या कर

1 यहाँ पर जम्मू-कश्मीर के परिग्रहण के बारे में, कैबिनेट की बैठक और सेना के आगे बढ़ने की जानकारी प्रेम शंकर झा द्वारा लिखित 'दि ओरिजिंस ऑफ ए डिस्प्यूट: कश्मीर 1947' (नया संस्करण) से ली गई है।

जनरल सर रॉय बूशर के साथ। साभार: मानेकशॉ परिवार

दी। यह सुनकर सैम बहुत दुखी हुए, क्योंकि वह और टॉम रॉयल स्कॉट्स में संबंद्धता के समय एकसाथ रहे थे। जब मुज़फ़्फ़राबाद और डोमेल पर आक्रमणकारियों ने क़ब्ज़ा किया तो मायूस महाराजा ने रक्षा के लिए भारत से विनती की। उनके राज्य की सेना का पाकिस्तानी सेना से कोई मुक़ाबला नहीं था। कुछ उनके सिपाहियों ने मुसलमान होने के कारण आक्रमणकारियों का साथ दिया था। लेकिन भारत की ओर से सैन्य मदद विलय संधि पर हस्ताक्षर के बाद ही हो सकती थी, अन्यथा इसे हमला या उग्रपूर्ण कार्यवाही माना जाता।

25 अक्टूबर को दोपहर 2.30 बजे जनरल स्टाफ़ के प्रमुख लेफ़्टिनेंट जनरल सर रॉय बूशर, सैम के कार्यालय में आए और निर्देश दिया कि उन्हें वी.पी. मेनन के साथ श्रीनगर जाना होगा। सैम उस समय सैन्य अभियान निदेशालय में बतौर उपनिदेशक थे। 4 बजे यह दल आई ए एफ़[2] के डकोटा हवाई जहाज़ में श्रीनगर के लिए रवाना हुआ। जहाज़ स्क्वाड्रन लीडर हरि चंद दीवान (बाद में एयर मार्शल और 1971 के युद्ध के समय पूर्वी एयर कमांड में ए ओ सी-इन-सी[3]) के नियंत्रण में था। मेनन को महाराजा से विलय करवाना था, वहीं सैम को फ़ौजी हालात का जायज़ा लेना था। सैम को बख़ूबी याद है कि महल पूरी तरह अव्यवस्थित था। बेशक़ीमती ज़ेवरात और ख़ज़ाना हर जगह बिखरा पड़ा था, जबकि जम्मू जाने की तैयारी में नौकर सामान बाँधकर ट्रकों में लाद रहे थे। महाराजा देखने से ही परेशान और असंगत लग रहे थे। वह सैम की तरफ़ घूमे और उन्हें धमकी देने लगे कि यदि भारत ने सेना नहीं भेजी तो वह अपनी सेना का नेतृत्व करके इन लुटेरे क़बाइलियों से युद्ध करने स्वयं निकल पड़ेंगे। इस पर सैम ने बाद में यह क़िस्सा बताते हुए कहा कि उनको यह कहने से परहेज़ करना पड़ा, 'सर! ज़रूर आपके नेतृत्व से उनका मनोबल अवश्य बढ़ेगा।' मेनन ने महाराजा पर दबाव बनाए रखा और 26 अक्टूबर को भोर से पहले महाराजा ने विलय संधि पर हस्ताक्षर कर दिए। इसके साथ ही जम्मू-कश्मीर राज्य ने आधिकारिक तौर पर भारत का नियंत्रण स्वीकार कर लिया। इस बीच सैम को जम्मू-कश्मीर राज्य सेना के अधिकारियों से यह पता लगाने में सफलता मिली कि आक्रमणकारी अभी श्रीनगर हवाई अड्डे से सात से नौ किलोमीटर की दूरी पर थे। ऐसे में तुरंत दिल्ली लौटकर सेना को तैयार करना बेहद ज़रूरी था, पर श्रीनगर में रात के समय हवाई जहाज़ उड़ान की व्यवस्था नहीं थी। स्थानीय अधिकारियों और राजनीतिज्ञों ने देवदार की मशाल से हवाई पट्टी को रोशन किया और सैम तथा वी.पी. मेनन को लेकर डकोटा ने दिल्ली के लिए उड़ान भरी। मिशन सफल हो गया था।

हवाई अड्डे से सैम सीधे जनरल बूशर के घर गए और उनको वस्तुस्थिति से अवगत करवाया। जनरल ने उनसे उसी सुबह कुछ देर बाद वाइसरीगल लॉज[4] में होने वाली कैबिनेट की रक्षा समिति की बैठक में साथ चलकर अपना अनुमान बताने को कहा।

2 भारतीय वायु सेना।

3 एयर अफ़सर कमांडिंग-इन-चीफ़।

4 वाइसराय का निवास स्थान, जो वर्तमान में राष्ट्रपति भवन कहलाता है।

नेहरू, सरदार पटेल और कैबिनेट के अन्य मंत्रियों के बैठने के बाद मेनन ने विलय संधि पत्र लॉर्ड लुई माउंटबेटन को सौंपा तो वह सैम की ओर मुड़कर बोले, 'मानेकजी, (वह हमेशा इनका नाम ग़लत लिया करते थे) सैन्य हालात क्या हैं?' सैम ने समिति को व्याप्त स्थिति बताई। आक्रमणकारी श्रीनगर से बस कुछ ही किलोमीटर दूर थे। यह अक्टूबर माह का अंत था और पहली बर्फ़बारी के साथ ही वसंत तक कश्मीर पहुँचने के सारे रास्ते बंद हो जाते थे। उन दिनों भारत को कश्मीर से जोड़ने वाली एकमात्र सड़क पीर पंजाल क्षेत्र में 9300 फीट की ऊँचाई पर बनिहाल दर्रे से थी। 1956 तक जवाहर सुरंग नहीं थी। श्रीनगर का हवाई अड्डा घास का मैदान था और वह भी सर्दियों में बर्फ़ के कारण बंद रहता था, इसलिए अप्रैल या मई में बर्फ़ पिघलने तक कश्मीर पहुँचना असंभव था। समय का बड़ा महत्व था। अगर सेना तुरंत हवाई मार्ग से वहाँ नहीं पहुँचती, तो क़बाइली घाटी में आ धमकेंगे, हवाई अड्डे पर क़ब्ज़ा करके भारत के रास्ते को बंद कर देंगे और कश्मीर हमेशा के लिए हाथ से निकल जाएगा। समिति फ़ैसले के लिए प्रधानमंत्री नेहरू की ओर देख रही थी। नेहरू हिचकिचाए। वह विश्व के अभिमत के विषय में सोच रहे थे और संयुक्त राष्ट्र में चर्चा करने के बारे में कहने लगे। तब बेचैन सरदार पटेल ने बात को अपने हाथ में लेते हुए कहा, 'जवाहर, क्या आप कश्मीर रखना चाहते हैं या गवाना चाहते हैं?' गुस्से में नेहरू ने जवाब दिया, 'निस्संदेह मैं कश्मीर पाना चाहता हूँ।' सरदार सैम की तरफ़ घूमे और बोले, 'यह आपके लिए फ़ौज भेजने का हुक्म है।' 26 अक्टूबर को दिन में 11 बजे दिल्ली के सफदरजंग हवाई अड्डे से उड़ान भरनी शुरू हुई। वायु सेना के छह विमान और कुछ दिन पहले निजी कंपनी से लिए गए 50 डकोटा विमान रवाना हुए। एक पखवाड़े में कुल मिलाकर 800 सामरिक उड़ानें भरी गईं। 16 नवंबर तक सभी आक्रमणकारियों को घाटी और श्रीनगर से खदेड़ दिया गया तथा श्रीनगर हवाई अड्डे को बचा लिया गया, हालाँकि शेष कश्मीर के सीमांत क्षेत्रों में अगले 14 महीनों तक घुसपैठियों से लड़ाई जारी रही।

लॉर्ड लुई माउंटबेटन... सैम की ओर मुड़कर बोले, 'मानेकजी, [वह हमेशा इनका नाम ग़लत लिया करते थे] सैन्य हालात क्या हैं?'

यहाँ यह बताना उल्लेखनीय है कि पाकिस्तान के कमांडर-इन-चीफ़ जनरल सर फ्रैंक वॉल्टर मेस्सेर्वी ने भारत के कमांडर-इन-चीफ़ जनरल सर रॉबर्ट लॉक्हर्ट को आक्रांताओं की इस घुसपैठ की सूचना दी थी। इसका कारण तो वही जानते होंगे, लॉक्हर्ट ने भारतीय सरकार को अँधेरे में रखा और इसकी रोकथाम के लिए कोई भी क़दम नहीं उठाए। जब सरदार पटेल को इस बारे में ज्ञात हुआ तो लॉक्हर्ट को विश्वासघात करने के आरोप में बर्ख़ास्त कर दिया गया और 31 दिसंबर 1947 को लेफ़्टिनेंट जनरल सर रॉय बूशर को पदोन्नति देकर कमांडर-इन-चीफ़ बना दिया गया। बूशर सैम का बहुत सम्मान करते थे।

बँटवारे के साथ सैम की 4/12 एफ एफ आर को पाकिस्तान में तैनात कर दिया गया और मूल इकाई न होने से उन्होंने ख़ुद को असहाय पाया। भारी मन से उन्होंने सैन्य ख़िताब और पी आई एफ एफ ई आर द्वारा दिए गए पद के रजत बैज को पहनना छोड़ दिया। शुरुआत में उनको 16 पंजाब रेजिमेंट में भेजा गया था लेकिन चूँकि 5वीं गोरखा राइफ़ल्स भी पी आई एफ एफ ई आर समूह का हिस्सा थी, इस कारण दिसंबर 1947 में उनको 5वीं गोरखा राइफ़ल्स की तीसरी बटालियन (3/5 जी आर) की कमांड लेने का आदेश दिया गया। यह ख़बर मिलते ही सैम आनंदित हो गए और तुरंत ही सैन्य ख़िताब तथा 5वीं गोरखा राइफ़ल्स की लाल लैनयार्ड[5] पहन ली। बंबई में बटालियन अपने नए कमांडिंग अफ़सर के स्वागत के लिए तैयार थी। एड्जुटेंट, कैप्टन (बाद में मेजर जनरल) एफ.एल. (फ्रेडी) फ्रीमैंटल, अपने

5 कंधे में पहनी जाने वाली बुनी डोर।

सबसे ऊपर: सैम एक युवा अफ़सर के रूप में।
ऊपर बाएँ: मिलिट्री क्रॉस। दाएँ: स्वतंत्रता पदक।
साभार: सशस्त्र बल ऐतिहासिक अनुसंधान केंद्र

इन तनाव और घटनाओं से भरे दिनों में वह सैम की ख़ुशमिजाज़ी थी, जिसने उस उदासी भरे माहौल में भी जीवंतता बनाए रखी।

नए सी ओ को लेने सांताक्रूज़ रेलवे स्टेशन गए। ट्रेन आ गई लेकिन उसमें सैम का नामोनिशान नहीं था। फ्रेडी कुछ देर तक प्लेटफ़ॉर्म छानने के बाद धीमी गति से वापस बटालियन पहुँचे तो उन्हें दिल्ली से तत्काल आया एक संदेश दिया गया, जिसमें सूचना थी कि सैम की तैनाती रद्द कर दी गई थी। कश्मीर मुद्दा फिर से सुलग उठा था और ऐसे समय में कमांडर-इन-चीफ़ जनरल सर रॉय बूशर अपने उप डी एम ओ को बदलने का ख़तरा नहीं उठा सकते थे। इन्फ़ैंट्री अफ़सर के लिए बटालियन को कमांड करना उनके सेवाकाल में उल्लेखनीय समय होता है। सैम ने कभी भी किसी बटालियन को कमांड नहीं किया, जिसका उन्हें ज़िंदगी भर खेद रहा।

देश में उथल-पुथल के समय एम ओ-3 ने रात-दिन परिश्रम किया। इन तनाव और घटनाओं से भरे दिनों में वह सैम की ख़ुशमिजाज़ी थी, जिसने उस उदासी भरे माहौल में भी जीवंतता बनाए रखी। सेना में तमग़े और रिबन वरिष्ठता के क्रम में पहने जाते हैं। जनरल एस.के. सिन्हा सैम का वह मज़ाकिया बयान याद करते हैं, कि किंग जॉर्ज VI बहुत दुखी होंगे, क्योंकि अब स्वतंत्रता पदक ने मिलिट्री क्रॉस की जगह ले ली है! सैम सरकार द्वारा हाल ही में जारी किए गए निर्देशों का ज़िक्र कर रहे थे, जिसके अनुसार आज़ाद भारत में दिए जाने वाले तमग़ों को ब्रिटिश तमग़ों की अपेक्षा अधिक तरजीह दी जाएगी।

1948 में सैम की पदोन्नति कर्नल के पद पर हो गई और उसी साल अप्रैल में वह तथा मेजर जनरल थिमैया (टिमी) को प्रसिद्ध कानूनविद बी.एन. राव के नेतृत्व में जा रहे प्रतिनिधिमंडल में शामिल कर दिया गया, जो कश्मीर पर संयुक्त राष्ट्र की पेरिस में होने वाली कॉन्फ्रेंस में जा रहे थे। सैम अपने सैन्य अभियान निदेशालय के

अनुभव और टिमी बारामूला (कश्मीर) में 19 इन्फैंट्री डिवीज़न के जी ओ सी की हैसियत से प्रतिनिधिमंडल के सैन्य सलाहकार थे। सैम बंबई में जहाज़ पर चढ़े और देखा कि सहयात्री युवा इंदिरा गांधी थीं, जो निजी यात्रा पर यूरोप जा रही थीं। इस जल यात्रा के दौरान दोनों में तुरंत दोस्ती के घनिष्ठ संबंध स्थापित हो गए, ऐसे संबंध, जो कि उनके और देश के लिए भविष्य में महत्वपूर्ण और लाभदायक सिद्ध होने वाले थे।

कॉन्फ्रेंस के निष्कर्ष के रूप में 21 अप्रैल, 1948 को संयुक्त राष्ट्र प्रस्ताव-47 पास कर दिया गया। इसमें सबसे पहले पाकिस्तान से कहा कि कश्मीर के अधिकार वाले क्षेत्र से सभी ग़ैर कश्मीरियों और क़बाइलियों को वापस बुलाए और लड़ाकुओं को सामान व सहायता देना बंद करे। इसके बाद उसने दूसरे क़दम के रूप में भारत से सेनाओं को हटाने के लिए कहा और फिर तीसरे और अंतिम क़दम के रूप में स्वतंत्र और निष्पक्ष जनमत संग्रह करवाना था। पाकिस्तान ने इसका पहला क़दम कभी नहीं उठाया और 31 दिसंबर की मध्यरात्रि को युद्ध-विराम की घोषणा तक 1948 में वर्षपर्यंत युद्ध की स्थिति बनी रही। सैम, जो ब्रिगेडियर के कार्यकारी पद तक पदोन्नत हो चुके थे, सैन्य अभियान निदेशालय के निदेशक थे। उन्होंने युद्ध-विराम के संकेतक पर कमांडर-इन-चीफ़ जनरल बूशर की तरफ़ से हस्ताक्षर कर दिए, हालाँकि अनिच्छा से, क्योंकि युद्ध-विराम के समय कश्मीर के उत्तर-पश्चिम हिस्से में आक्रमणकारियों ने क़ब्ज़ा जमा लिया था। वहाँ भारतीय सेना को अपना अभियान उस समय रोक देने को कहा गया, जब वह क़बाइलियों को खदेड़कर समस्त कश्मीर पर अपना और भारत का अधिकार जमाने वाली थी।

भारत इस क़ब्ज़े वाली ज़मीन को पाकिस्तान अधिकृत कश्मीर (पी ओ के), जबकि पाकिस्तान इसे आज़ाद जम्मू-कश्मीर (ए जे के) कहता है। सैम के लिए 31 दिसंबर 1948 का क्षण हमेशा एक दुर्भाग्यपूर्ण दिन रहा, इस युद्ध-विराम से भारत को कोई फ़ायदा नहीं हुआ।

सैम के लिए 31 दिसंबर 1948 का क्षण हमेशा एक दुर्भाग्यपूर्ण दिन रहा, इस युद्ध-विराम से भारत को कोई फ़ायदा नहीं हुआ।

14 जनवरी 1949 को जनरल सर रॉय बूशर सेवानिवृत्त हुए और जनरल के.एम. करिअप्पा उनके उत्तराधिकारी होकर 15 जनवरी को पहले भारतीय कमांडर-इन-चीफ़ बने। जुलाई के महीने में यू एन सी आई पी[6] ने युद्ध-विराम रेखा और सैन्य सीमा तय करने के लिए कराची में एक बैठक बुलाई। पश्चिमी कमांड के जी ओ सी-इन-सी[7] लेफ़्टिनेंट जनरल श्रीनगेश के नेतृत्व में भारतीय प्रतिनिधिमंडल में 19 इन्फैंट्री डिवीज़न के जी ओ सी मेजर जनरल के.एस. थिमैया (टिमी) और सैन्य अभियान निदेशालय के ब्रिगेडियर सैम मानेकशॉ शामिल थे। यह एक विचित्र संयोग है कि इस प्रतिनिधिमंडल के तीनों सदस्य भारतीय सेना के अध्यक्ष बने। पाकिस्तानी प्रतिनिधिमंडल का नेतृत्व उप सेना अध्यक्ष मेजर जनरल आर. कॉथार्न कर रहे थे। उसमें मुज़फ़्फ़राबाद (पी ओ के) के 9 इन्फैंट्री डिवीज़न के जी ओ सी मेजर जनरल नज़ीर अहमद और सैन्य अभियान निदेशालय के ब्रिगेडियर शेर खां शामिल थे। थिमैया और नज़ीर सैण्डहर्स्ट में कोर्स के दौरान साथ रह चुके थे और अब एक-दूसरे की विरोधी डिवीज़न को कमांड कर रहे थे। 27 जुलाई 1949 को कराची समझौता मंजूर कर लिया गया। युद्ध-विराम रेखा (सी एफ एल) का निर्धारण दक्षिण गुजरात के कच्छ के रण से लेकर उत्तर में कश्मीर की चालुनका (श्योक नदी), खोर और इसके बाद ग्लेशियर तक तय की गई।1949 में खोर के पार संरेखण अस्पष्ट था। उस समय किसी ने सोचा भी नहीं था कि 35 वर्ष बाद सियाचिन की यह नुकीली, ऊँची बर्फ़ीली पहाड़ियाँ विवादित भूमि और युद्ध का क्षेत्र बन जाएँगी। ♦

6 भारत और पाकिस्तान के लिए संयुक्त राष्ट्र परिषद।

7 जनरल अफ़सर कमांडिंग-इन-चीफ़।

58 गोरखा प्रशिक्षण केंद्र में रेजिमेंट के कर्नल की हैसियत से परेड की सलामी लेते हुए।

साभार: 58 गोरखा प्रशिक्षण केंद्र

ब्रिगेडियर और मेजर जनरल

मार्च 1952 में सैम को पंजाब के फिरोज़पुर में 167 इन्फेंट्री ब्रिगेड को कमांड करने के लिए तैनात किया गया। फिरोज़पुर वह मुख्य सामरिक चौकी थी, जहाँ से ब्रिटिश उत्तर-पश्चिम सीमांत प्रांत (एन डब्ल्यू एफ़ पी) पर नियंत्रण रखते थे। आज़ादी के बाद दो कारणों से इसका रणनीतिक महत्व बना रहा: यह सीमा का क़सबा, पाकिस्तान से 12 किलोमीटर दूर सतलज नदी के दक्षिणी तट पर है, जो कृषि अर्थव्यवस्था को सहयोग देने में पानी का प्रमुख स्रोत है। फिरोज़पुर में हालाँकि कार्यकारी बाध्यताएँ चुनौतीपूर्ण थीं, कई सालों में पहली बार सैम शांतिकालीन सैनिक की तरह रह सके और सेना की छावनी उन्हें धीमी गति की ज़िंदगी का आनंद देने लगी। फिरोज़पुर ज़िले की कछारी मिट्टी और उनके बाग़वानी प्रेम ने सुनिश्चित कर दिया कि ब्रिगेड हाउस[1] हमेशा फूलों से भरपूर होगा, जबकि सब्ज़ियों की क्यारी से ताज़े हरे साग की आपूर्ति तय थी। सैम ने फिरोज़पुर ज़िले की प्रमुख फ़सल, कपास, उगाने का भी प्रयोग किया। मानेकशॉ दंपत्ति सेना क्लब में लोकप्रिय थे। सैम ने कभी-कभार ब्रिज[2] खेलने का भी मज़ा लिया और सतलज के तट पर पिकनिक पर जाना उनका पसंदीदा शौक़ था। अंततः सैम ने परिवार के लिए कुछ समय निकाला।

1 ब्रिगेड कमांडर का आधिकारिक निवास स्थान।

2 ताश का खेल।

5/8 जी आर की औपचारिक परेड का निरीक्षण करते हुए।

साभार: 58 गोरखा प्रशिक्षण केंद्र

जब सैम फिरोज़पुर में थे, 2/8 जी आर भी वहीं तैनात थी। हालाँकि वह उनकी ब्रिगेड का हिस्सा नहीं थी, सैम बटालियन के समारोहों में अकसर मेहमान होते थे। 'जॉनी'[3] गोरखा का तुरंत उनसे लगाव हो गया, जैसे उनको उनसे। वह उनकी स्पष्टवादिता और बहादुरी के प्रशंसक थे और कहते थे, 'अगर कोई कहता है कि उसने कभी डर महसूस नहीं किया है, तो या तो वह झूठा है या फिर गोरखा है।'

24 मई 1953 को सैम को 8वीं गोरखा राइफ़ल्स रेजिमेंट के 'कर्नल', यानी मुख्य संरक्षक तैनात कर दिया गया। इस तैनाती पर वह दो दशक, 1973, तक रहे। इस नियुक्ति के कारण वह अकसर 8 जी आर की बटालियनों में जाते रहते थे। 6/8 जी आर के ऐसे ही एक दौरे के दौरान गार्ड ड्यूटी पर तैनात राइफ़लमैन के अभिवादन से पहले पूछा, 'मेरो नाम के हो?' (मेरा नाम क्या है?) उनका पूरा नाम तो सरल नहीं था, पर बिना हिचकिचाए जॉनी गोरखा ने तुरंत जवाब दिया, 'सैम बहादुर'! उनके नाम के पीछे आदर्श गोरखा अंतसर्ग 'बहादुर' जोड़ दिया! जवाब बेहतरीन था और उस शाम सैम से जॉनी को एक 'ठुलो रक्षी' (रम का एक बड़ा पैग) का तोहफ़ा मिला।[4] सैम को अपना यह उपनाम बहुत अच्छा लगा और इसी नाम से उन्हें फ़ौज में भी जाना गया। सैम बहादुर के सम्मान में सेना की संगीत शाखा के संगीत निर्देशक सूबेदार मेजर एल.बी. गुरुंग (8 जी आर) ने 1987 में इसी नाम का एक क्विक मार्च रच दिया।

फिरोज़पुर में दो साल रहने के बाद अप्रैल 1954 में सैम सेना मुख्यालय लौट आए। इस बार कार्यकारी निदेशक, मिलिट्री ट्रेनिंग (डी एम टी) बन कर लौटे। मुश्किल से आठ महीने बीते होंगे और जनवरी 1955 में उन्हें महू के इन्फैंट्री स्कूल के पहले भारतीय कमांडेंट के तौर पर तैनात किया गया। सैम शनिवार को महू पहुँचे और रविवार सुबह वह अपनी प्राइवेट कार में वहाँ की प्रसिद्ध फ़ौजी बेकरी से कुछ ख़रीदारी करने आर्मी क्लब गए, जिसे उन दिनों 'क्लब ऑफ सेंट्रल इंडिया' कहा जाता था। वह द्वारमंडप में कार खड़ी करके कुछ क़दम ही चले थे कि एक युवा अधिकारी ने उन्हें अपनी कार वहाँ से हटाकर पार्किंग स्थल में ले जाने को कहा। साथ ही समझाया कि द्वारमंडप में कार खड़ी करने का अधिकार सिर्फ़ कमांडेंट को है। सैम ने जल्दी से क्षमा माँगते हुए उसके निर्देशों पर अमल किया, अपनी ख़रीदारी की और वापस घर चले गए। सोमवार सुबह इन्फैंट्री स्कूल के कर्मचारी और छात्र अपने नए कमांडेंट का स्वागत करने और उनका प्रावेशिक संबोधन सुनने के लिए प्रेक्षागृह में जमा हुए। जैसे ही संबोधन पूरा हुआ, बेहद घबराए हुए राजपूताना राइफ़ल्स के मेजर अदी सेठना, जो बाद में लेफ़्टिनेंट जनरल बने और उप सेना अध्यक्ष होकर सेवानिवृत्त हुए, भागकर कमांडेंट के पास आए और एक दिन पहले की गई अभद्रता के लिए उनसे माफ़ी माँगी। सैम कुछ मिनट तक तो अदी की परेशान हालत का मज़ा लेते रहे, फिर ज़ोर से हँसकर बात को टाल दिया।

जमादार (अब नायब सूबेदार) सेते गुरुंग 58 जी टी सी बैंड जे सी ओ। साभार: 2/8 गोरखा राइफ़ल्स

इन्फैंट्री स्कूल में बटालियन, कंपनी और प्लाटून स्तर पर सामरिक शिक्षा और पैदल सेना बटालियन के

---

3 अंग्रेज़ों के ज़माने से गोरखा सिपाहियों के लिए प्रयुक्त एक उपनाम।

4 इसका स्रोत जुलाई 2008 के *आउटलुक* पत्रिका में प्रकाशित मेजर जनरल अशोक के. मेहता (2/5 जी आर) के लेख से लिया गया है।

सहयोगी हथियार तथा छोटे शस्त्र चलाने की ट्रेनिंग दी जाती थी। बतौर कमांडेंट सैम ने डी एस समुदाय के साथ बहुत समय बिताया, जिससे ब्रिटिशकाल में बने ट्रेनिंग के सिद्धांत और नियमावली में आज़ादी के बाद भारत की सुरक्षा के माहौल के अनुरूप सुधार किए गए। यह एक बहुत बड़ा काम था और कमांडेंट तथा उनके स्टाफ़ ने दिन-रात परिश्रम करके इसे पूरा किया।

महू केंद्रीय भारत के मध्य प्रदेश में मालवा पठार में बसा एक छावनी क़सबा है। इसकी सेहतबख़्श आबोहवा और लहरदार प्राकृतिक छटा के साथ औपनिवेशिक बंगले सहित यह इस क्षेत्र की आदर्श छावनी मानी जाती है। क़सबे में ज़िंदगी सुरम्य, कम ख़र्चीली और आरामदायक थी। मानेकशॉ परिवार ने कई पारसियों और स्थानीय नागरिकों से दोस्ती कर ली। कई साल बाद जब मैं 1964-76 के बीच में पहले छात्र और फिर डी एस वहाँ तैनात था, तो क्षेत्र के किसी नागरिक या पुराने दुकानदार से सैम का नाम लेते ही वे उनकी सहेजी यादें गर्व से बताते– उनकी दयालुता के क़िस्से या उनकी मज़ाकिया टिप्पणियाँ।

बतौर कमांडेंट सैम ने डी एस समुदाय के साथ बहुत समय बिताया, जिससे ब्रिटिश काल में बने ट्रेनिंग के सिद्धांत और नियमावली में आज़ादी के बाद भारत की सुरक्षा के माहौल के अनुरूप सुधार किए गए।

नवंबर 1956 में सैम को इंगलैंड में इंपीरियल डिफेंस कॉलेज (अब रॉयल कॉलेज ऑफ डिफेंस स्टडीज़ के नाम से जाना जाता है) में कोर्स के लिए नामित किया गया। सिल्लू और बेटियाँ भी एक साल के लिए उनके साथ इंगलैंड गईं।

दिसंबर 1957 में भारत लौटने के बाद उनकी पदोन्नति मेजर जनरल के पद पर हो गई और उन्हें जम्मू में 26 इन्फेंट्री डिवीज़न को कमांड करने के लिए तैनात कर दिया गया, जो कश्मीर घाटी के दक्षिणी छोर की रक्षा करता है। अखनूर स्थित लेफ़्टिनेंट कर्नल कुशाल सिंह थापा द्वारा कमांड की जा रही 2/8 जी आर उनकी डिवीज़न का हिस्सा थी।

सैम और सिल्लू 5/8 जी आर के अफ़सरों तथा उनकी पत्नियों के साथ। साभार: 58 गोरखा प्रशिक्षण केंद्र

गोरखा हैट में सैम का एक असामान्य चित्र। साभार: 58 गोरखा प्रशिक्षण केंद्र

सरकारी आवास कम होने के कारण कुछ परिवारों को जम्मू में किराए के मकान लेकर रहना पड़ा। इनमें सी ओ और उनकी पत्नी नीना, जो पेशे से चिकित्सक थीं, भी शामिल थे। नीना बटालियन के कल्याण केंद्र में काम करती थीं और सैनिकों के परिवारों को मुफ़्त चिकित्सा सुविधा दे रही थीं। जब सैम को इसके बारे में पता चला, तो उन्होंने डिवीज़न के सभी परिवारों की देखभाल करने का अनुरोध किया। उन्हें वेतन देना नामुमकिन था, लेकिन उनको 'अवैतनिक मेडिकल अफ़सर' नियुक्त कर दिया और एक जीप तथा सिक्योरिटी पास दिया गया, जिससे वह सांबा, अखनूर और नगरोटा जैसे सीमा के क्षेत्रों में जा सकती थीं, जहाँ सेना के दल परिवार सहित तैनात थे। नीना याद करती हैं कि सैम और सिल्लू सैनिकों के परिवारों की मुश्किलों से और अकसर उनके बिछोह भोगने से अवगत थे और इसीलिए वे दोनों अपने-अपने तरीक़ों से यह सुनिश्चित करते थे कि जब वे अपने पति के साथ हों तो उन्हें कम से कम सामान्य स्तर के आराम का अवसर मिले। सैम अपने हाथ से केक बनाकर ख़ुद यूनिट लाइन में जवानों के बच्चों को बाँटने जाते थे। अगर सैनिक के परिवार का कोई सदस्य अस्पताल में भरती हो, तो सिल्लू हमेशा सहयोग के लिए तैयार खड़ी रहती थीं, ख़ासतौर पर यदि यूनिट ट्रेनिंग के लिए बाहर गई हो और पुरुष घर से दूर हों।

कमांड करते समय डिवीज़न के लोगों के साथ बतौर वरिष्ठ अधिकारी के पद पर रहते हुए भी, सैम हमेशा निष्पक्ष और संतुलित रहे। वह जानते थे कि मातहतों को कहाँ छूट देनी है और कहाँ अनुशासन तथा नियम पालन के लिए सख़्ती करनी है। लेफ़्टिनेंट जनरल जे.सी. पंत (मद्रास रेजिमेंट) के अनुभव इस संदर्भ में उल्लेखनीय हैं। 1957 में वह और दो अन्य अधीनस्थ अफ़सर, जिन्होंने हाल ही में आई एम ए से कमीशन पाया था, जम्मू भेजे गए। स्टेशन में अपने सप्ताहांत पर तीनों युवा औपचारिक वेशभूषा की जैकेट पहने डिनर

इंगलैंड जाते समय का चित्र। साभार: मानेकशॉ परिवार

और डांस के लिए उस्मान क्लब[5] गए। क्लब के प्रवेशद्वार पर ही एक सोफ़े पर बेहद खूबसूरत सज्जन खुले कॉलर की शर्ट में पूरे फ़ौजी प्रोटोकॉल की धज्जियाँ उड़ाते हुए बैठे थे। उनके बगल में एक खूबसूरत लड़की बैठी थी। उस लड़की को आकर्षित करने के लिए उनमें से एक अधिकारी डींग मारता हुआ वहाँ पहुँचा और सज्जन से बोला, 'देखो परेड में मैं 13 डोगरा रेजिमेंट का जगमोहन लाल बक्शी हूँ और परेड के बाद मुझे स्कॉच[6] और सोडा बेहद पसंद है।' उन सज्जन का हाज़िरजवाब था, 'देखो,

'देखो, परेड में मुझे स्कॉच और सोडा पसंद है और परेड के बाद मैं एक डिवीज़न कमांड करता हूँ।'

परेड में मुझे स्कॉच और सोडा पसंद है और परेड के बाद मैं एक डिवीज़न कमांड करता हूँ।' जवान अफ़सर की आँखें न खुलीं और उसने लड़की को डांस करने का निमंत्रण दिया। जब वे उसे फ्लोर पर ले गए तो लड़की ने कहा कि सोफ़े पर बैठे सज्जन से सचेत रहें, वह उसके साथ डांस करने वाले हर शख़्स से ईर्ष्या करते हैं। जब शाम परवान चढ़ने लगी तो अधीनस्थों ने गौर किया कि सज्जन ने उनके नाम दर्ज कर लिए हैं। इससे उनका धैर्य डगमगाया और ज़्यादा जानकारी लेने पर पता चला कि यह और कोई नहीं, उनके जी ओ सी हैं और यह लड़की, उनकी बेटी, शैरी, हैं। अब वह अपनी ख़ुशियाँ शुरू होने से पहले ही बरबादी की कल्पना करने लगे। वह आश्चर्यचकित रह गए, जब उन्हें फ्लैग स्टाफ़ हाउस[7] से कॉकटेल (ड्रिंक्स) का निमंत्रण मिला! हालाँकि निमंत्रण का मतलब यह था कि उन्हें अपने कमांडिंग अफ़सर को स्पष्टीकरण देना होगा, क्योंकि प्रोटोकॉल के तहत वे सी ओ को बताए बग़ैर जी ओ सी का निमंत्रण क़ुबूल नहीं कर सकते थे! उन्होंने बिना किसी बड़े झमेले के इससे निपटने का इंतज़ाम कर लिया।

कुछ हफ़्ते बाद उन्हीं तीनों में से एक, सेकेंड लेफ़्टिनेंट जे.सी. पंत को सेना पुलिस ने फ़ौजी नियम तोड़ने के आरोप में पकड़ लिया। जे.सी. को उनके सी ओ ने आदेश दिया कि डिस्पैच राइडर (डी आर)[8] के साथ जाओ और बटालियन का मासिक वेतन (वितरण) परेड के लिए बैंक से निकाल कर ले आओ। डी आर कुछ डावाँडोल लगा तो जे.सी. ने कमान अपने हाथ में लेते हुए डिस्पैच राइडर को पीछे बैठाया और ख़ुद मोटरसाइकिल चलाई। दुर्भाग्य से ट्रैफिक चेक पोस्ट पर

5 ब्रिगेडियर मोहम्मद उस्मान, एम वी सी, भारतीय सेना के शीर्षस्थ अफ़सरों में थे। उन्होंने 1947-48 के भारत-पाक युद्ध में अपनी कुर्बानी दी थी। वह भारत की धर्मनिरपेक्षता के प्रतीक बन गए, जब बँटवारे के समय कई अन्य मुसलमान अफ़सरों के साथ उन्होंने पाकिस्तान जाने से इनकार किया और भारत में ही रहने का फ़ैसला किया।

6 अंग्रेज़ी शराब।

7 जी ओ सी का निवास स्थान।

8 फ़ौज के मोटरसाइकिल सवार।

26 इन्फैंट्री डिवीज़न के जी ओ सी, सैनिकों के लिए निर्माणाधीन निवास के हालात देखते हुए।

साभार: मानेकशॉ परिवार

सैम एक कल्याण केंद्र में।

साभार: 58 गोरखा प्रशिक्षण केंद्र

सैम के जम्मू में कार्यकाल के दौरान उनका पहली बार रक्षा मंत्री, कृष्णा मेनन, से मतभेद हुआ था।

सेना पुलिस के दल ने अधिकृत न होते हुए भी सेना की मोटरसाइकिल चलाने के लिए पकड़ लिया। सी ओ उन्हें ब्रिगेड कमांडर, झंगू सतारावाला, के पास ले गए, जिन्होंने ख़ासी डाँट लगाई। अभी मुश्किल से एक महीना ही बीता होगा कि जे.सी. को फिर सेना पुलिस ने पकड़ लिया, इस बार बिना सेना के लाइसेंस के, फ़ौजी जीप चलाने के लिए। चूँकि थोड़े समय के अंतराल में यह दूसरा मामला था, तो उन्हें जी ओ सी के सामने पेश किया गया। साथ में सी ओ और ब्रिगेड कमांडर को भी पेश होना पड़ा। एक बार उसकी तरफ़ देखा और सैम बोले, 'स्वीटी, तुम बहुत अच्छा काम कर रहे हो। सिर्फ़ तीन महीने की नौकरी में तुम अपने दो वरिष्ठ अधिकारियों के साथ जी ओ सी को मिलने आए हो!' इस वाकए का परिणाम जे.सी. की उम्मीदों से एकदम परे था। सैम ने जे.सी. की समझ की तारीफ़ की और 26 इन्फैंट्री डिवीज़न में अधिकारियों द्वारा सेना के वाहन चलाए जाने संबंधी नियम तर्कसंगत बनाए गए।

सैम के जम्मू में कार्यकाल के दौरान उनका पहली बार रक्षा मंत्री, कृष्णा मेनन, से मतभेद हुआ था। मेनन कटुतापूर्ण और महत्वाकांक्षी वामपंथी राजनीतिज्ञ थे। वह 26 इन्फैंट्री डिवीज़न की आधिकारिक यात्रा पर थे और सैम से अकस्मात पूछने लगे कि वह सेना अध्यक्ष, जनरल थिमैया, के बारे में क्या सोचते हैं, जिनके साथ मेनन के मतभेद थे। थिमैया एक बेहतरीन अफ़सर थे, एक सक्षम पेशेवर और नैतिक रूप से खरे ईमानदार, जिनका सैम बहुत सम्मान करते थे। उन्होंने जवाब दिया, 'श्रीमान मंत्री जी, वह मेरे प्रमुख अफ़सर हैं, मुझे उनके बारे में सोचने की इज़ाज़त नहीं है। कल को आप मेरे ब्रिगेडियरों और कर्नलों से पूछेंगे कि वे मेरे बारे में क्या सोचते हैं? यह सेना का अनुशासन नष्ट कर देने का विश्वस्त तरीक़ा है। आइंदा ऐसा मत कीजिएगा।' मेनन आगबबूला हो उठे और सैम से बोले, 'ब्रिटिश तरीक़े से सोचना छोड़ दें। मैं चाहूँ तो थिमैया की छुट्टी करवा सकता हूँ!' बिना विचलित हुए सैम ने वैसे ही कहा, 'जी

26 इन्फैंट्री डिवीज़न के जी ओ सी की हैसियत से बैरकों के निरीक्षण के समय जनरल थिमैया के साथ।
साभार: 58 गोरखा प्रशिक्षण केंद्र

आप कर सकते हैं, यह आपका विशेषाधिकार हैं, चूँकि आप रक्षा मंत्री हैं, आप जो चाहे कर सकते हैं, लेकिन आप मेरा अपने वरिष्ठ अधिकारी पर टिप्पणी करने का निर्णय नहीं बदल सकते।' मेनन ने उस समय तो कुछ नहीं कहा लेकिन मन में सैम के लिए नफ़रत की गाँठ बाँध ली, जो कई वर्षों तक मन में स्थगित रही।

अभी कोई ज़्यादा समय नहीं गुज़रा था कि सैम और मेनन एक बार फिर से भिड़ गए। सैम को यह स्वीकार नहीं था कि ज़माने से चली आ रही आवास की कमी के कारण युद्धक्षेत्र की वापसी से, पीस स्टेशन आने पर, अफ़सरों को सरकारी आवास आवंटन के लिए महीनों इंतज़ार करना पड़े। इससे उन्हें परिवार के साथ बिताने वाला समय कम हो जाता था। 26 इन्फैंट्री डिवीज़न में आने पर उनका प्राथमिक लक्ष्य था कि शादीशुदा फ़ौजियों के लिए तेज़ी से आवास बनाए जाए। जब यह परियोजना शुरू की गई, तो रक्षा मंत्री ने आदेश पारित किया कि सेना के जवानों को निर्माण कार्य में लगाया जाए। सैम ने यह कहते हुए आदेश मानने से इनकार कर दिया कि उनकी डिवीज़न के सैनिक दुश्मन से युद्ध करने के लिए प्रशिक्षित हैं, एक मज़दूर की नौकरी करने के लिए नहीं। इसके लिए नियमित रूप से हमेशा सेना की अभियांत्रिकी सेवा का उपयोग किया है और वही अभी भी होगा। दूसरी बार सैम प्रबल हुए और मेनन को मुँह की खानी पड़ी।

जनरल मानेकशॉ और रक्षा मंत्री के बीच झगड़े के क़िस्से सेना में जंगल की आग की तरह भड़क गए। अगर अपने अफ़सरों या जवानों के कल्याण का मामला हो, तो सैम रास्ते में आने वाले किसी भी शख़्स से भिड़ने को तैयार थे। उनके इन्हीं गुणों के कारण सेना में उन्होंने पद और प्रतिष्ठा के साथ प्यार भी अर्जित किया लेकिन इसने उन्हें नौकरशाहों और राजनेताओं की आँख का काँटा बना दिया। सैम ने अपनी बात कहने और उस पर दृढ़ रहने से नैतिक साहस के आत्मनिर्धारित स्तर को पा लिया था। इससे वे सही और ग़लत का फ़ैसला ले सकते थे; और वरिष्ठ तथा कनिष्ठ क्या सोचेंगे तथा स्वयं के लिए इसका परिणाम लाभदायक होगा या हानिकारक, यह सोचे बिना अपने निश्चय पर दृढ़ रहते थे। ♦

उनका संगी और परम मित्र पिफर।

साभार: 58 गोरखा प्रशिक्षण केंद्र

डिफेंस सर्विसिज़ स्टाफ़ कॉलेज और 4 कॉर

सैम 1959 में वेलिंगटन के डिफेंस सर्विसिज़ स्टाफ़ कॉलेज में बतौर कमांडेंट तैनात किए गए। उनका रणनीतिक दृष्टिकोण, व्यापक पेशेवर ज्ञान और उनकी स्पष्ट अभिव्यक्ति ने उन्हें आदर्श पसंद बना दिया। उनके छात्र उनकी ख़ुशमिज़ाजी के साथ बेहतरीन तरीक़े से नक़्शों पर समाहार, सैंड मॉडल[1] चर्चा और टेलीफोन युद्ध के द्वारा प्राप्त सलाह को याद करते हैं। लेकिन यह कालखंड एक तरफ़ उनकी उपलब्धियों की ऊँचाइयों के लिए, तो दूसरी तरफ़ उन्हें निचले स्तर पर जाकर निशाना बनाने के लिए स्मरण किया जाएगा। सैम ने 26 इन्फैंट्री डिवीज़न में जी ओ सी रहने के दौरान एक तेज़ झिड़की रक्षा मंत्री, कृष्णा मेनन, को दी थी, जो वह कभी न भूले और जवाबी हमले के लिए मौक़े की तलाश में थे। मेनन ने प्रधानमंत्री नेहरू का अनुग्रह प्राप्त करने के लिए नेहरू के क़रीबी कश्मीरी अफ़सर, लेफ़्टिनेंट जनरल बी.एम. 'बीजी' कौल, को पदोन्नत करके सेना

1 सैंड मॉडल युद्धक्षेत्र की सभी भौगोलिक और भौतिक परिस्थितियों को शामिल करते हुए उस स्थान का हू-ब-हू प्रतिरूप होता है। इसमें दोनों तरफ़ से रणनीति बनाई जाती है, जिससे किसी भी प्रकार की योजना की कमज़ोरी को पकड़ा जा सके।

डी एस एस सी से बिदाई।

साभार: 58 गोरखा प्रशिक्षण केंद्र

ऊपरी तौर पर सैम ने धैर्य बनाए रखा लेकिन यह इतना सहज नहीं था... सेना ही एकमात्र संस्थान है, जिसकी वह फ़िक्र करते थे।

मुख्यालय में चीफ़ ऑफ जनरल स्टाफ़ (सी जी एस)[2] बना दिया। सी जी एस अपने आप में एक महत्वपूर्ण नियुक्ति थी, जिसके उपरांत कौल ने ताक़त बढ़ाना जारी रखा और धीरे-धीरे, मगर निश्चित तौर से, सेना अध्यक्ष जनरल पी.एन. थापर (पंजाब रेजिमेंट) को एक किनारे कर दिया।

सेना अध्यक्ष हमेशा लड़ाकू दल से चुने जाते हैं। 'बीजी' कौल आर्मी सर्विसिज़ कॉर (ए एस सी) से थे, जो कि फ़ौज को यूनिफॉर्म, राशन व डीज़ल-पेट्रोल और अन्य सामग्री पहुँचाती है। हालाँकि उन्हें युद्ध का कोई अनुभव नहीं था, पर वह अपनी महत्वाकांक्षा के लिए, प्रतिभाशाली अफ़सरों को रास्ते से हटा कर स्वयं सेना अध्यक्ष बनना चाहते थे। जब सैम 26 इन्फ़ैंट्री डिवीज़न के जी ओ सी थे, तब कौल 4 इन्फ़ैंट्री डिवीज़न के जी ओ सी थे। चूँकि दोनों डिवीज़न 15 कॉर के अंतर्गत थीं, एक सैंड मॉडल अभ्यास के दौरान वे एक-दूसरे के विरोधी बना दिए गए। कौल को दुश्मन कमांडर और सैम को आक्रमण करने वाली डिवीज़न का कमांडर बनाया गया। इस अभ्यास के अनुसार, दुश्मन कमांडर ग़ैर लड़ाकू दल से था, अनाड़ी पेशेवर था और अपनी सेना को प्रशिक्षण के एवज़ में आवास निर्माण में लगा देता था। यह विवरण कौल को पूरी तरह से फिट बैठता था और वह इस चित्रण से बहुत ख़ुश नहीं थे। सैम आक्रमण करने वाली डिवीज़न के कार्यकारी कमांडर के तौर पर अभ्यास में हावी रहे और दुश्मन को रंगे हाथों बरबाद कर दिया। इसके बाद रात के खाने पर, हार की टीस और गुस्से से उबलते हुए कौल ने अपनी छड़ी सैम की हलकी-सी तोंद पर रखी और कनिष्ठ अधिकारियों के सामने मज़ाक करते हुए सैम से पूछा, 'आपके अंदर यह क्या है?' सैम ने तुरंत जवाब दिया, 'हिम्मत', और सारे अफ़सरों ने ज़ोरदार हँसी के साथ मज़े किए। कौल अपने क्षत-विक्षत अहंकार के साथ अकेले पड़ गए।

मेनन और कौल ने आपस में साठ-गाँठ करके सैम को बदनाम करके उनकी छवि मिट्टी में मिलाने का अभियान चालू किया। मेनन ने आरोप लगाया कि मेजर जनरल सैम मानेकशॉ अपने दृष्टिकोण और व्यवहार में बहुत पाश्चात्य रंग-ढंग के हैं और इस निहितार्थ से भारत विरोधी हुए। उनके द्वारा रॉबर्ट क्लाइव और वॉरन हेस्टिंग्स जैसे प्रख्यात ब्रिटिश अधिकारियों की तसवीर अपने दफ़्तर की दीवार पर लगा देने के कारण उनकी अंग्रेज़ों के पिट्ठू के रूप में निंदा की गई। उनके ऊपर आरोप लगाया कि उन्होंने एक भड़काऊ बयान दिया कि वह स्टाफ़ कॉलेज में ऐसा कोई डी एस नहीं रखेंगे, जिसकी बीवी आया[3] जैसी दिखती हो। उनके ख़िलाफ़ ऐसे कई घटिया आरोप लगाने और यह बेबुनियाद ख़बर फ़ैलाने तथा दोहराने के बाद कौल ऊपर तक गए और कमांडेंट के ख़िलाफ़ एक 'कोर्ट ऑफ इंक्वायरी'[4] दर्ज की। सैम के ख़िलाफ़ सबूत जुटाने के लिए प्रशिक्षकों से संपर्क किया गया। कुछ गिने-चुने अधिकारियों ने लालच के वशीभूत होकर दिखावटी सबूत भी दिए लेकिन ज़्यादातर अफ़सर अपने कमांडेंट के साथ रहे। यह एक अप्रिय और कटुतापूर्ण मामला था, जो एक साल से ज़्यादा समय तक चला। ऊपरी तौर पर सैम ने धैर्य बनाए रखा लेकिन यह इतना सहज नहीं था। लेफ़्टिनेंट जनरल ए.एम. 'बीर' वोहरा, जो उस समय स्टाफ़ कॉलेज में डी एस थे, याद करते हैं कि सैम ने उन पर विश्वास करते हुए बताया था कि सेना ही एकमात्र संस्थान है, जिसकी वह फ़िक्र करते थे। यह बहुत कुछ उनके स्वभाव का हिस्सा था कि अगर उन्हें गाड़ी चलाते समय कोई भौगोलिक विचित्रता दिख जाए तो उनका फ़ौजी दिमाग़

2 यह पद लंबे समय से रद्द कर दिया गया है।

3 ब्रिटिशों द्वारा नियोजित स्थानीय नौकरानी। यह शब्द आज भी घरेलू नौकरानी के लिए प्रयुक्त होता है।

4 फ़ौजी कानूनी जाँच।

सैनिक के साथ एक खाई (ट्रेंच) में। साभार: 58 गोरखा प्रशिक्षण केंद्र

4 कॉर के इलाक़े में सैम, भारत के राष्ट्रपति डॉ. एस. राधाकृष्णन, के साथ। साभार: 58 गोरखा प्रशिक्षण केंद्र

उससे आक्रमण या बचाव के रास्ते तलाशने लगता था। 48 साल की उम्र में घर भेज दिए जाने का ख़याल ही हतोत्साहित करने वाला था। सैम की क़िस्मत से, पश्चिमी कमांड के जी ओ सी-इन-सी लेफ़्टिनेंट जनरल दौलत सिंह, एक ईमानदार अफ़सर, इस कोर्ट ऑफ इंक्वायरी के पीठासीन अधिकारी नियुक्त किए गए। ऐसा माना जाता है कि उन्होंने कुछ गवाहों के लिए बड़ी मुश्किल खड़ी कर दी थी। घुड़सवार सेना के अधिकारी से पूछा गया कि उनको कैसे लगता है कि स्टाफ़ कॉलेज किसी भी तरह से अपने तौर-तरीक़ों में उनकी घुड़सवार सेना से ज़्यादा पाश्चात्य है? एक अन्य गवाह को बताया गया कि कोई सम्माननीय अधिकारी, जिसका सबूत अर्थहीन हो, उसे ख़ुद अपने-आप को शर्म से गोली मार लेनी चाहिए! सैम सभी आरोपों से दोषमुक्त होकर सकुशल बाहर निकल आए। इसके बावजूद कृष्णा मेनन लगातार यह उम्मीद पाले रहे कि वह किसी तरीक़े से सैम को फ़ौज से निकलवा देंगे। उन्होंने कमांडेंट के प्रति अपना गंभीर असंतोष ज़ाहिर करते हुए एक पत्र लिखा और सेना मुख्यालय को निर्देश दिया कि इसे सैम के आधिकारिक सर्विस रिकॉर्ड में शामिल किया जाए। इसकी एक प्रति सैम को भेज दी गई। सालों बाद उन्होंने मुझे मज़ाक में कहा था, 'बेरोज़! अगर आप कभी एम

4 कॉर में बाएँ से लेफ़्टिनेंट जनरल पी.पी. कुमारामंगलम, ब्रिगेडियर जिमी नादिरशॉ, सैम, और उनके अंगरक्षक कैप्टन पी.एस. कालकत।

साभार: 58 गोरखा प्रशिक्षण केंद्र

परिचालन प्लान के गंभीर मुद्दों पर विचार-विमर्श करते हुए लेफ़्टिनेंट कर्नल ए.एम. 'बीर' वोहरा, सैम के जी एस ओ1 (अभियान), उनके बाईं ओर खड़े हैं।

साभार: 58 गोरखा प्रशिक्षण केंद्र

'सज्जनो, मैं आ गया हूँ। अब 4 कॉर में मेरे व्यक्तिगत हुक्म के बिना कोई निकासी नहीं होगी। धन्यवाद।

एस शाखा (जहाँ अफ़सरों के सर्विस रिकॉर्ड रखे जाते हैं) में काम करोगे, तो मेरा डोज़ियर (रिकॉर्ड) देखना। आप मेरा जवाब देखेंगे कि मैंने मेनन के इस पत्र को कहाँ रखने का आदेश दिया!'

इसके बाद जल्दी ही मेनन और कौल नियति के ऐसे चक्र में फँसे, जिसे सैन्य इतिहासकारों ने 'हिमालय की सबसे बड़ी भूल' माना। बतौर सी जी एस का अपना कार्यकाल पूरा करने के बाद कौल को 4 कॉर कमांड करने के लिए एन ई एफ़ ए, तेज़पुर में, तैनात कर दिया गया। अक्टूबर 1962 में चीन ने हमारे रक्षा तंत्र को तोड़ते हुए भारत की सीमा के अंदर एक बड़े भूभाग पर क़ब्ज़ा जमा लिया। हमारे सैनिक पुराने हथियार और साज़ो-सामान के साथ चढ़कर हावी होते हुए दुश्मन का सामना करने को मजबूर थे। वे 15,000 फीट की ऊँचाई पर कैनवस के जूतों में सर्दी के कपड़ों के बिना, बर्फ़ीले पहाड़ों में युद्ध झेल रहे थे।[5] आपूर्ति शृंखला बनाए रखने के लिए सड़कें न होने के कारण सैन्य सहायता मौजूद नहीं थी। अग्रिम चौकियों पर व्यवस्था बनाए रखने के लिए एयरड्राप ही एक मात्र साधन था, और वह भी बेकार हो गया, क्योंकि फ़ौज मजबूरन पीछे हटती गई और ख़राब संचार साधन होने के कारण लौटने वाले दल का स्थायी अंदाज़ ज़्यादातर ग़लत साबित हुआ। थोड़े ही समय में सेना पूरी तरह से तितर-बितर हो गई। सैनिकों को ऊँचे स्थान पर काम करने के प्रतिकूल प्रभाव झेलने पड़े, क्योंकि उचित मौसम अनुकूलन हुए बिना उनकी जल्दी-जल्दी तैनाती की जा रही थी। बड़ी संख्या में बंदियों को पकड़ने के बाद चीन ने युद्ध-विराम की घोषणा कर दी। आग उगलती बंदूकों के निशाने पर कॉर कमांडर थे। अब तक की गई ग़लतियों का परिणाम सामने था। कौल को नेतृत्व क्षमता, सामरिक सूझ-बूझ और रणनीतिक दूरदृष्टि के अभाव के कारण कमांड से मुक्त कर दिया गया। सेना अध्यक्ष जनरल थापर ने अपना इस्तीफ़ा सौंप दिया और मेनन को बर्ख़ास्त कर दिया गया।

सैम का लेफ़्टिनेंट जनरल बनने के लिए रास्ता साफ़ हो गया लेकिन उनकी पदोन्नति को रोक लिया गया, क्योंकि 18 महीने से विलंबित कोर्ट ऑफ इंक्वायरी का परिणाम अभी भी आना बाक़ी था। उनसे कनिष्ठ अधिकारियों ने अपना पद प्राप्त कर लिया था। सैम दिल्ली गए और प्रधानमंत्री नेहरू से मिलने का समय माँगा। उदास नेहरू ने जवाब दिया, 'जनरल मैं आपके भविष्य के बारे में क्या कह सकता हूँ, जब मैं अपने भविष्य के बारे में कुछ नहीं जानता हूँ!' नेहरू को यह समझने में थोड़ी देर हो गई और वह चीनियों से गच्चा खा गए। 19 नवंबर 1962 को जनरल जे.एन. 'मुचु' चौधरी सेना अध्यक्ष (सी ओ ए एस) बना दिए गए और 2 दिसंबर को सैम को लेफ़्टिनेंट जनरल पद पर पदोन्नत कर 4 कॉर का कार्यभार, कौल से लेकर, सौंपा गया। उन्होंने चुटकी ली, 'वह तो चीनी ही थे, जो मुझे बचाने आ गए।'

सैम को विरासत में कौल से जो मिला, वह एक हतोत्साहित सेना थी। अपने स्टाफ़ अफ़सरों के पहले संबोधन में मानेकशॉ की संक्षिप्तता और भड़कीलेपन की छाप थी, 'सज्जनो, मैं आ गया हूँ। अब 4 कॉर में मेरे व्यक्तिगत हुक्म के बिना कोई निकासी नहीं होगी। धन्यवाद।' कॉर के लिए उनका 'दिन का निर्देश'[6] भी उतना ही प्रभावशाली था, 'अब से मेरे हुक्म के बिना कोई निकासी नहीं होगी और वह हुक्म दिए ही नहीं जाएँगे। हमने जहाँ पैर जमा लिए हैं, हम वहीं से लड़ेंगे। याद रखो, हम लोग अपनी जान समर्पित कर

5 25 अक्टूबर 2012 के टाइम्स ऑफ इंडिया में बी.जी. वर्गिस का लेख।

6 संदेश जो एक जनरल अफ़सर अपने कमांड का नेतृत्व सँभालने के समय, भेजता है।

सकते हैं; लेकिन न तो सेना की छवि और न ही देश के सम्मान को ठेस पहुँचने देंगे।' सैम ने यह मुश्किल और ख़तरों से भरा काम ख़ुद करने का बीड़ा उठाया। कार्य योजना को फिर से बनाया गया, अग्रिम रक्षापंक्ति को फिर से देखा और मज़बूत किया गया, तोपखानों की बंदूकें, गोला-बारूद और अन्य सामान रखने और ढोने की व्यवस्था पुनः वितरित की गई। कार्यकारी क्षेत्र के पास अस्पताल बनवाया गया। गुप्त जानकारी जुटाने की योजना फिर से बनाई गई और वायु सेना का सहारा लेने की प्रक्रिया दर्ज़ की गई।

चीन के आक्रमण के बाद, वह सीमा सुरक्षा की दृष्टि से गंभीर और राजनीतिक दृष्टि से गरम मुद्दा हो गया था। प्रधानमंत्री नेहरू के साथ रक्षा मंत्री वाई.बी. चव्हाण, अन्य सरकारी अधिकारी और उनकी पुत्री, इंदिरा गांधी, जो तब किसी पद पर नहीं थीं, ने 4 कॉर का दौरा किया। उन सब को ऑप्स रूम[7] में ले जाते समय सैम ने इंदिरा गांधी को यह कहते हुए रोक दिया कि– 'मेडम, क्षमा कीजिएगा, आप ऑप्स रूम के अंदर नहीं आ सकतीं, क्योंकि आपने गोपनीयता की शपथ नहीं ली है।' इंदिरा इस तरह से बाहर छोड़े जाने से बहुत ख़ुश नहीं थीं पर सौभाग्य से इस घटनाक्रम से उनके संबंध को ठेस नहीं पहुँची। अपने ओजस्वी और तेज़-तर्रार अंदाज़ में विश्वसनीय विवरण देकर सैम ने सभी को प्रभावित किया और चव्हाण तो उनका विश्वास देखकर अभिभूत हो गए। माना जाता है कि उन्होंने नेहरू से कहा, 'देख लेना, एक दिन यह अफ़सर सेना अध्यक्ष अवश्य बनेगा।'

बतौर कॉर कमांडर सैम ने अपने पूर्ववर्ती द्वारा फैलाए गए तनाव को धीरे-धीरे हटाना सुनिश्चित किया। अधिकारियों से उनकी बातचीत आराम से पर व्यावहारिक, विश्वसनीय और दृढ़ होती थी। वह अग्रिम क्षेत्रों में बार-बार जाते थे और ज़मीनी स्थिति पर सदा पैनी निगाह बनाए रखते थे।

'याद रखो, हम लोग अपनी जान समर्पित कर सकते हैं; लेकिन न तो सेना की छवि और न ही देश के सम्मान को ठेस पहुँचने देंगे।'

सैनिकों का कल्याण उनकी सर्वोच्च प्राथमिकता थी। सैम ने सेना के जवानों के लिए ट्रेन में आरक्षित सीटों की संख्या बढ़वाने के लिए रेलवे के साथ समझौता किया। उन्होंने वायु सेना से संपर्क साध कर यह अनुमति दिलवाई कि छुट्टी जाने वाले अधिकारियों और जवानों को हफ़्ते में दो बार दिल्ली तक कुरियर सुविधा उपलब्ध कराई। सैम ने हर हालत में प्रगति जारी रखी और एक साल के अंदर ही 4 कॉर अपनी सुरक्षा को अभेद्य बनाने की दिशा में आगे बढ़ गई। ♦

---

7 ऑपरेशन रूम, वह स्थान जहाँ परिचालन प्लान पर चर्चा की जाती है।

सेला पर 5 माउंटेन डिवीज़न के जी ओ सी
मेजर जनरल ओंकार सिंह कालकत के साथ।
साभार: 58 गोरखा प्रशिक्षण केंद्र

आर्मी कमांडर

सैम 4 दिसंबर 1963 को पश्चिमी कमांड के जनरल अफ़सर कमांडिंग-इन-चीफ़ (जी ओ सी-इन-सी) नियुक्त किए गए। इसका मुख्यालय शिमला में था। हालाँकि यह कार्यकाल छोटा और बहुत घटनात्मक नहीं था लेकिन एक घटना ऐसी हुई, जिसकी वजह से राजनीतिक गलियारे में काफ़ी हलचल मच गई। 1964 की गरमियों में प्रधानमंत्री नेहरू गंभीर रूप से बीमार थे। 1962 में चीन से पराजय ने उनकी सेहत को बुरी तरह प्रभावित किया और उसके बाद वह उस हार के अपमान से पूरी तरह कभी भी उबर नहीं पाए। प्रधानमंत्री के देहांत पर दंगे हो सकने की आशंका को देखते हुए सेना अध्यक्ष जनरल 'मुचु' चौधरी ने एक ब्रिगेड को आंतरिक सुरक्षा (आई एस ड्यूटी) के लिए मेरठ से दिल्ली जाने का आदेश दिया। इस घटना से सतर्क हुई सरकार ने निष्कर्ष निकाला कि सेना अध्यक्ष अपने पश्चिमी आर्मी कमांडर के साथ तख़्तापलट की योजना बना रहे थे। हालाँकि 'मुचु' सरकार को समझाने में सफल रहे कि उनका कोई परोक्ष इरादा नहीं था, लेकिन उनके और सैम के इरादों पर शंका वर्षों तक बनी रही। सैम की तैनाती एक साल के अंदर कलकत्ता

अग्रिम क्षेत्र में सैनिकों के साथ चाय पीते हुए।
साभार: 58 गोरखा प्रशिक्षण केंद्र

2/8 जी आर के स्थापना दिवस पर औपचारिक परेड का निरीक्षण करते हुए। साभार: 2/8 गोरखा राइफ़ल्स

में पूर्वी कमांड के जी ओ सी-इन-सी पद पर कर दी गई। इसने उस बात को और बल दिया कि सेना के दिल्ली की तरफ़ बढ़ने की घटना से छवि धूमिल हुई और सरकार ने उनको राजधानी से पर्याप्त दूरी पर रखना ही बेहतर समझा। जनरल चौधरी इस संबंध में सैम को लेकर ग़लतफ़हमी दूर करने का पर्याप्त प्रयास कर सकते थे; लेकिन उन्होंने इस तरफ़ से आँखें मूँद लीं। इसके बावजूद सैम दृढ़तापूर्वक अपने पुराने मित्र के प्रति हमेशा वफ़ादार बने रहे। यह उनकी ख़ासियत ही थी, जो उन्होंने बार-बार अपने तमाम रिश्तों में दिखाई।

पूर्वी कमांड में कई प्रकार की सुरक्षा चुनौतियाँ सामने थीं। उत्तर में जहाँ चीन था, तो वहीं पूर्वी सीमा पर पूर्वी पाकिस्तान (अब बांग्लादेश), नागालैंड और मिज़ो हिल्स[1] में आतंकवाद और पश्चिम बंगाल में राजनीतिक अस्थिरता थी। सैम ने अपने कार्यकाल में, बतौर पूर्वी आर्मी कमांडर होते हुए, जिन अभियानों की योजना बनाई या लागू किया, वे सब बहुत सफल रहीं। चीन का दख़ल रोकने के लिए सिक्किम सीमा पर अग्रिम रक्षित क्षेत्रों और रणनीतिक महत्व वाले नाथू-ला दर्रा को मज़बूत किया गया। बेहतरी के साथ जुटाई गई ख़ुफ़िया जानकारियों से यह सुनिश्चित हुआ कि सेना नागा विद्रोहियों से एक क़दम आगे है। सेना ने इस जानकारी के आधार पर, 1968 में 300 नागा विद्रोहियों को उनके नेता मोवु अंगामी के साथ घेर कर पकड़ लिया, जो चीन से हथियार और गोला-बारूद लेकर लौट रहे थे। इससे विगत एक दशक से चल रहे पृथकतावादी आंदोलन की हवा निकल गई। आतंकवाद या किसी देशी आंदोलन पर सैम का दृष्टिकोण व्यावहारिक था। उनका ऐसा मानना था कि सेना की भूमिका सिर्फ़ प्रभुत्व की स्थितियाँ बनाने और राजनीतिक वार्ता शुरू करने के हालात लाने तक ही सीमित होती है। इसे हासिल करने के लिए उन्होंने सुनिश्चित किया कि उनके द्वारा कमांड

1 जो बाद में 20 फरवरी 1987 में मिज़ोरम राज्य बना।

कलकत्ता के फोर्ट विलियम में 2/8 जी आर के अफ़सरों के साथ उनके मेस में। साभार: लेखकगण

की गई फ़ौज को ऐसे सतर्क पेशेवर बल के रूप में देखा जाए, जो ख़ुद को कम से कम नुकसान उठा कर राजद्रोही तथा विघटनकारी तत्वों से सख़्ती से निपटने में सक्षम हो।

1960 में मार्क्सवादी (कम्युनिस्ट) आंदोलन तेज़ी से उठा और इसके कारण सड़कों पर प्रदर्शन तथा 'बंद' (हड़ताल) की वजह से कलकत्ता शहर पस्त हो गया। सैम के आर्मी कमांडर बनने के बाद शीघ्र ही मेरी बटालियन, 2/8 जी आर, कलकत्ता पहुँची और वहीं फोर्ट विलियम में तैनात हुई। उनके आते ही शहर में एक 'बंद' का आह्वान किया गया और शहर तालाबंदी के कगार पर पहुँच गया। स्थानीय प्रशासन ने कर्फ़्यू लगा दिया और सेना बुलाई गई। 'ए' कंपनी शहर के अंदरूनी हिस्से में पहरा दे रही थी। जब वह कारवां एक छोर पर पहुँचा तो सड़क पर घरेलू फ़र्नीचर के पहाड़ से रास्ता रोका गया था। लेफ़्टिनेंट रघु थोराट ने अपनी कंपनी को आदेश दिया कि आगे बढ़ो और फ़र्नीचर को सेना के ट्रकों में लादकर रास्ता खोल दो। आंदोलनकारी चकरा गए। उनकी धमकी देने की चाल अब और चलने वाली नहीं थी, इसके साथ ही उनका फ़र्नीचर भी ज़ब्त कर लिया गया। अगले दिन 'ए' कंपनी ने उसी रास्ते पर दोबारा गश्त की, बेरोक-टोक। वहाँ पर कोई रुकावट नहीं थी। दरअसल गोरखा 'जॉनी' को देखते ही आंदोलनकारी कम्युनिस्ट चिल्लाते हुए कि 'गोरखा आशचे' (गोरखा आ गए), वहाँ से भाग जाते थे। इसी कारण सैम की सिफ़ारिश पर, लंबे समय तक एक गोरखा बटालियन फोर्ट विलियम में तैनात की गई। सालों तक संगठित प्रयास के बाद, अंततः आंदोलन समाप्त हो गया।

अप्रैल 1965 से भारत और पाकिस्तान के बीच पश्चिमी सीमा पर झड़प की घटनाओं की संख्या और उसकी गंभीरता बढ़ती जा रही थी और अगस्त माह तक

2/8 जी आर के स्थापना दिवस समारोह में सोफ़े पर दाएँ से बाएँ: शैरी, श्रीमती दीवान, सैम और श्रीमती विजय सिसोदिया। बाएँ से तीसरी: श्रीमती आनंद सरूप।

साभार: 2/8 गोरखा राइफ़ल्स

सैम की रणनीति का पूरा फ़ायदा 1971 में देखने को मिला, जब पूर्वी पाकिस्तान ने भारतीय सेना को आक्रांता के बजाए रक्षक के तौर पर देखा।

युद्ध की आँधियों ने ज़ोर पकड़ना शुरू कर दिया। सेना को 'हाई अलर्ट' की तैयारी में रखा गया। अपनी विलक्षण दूरदर्शिता से सैम ने सेना अध्यक्ष को यह सुझाव दिया कि युद्ध को पश्चिमी सीमा तक ही सीमित किया जाना चाहिए और पूर्व के अभियानों को इस समय रोक देना चाहिए ताकि पूर्वी पाकिस्तान से दुश्मनी न हो। उनके हिसाब से, भारत को संघर्ष बढ़ाने से कोई फ़ायदा नहीं था। जनरल चौधरी सैम के अनुमान से सहमत थे। 6 सितंबर को युद्ध शुरू हुआ, जब पाकिस्तान ने विद्रोह भड़काने के लिए जम्मू और कश्मीर में घुसपैठियों को भेजा। पंजाब से लेकर गुजरात तक समस्त पश्चिमी सीमा पर थल और वायु सेना द्वारा हमले शुरू कर दिए गए। भीषण युद्ध के बीच जनरल चौधरी एक रात सैम से, जिनके युद्ध कौशल पर उनको बहुत भरोसा था, चर्चा करने के लिए कलकत्ता आए। यह संघर्ष 16 दिनों तक चला, जब 22 सितंबर को युद्ध-विराम की घोषणा कर दी गई। यह युद्ध पश्चिमी सीमा तक ही सीमित रहा। सैम की रणनीति का पूरा फ़ायदा 1971 में देखने को मिला, जब पूर्वी पाकिस्तान ने भारतीय सेना को आक्रांता के बजाए रक्षक के तौर पर देखा।

युद्ध के बाद मैं सद्भावना यात्रा में सैम, उनके जी एस ओ1 (ऑप्स)[2] और जी एस ओ1 (इंट)[3] के साथ ढाका गया। पाकिस्तान के 14 इन्फैंट्री डिवीज़न के जी ओ सी, मेजर जनरल फज़ल मुक़ीम ख़ान ने पूरी गर्मजोशी से पूर्वी सेना कमांडर का स्वागत-सत्कार

2 अभियान।

3 ख़ुफ़िया।

फिरोज़पुर और जम्मू के बाद यह [कलकत्ता] तीसरी बार बटालियन उनके साथ एक स्थान पर थी, इसलिए अधिकारियों तथा सैनिकों से उनकी आत्मीयता और भी बढ़ गई थी।

किया। आज़ादी से पहले वे दोनों 4/12 एफ एफ आर में एकसाथ काम कर चुके थे। फज़ल के कंधे पर हाथ रखते हुए सैम ने कहा, 'चलो घर, बेगम को मिलने जाते हैं।' इसके साथ ही कामकाज को अपने मातहत स्टाफ़ अफ़सरों के सुपुर्द छोड़कर, वे वहाँ से गायब हो गए।

2/8 जी आर के कलकत्ता में तैनात होने पर आर्मी कमांडर बटालियन के समारोहों, बड़ा खाना[4], खेलों के आयोजन, दशहरा महोत्सव, रेजिंग डे[5], बैटल ऑनर डेज़[6] और मेस नाइट्स[7]; में अकसर मेहमान होते थे। फिरोज़पुर और जम्मू के बाद यह तीसरी बार बटालियन उनके साथ एक स्थान पर थी, इसलिए अधिकारियों तथा सैनिकों से उनकी आत्मीयता और भी बढ़ गई थी।

1967 में जनरल 'मुचु' चौधरी सेवानिवृत्त हो गए और जनरल पी.पी. कुमारामंगलम, जो 'के' के नाम से मशहूर थे, ने सेना अध्यक्ष का पदभार सँभाला। उस साल सितंबर में हम एक महीने के लिए दिल्ली में थे। सैम कार्यकारी सेना अध्यक्ष थे, जब सिक्किम सीमा पर चीन के साथ गंभीर मुठभेड़ हुई जो क़रीब दो हफ़्ते तक चली। इस दौरान दोनों तरफ़ से कई बार भारी गोलाबारी हुई। उनका कोई वरिष्ठ अधिकारी सैम के साथ नहीं था, इसलिए मुझे हर सुबह उनको पूरी रिपोर्ट देने की ज़िम्मेदारी सौंपी गई। वह युद्ध का पूरा विवरण चाहते थे: कितनी गोलीबारी हुई, अपनी तरफ़ कितने शहीद हुए और कितने दुश्मन मारे गए, हताहतों की संख्या क्या थी, पुनर्बलन की क्या स्थिति है और आगे की रणनीति क्या होगी? मैं 33 कॉर के जी ओ सी लेफ़्टिनेंट जनरल जगजीत सिंह अरोरा, और 17 माउंटेन डिवीज़न के जी ओ सी, मेजर जनरल सगत सिंह से सुबह 6 बजे बात करके नाश्ते से पहले पूरा विवरण तैयार रखता था। हालाँकि दोनों तरफ़ नुकसान हुआ, घुसपैठिए ख़ून-खच्चर होकर वापस लौटे। चीनियों ने अपने 400 सैनिकों को खो दिया और उनके ज़्यादातर बंकर नष्ट कर दिए गए और इस प्रकार वे

सेना अध्यक्ष का कार्यभार ग्रहण करने दिल्ली आते समय, उनके पीछे हैं उनके अंगरक्षक– इस पुस्तक के लेखक।
साभार: लेखकगण

4 बड़ा खाना वह भोज है, जब पूरी बटालियन खुले मैदान में शानदार भोज के लिए जमा होती है, जिसमें अफ़सर, जे सी ओ, सैनिक और उनके बीवी-बच्चे भी शामिल होते हैं।

5 रेजिंग डे, वह दिन होता है, जब बटालियन की स्थापना हुई थी।

6 बैटल ऑनर डेज़ पर मुश्किल से जीती गई लड़ाइयों का गुणगान उत्सव मनाया जाता है।

7 मेस नाइट्स ऑफ़िसर्स मेस में एक औपचारिक रात्रि-भोज है, जहाँ अधिकारियों के लिए उपस्थिति अनिवार्य होती है और रेजिमेंट की परंपराएँ तथा प्रोटोकॉल्स का सख़्ती से पालन किया जाता है।

कार्यालयी गाड़ी ऑस्टिन शियरलाइन। साभार: लेखकगण

हमारी रक्षित भूमि पर पैर जमाने में क़ामयाब नहीं हो पाए। 1962 के मुक़ाबले इस बार भारतीय सेना ने चीनीओं को मुँहतोड़ जवाब दिया।

विभिन्न क्षेत्रों में बहुत जल्दी-जल्दी बदलने वाली स्थितियों के बावजूद कलकत्ता में सैम की तैनाती उनके कैरियर की सबसे अच्छी तैनातियों में से एक रही। उनकी कार्यालयी गाड़ी हलकी सलेटी 1940 की विंटेज ऑस्टिन शियरलाइन 125 ए थी। यह राजसी, पेट्रोल-खाऊ, महँगी कार जनरल सर रॉय बूशर की कार्यालयी गाड़ी हुआ करती थी, जब वह सी-इन-सी थे। उनके जाने के बाद यह दिल्ली में सेना मुख्यालय की ट्रांसपोर्ट कंपनी के गैराज में रखी गई थी। सैम जब डी एम ओ थे, तभी से उनकी नज़र इस कार पर थी और जनरल बूशर ने एक बार ताना मारकर कहा, 'ताक़त भर कोशिश कर लो, पर उम्मीद भी न करना। यह ऑस्टिन शियरलाइन तुम्हारी कार्यालयी गाड़ी कभी न होगी!' इस घटना ने उनके लगाव को प्रोत्साहित किया और जब वह पूर्वी सेना के कमांडर बने तो इस खटारा कार की मरम्मत करवाई और कलकत्ता ले आए। इंजन सुधरवाकर, सिल्वर पेंट करवाया और चमड़े के नए असबाब लगवाने से उसकी पुरानी शान लौट आई। सैम जिस तरह से कलकत्ता में शांति लाए थे, उससे शहर में वह एक सम्मानित हस्ती बन गए थे। बेक़ाबू यातायात के बावजूद, पुलिस और जनता, एकसमान, आर्मी कमांडर की कार को पहचानते थे; और उस 'सिल्वर क्वीन' के लिए रास्ता छोड़ देते थे ताकि वह कलकत्ता की सड़कों पर बिना रुकावट, सरल गति से चलती रहे।

आर्मी कमांडर सख़्ती से रोजमर्रा के नियमों का पालन करते थे। हर सुबह उनका ड्राइवर, हवलदार कृष्णा, सुबह 8 बजे मुझे मेरे कमरे से लेकर, अलीपुर में कमांड हाउस ले जाता। वहाँ मैं उनके जे सी ओ ए डी सी, सूबेदार मेजर लाल बहादुर पुन (6/8 जी आर) से संक्षिप्त विवरण लेने के बाद, सैम के परिवार के साथ नाश्ता करता। सैम का मानना था कि कभी किसी सैनिक को नाश्ता किए बिना घर से नहीं जाना चाहिए। मुझे अकसर सिल्लू द्वारा मेरे लिए बचाकर रखा गया स्वादिष्ट पारसी व्यंजन परोसा जाता, या कोई विदेशी पकवान, जो आर्मी कमांडर ने स्वयं पकाया हो। नाश्ता खतम होने के बाद, ऑस्टिन को द्वारमंडप में लाकर जैसे ही दरवाज़ा खोला जाता, सैम के तीनों कुत्ते– पिफर, जिसका नाम उनकी पुरानी रेजिमेंट 4/12 एफ एफ आर से रखा था, सीज़र और कालो– कूद कर अंदर जाते और आराम से अपनी जगह चुन लेते। आर्मी कमांडर और मुझे अपने लिए जगह ख़ुद बनानी पड़ती! कार्यालय पहुँचने पर, सबसे पहले कुत्तों की फ़ौज उतरती और वातानुकूलित आराम के लिए सीधे उनके दफ़्तर में पहुँचती, जहाँ दोपहर तक वे आने-जाने वालों से बेख़बर रह कर ऊँघ सकें, जब तक लाल बहादुर साहब अपने नियमित दौरे से वापस नहीं आ जाते, और उन्हें कमांड हाउस ले जाते।

दिन का पहला काम सुबह 9 बजे जी एस ओ1 (ऑप्स) और जी एस ओ1 (इंट) से विवरण लेने के बाद सभी टुकड़ियों और सेवाओं के प्रमुखों से विवरण लेना था। कमांड के अंतर्गत महत्वपूर्ण घटनाओं को बताया जाता और उन पर चर्चा की जाती थी। सैम इस चर्चा के दौरान अपने स्टाफ़ अफ़सरों से अपेक्षा करते थे कि वे अपने पद की परवाह न करें और सक्रिय रूप से हिस्सा

कलकत्ता के हवाई अड्डे पर प्रधानमंत्री लाल बहादुर शास्त्री का स्वागत करते हुए। साभार: 58 गोरखा प्रशिक्षण केंद्र

वह फोन उठाते और सीधे अग्रिम क्षेत्र के कमांडिंग अफ़सर से बात करने लगते, 'स्वीटी, यह आपका आर्मी कमांडर बोल रहा है।'

लें और अपनी राय दें। सबको सुनने के बाद वह उसका निष्कर्ष बताते, 'अच्छा साथियो, मैंने आपके विचारों को सुना। अब हम इस प्रकार आगे बढ़ेंगे।' काम सौंपा जाता और दिन शुरू हो जाता था। रविवार को, छुट्टी के दिन और जब हम दौरे पर होते, तब उनको विवरण देने की ज़िम्मेदारी मेरे ऊपर आ जाती थी। 'तो बेरोज़ मेरी कमांड का काम कैसा चल रहा है?' यह उनका पहला सवाल होता था। 1967 में हम पानागढ़ (पश्चिम बंगाल) के कार्यालयी दौरे पर थे। मैंने कलकत्ता कमांड मुख्यालय पर फोन करके मिज़ो हिल्स में चल रहे अभियान के बारे में सिटरैप[8] माँगी, ढेर सारी जानकारी ले आया और प्लाटून स्तर तक का विस्तृत विवरण देने लगा। सैम ने मेरी पीठ थपथपाते हुए कहा, 'बहुत अच्छा बेरोज़, एक दिन शायद तुम अच्छे स्टाफ़ अफ़सर बन सकोगे!' अंगरक्षक के तौर पर मेरा काम सिर्फ़ सहकार तक ही सीमित नहीं था। एक युवा कैप्टन के रूप में मुझे भी उतनी ही परख, हर तरह से उसी तरह के काम करने और फ़ैसले लेने की छूट थी, जितनी सैम के वरिष्ठ स्टाफ़ को। मुझसे अपेक्षा की जाती थी कि उनके लिए आई सभी चिट्ठियों को पढ़ूँ और उनकी टिप्पणियों तथा फ़ैसलों को जानूँ। इसका मतलब था, संवेदनशील कागज़ात तक पहुँच होना और इस पर उच्चतम स्तर

8 अभियान स्थिति की रिपोर्ट।

गोरखों के साथ सैम के कुत्ते। साभार: मानेकशॉ परिवार

की गोपनीयता रखना। यह सैम का अपने स्टाफ़ पर विश्वास ही था, जिसने उनके अंदर छिपे हुनर को बाहर निकाला।

सैम का कमांड करने का तरीक़ा अनौपचारिक था। वह चर्चा करने के लिए अपने स्टाफ़ अफ़सरों के कमरे में सीधे चले जाते थे। सेना के प्रोटोकॉल को छोड़कर वह फोन उठाते और सीधे अग्रिम क्षेत्र के कमांडिंग अफ़सर से बात करने लगते, 'स्वीटी, यह आपका आर्मी कमांडर बोल रहा है।' शुरू में इसकी वजह से कई कनिष्ठ अधिकारी घबरा जाते थे, लेकिन जल्दी ही यह एक आम बात हो गई। यह बात बाहर भी फैल गई, हालाँकि सैम औपचारिकता की सारी बाधाएँ तोड़ देते हैं पर उनकी बात को हलके में नहीं लिया जा सकता। जो हिला-हवाली करते थे या झूठ बोलते थे, वे शीघ्र ही सचेत हो जाते थे कि सैम के पास इन सब बातों के लिए कोई माफ़ी नहीं है और वह बेईमानी या धोखाधड़ी के प्रति बड़े क्रोधित रूप में पेश आते थे। सैम की हाथी जैसी याददाश्त थी और बिना किसी काग़ज़ के टुकड़े के उस बात को शब्दशः दोहरा भी सकते थे, जो महीनों पहले कही गई थी।

आर्मी कमांडर के दौरे आयोजित करना मेरी ज़िम्मेदारी थी। कमांड के हर क्षेत्र में बारी-बारी सभी जगहों पर तय नियम के अनुसार जाना सैम की दिनचर्या में शुमार था लेकिन वे क्षेत्र जो असत्कारशील, बर्फ़ से ढके हुए और जिन जगहों पर घुसपैठ पर जवाबी कार्यवाही अभियान चल रहे थे, वहाँ ज़्यादा ही जाते थे। वह ख़ुद ही हालात को समझने के पक्षधर थे, समय-समय पर कार्यकारी योजनाओं को देखते रहते थे और सुनिश्चित करते थे कि साज़ो-सामान की व्यवस्था सही रहने के साथ किसी भी क़ीमत पर जवानों की सुरक्षा के साथ कहीं भी कोई समझौता न हो।

दौरों के दौरान वह अग्रिम क्षेत्रों में जवानों के पास जाते थे। सभी व्यवस्थाओं को उलट-पुलट करते हुए वह जवानों के साथ एक मग गरम चाय पीते और ऑफ़िसर्स मेस के नाश्ते को दरकिनार कर लंगर में पूरी-सब्ज़ी खाने चल पड़ते। वह अपने जवानों से मेलजोल का हर मौक़ा भुनाते, उनके रहन-सहन की स्थिति, भोजन की गुणवत्ता पर ध्यान देते और उनकी समस्याओं को दूर करने के लिए प्रयासरत रहते थे। ऐसे में सैनिकों के कल्याण से बेख़बर सी ओ और सूबेदार मेजर पर तो आफ़त टूट पड़ती।

सैम अपने अफ़सरों का भी उतना ही ध्यान रखते थे। दौरे पर वह नवीनतम एल पी[9] रिकाड्र्स, चॉकलेट और कभी-कभी प्लेबॉय मैगज़ीन या प्लेबॉय कैलेंडर ले जाते थे। इन सारे तोहफ़ों का भुगतान वह अपनी ज़ेब से करते थे।

उनके कुछ ऐसे विशेष दौरे भी होते थे, जिनका हम सब इंतज़ार करते थे। प्रकृति मनोहर सिक्किम[10] सभी का पसंदीदा स्थल था। यह ऐसा दौरा होता था, जिस मौक़े को सिल्लू भी कभी नहीं छोड़ती थीं। बतौर आर्मी कमांडर की पत्नी को अपने पति के साथ उसकी कमांड के किसी भी क्षेत्र में जाने का अधिकार था।

---

9 लंबे चलने वाले रिकॉर्ड, जो 1960 के दशक में लोकप्रिय थे।

10 उस समय सिक्किम एक स्वतंत्र देश था और शाही राजसत्ता खतम करने का जनमत संग्रह करने के बाद मई 1975 में भारत में विलय हुआ।

कलकत्ता स्थित पूर्वी कमांड के मुख्यालय में अफ़सरों को संबोधित करते हुए। साभार: लेखकगण

सिक्किम के चोग्याल[11] 8वीं गोरखा राइफ़ल्स के मानद कर्नल थे और हर बार अपने भव्य महल में रुकने की इच्छा जताते। हम लोग इंडियन एयरलाइंस के जहाज़ से बाग़डोगरा पहुँचते और वहाँ से वायु सेना के हेलिकाप्टर से सीधे गैंगटोक, महल में। सीमा पर तैनात अग्रिम चौकी के सैनिकों के दल के पास सुबह तड़के हम लोग जीप से पहाड़ की सीधी चढ़ाई पर चल देते और देर शाम को लौटते।

महल में रात्रि भोज देर तक चलता और अन्य कार्यक्रम आधी रात के बाद समाप्त होते। कुछ घंटे सोने के बाद अगली सुबह हम एक और अग्रिम क्षेत्र का दौरा करने निकल पड़ते। जब तक सैम संतुष्ट नहीं हो जाते कि उन्होंने योजना के अनुसार सारा क्षेत्र छान मारा है, तब तक यही दिनचर्या चलती रहती। उतना ही मनोहर भूटान था, सिवाए इसके कि सैम मछली पकड़ने के बेहद शौक़ीन थे, इसलिए उनके दिन की शुरुआत 4 बजे सुबह 'ट्राउट' मछली पकड़ने से होती थी! आर्मी कमांडर अपना कार्यक्रम अत्यधिक व्यस्त रखते। उनका आंतरिक बल, उनकी ऊर्जा और हर हरकत पर पैनी नज़र यह सुनिश्चित करती थी कि उनका स्टाफ़ हमेशा काम के लिए तत्पर रहे।

सभी दौरे इतने मनोरम नहीं होते थे। मुझे इस संबंध में ख़ासतौर पर एक मिज़ो हिल्स वाले दौरे की याद आती है। 28 फरवरी 1966 को मिज़ो नेशनल फ्रंट (एम एन एफ़) के नेता, पु लालडेंगा, ने भारत से आज़ाद होने की माँग कर दी। आर्मी कमांडर 2/8 जी आर के ऑफ़िसर्स मेस में रात्रि भोज कर रहे थे, तभी उनके लिए एक फोन कॉल आया कि एम एन एफ़ ने औपचारिक रूप से एक पृथकतावादी आंदोलन छेड़ दिया है और सेना को इसे भेदने का आदेश मिला था। अगले दिन जी एस ओ1 (ऑप्स) लेफ़्टिनेंट कर्नल 'फ्रेडी' फ्रीमैंटल के साथ हम मासिमपुर के एयरबेस कुम्भिग्राम के लिए रवाना हो गए। वहाँ पहुँचने पर हमें बताया गया कि विद्रोहियों ने जलस्रोत पर क़ब्ज़ा कर लिया है, जो लुन्गलेह पर पहली असम राइफ़ल्स की पोस्ट के पेय जल आपूर्ति का एकमात्र साधन था। 61 इन्फ़ैंट्री ब्रिगेड के कमांडर ब्रिगेडियर रूसी काबराजी (कॉर ऑफ सिगनल्स), जिनके नेतृत्व में मिज़ो हिल्स क्षेत्र आता था, ने अपना विवरण दिया और अपनी योजना प्रस्तुत की। पारसी जात-बंधु होने के नाते उन्होंने अपने प्रस्तुतीकरण में गुजराती[12] की कई गालियों का इस्तेमाल किया। सैम ने धैर्यपूर्वक पाँच मिनट तक प्रतिक्रिया रहित चेहरे के साथ सुना, जब

11 सिक्किम के सम्राट को दी गई उपाधि।

12 गुजराती पारसियों की मातृभाषा है।

अपनी पोती ब्रैंडी के साथ अपने बग़ीचे में।
साभार: मानेकशॉ परिवार

तक वह बरदाश्त के बाहर नहीं हो गया, फिर वह बोले, 'रूसी मैं आपकी वाकपटुता और शब्दज्ञान से बहुत प्रभावित हूँ। पर अब क्या मैं आपकी कार्यकारी योजना जान सकता हूँ!' विवरण देने की प्रक्रिया बिना अलंकरण के पूरी हो गई। जब हम बेस पर थे, वायु सेना का कैरिबू विमान लुन्गलेह पोस्ट पर पानी पहुँचाने और सामरिक उड़ान की तैयारी कर रहा था। सैम ने एकदम से तय किया कि उस जहाज़ में जाकर ऊपर से स्वयं ही स्थिति का जायज़ा लेंगे। फ्रेडी और मैं उनके साथ गए। पायलट ने पोस्ट का चक्कर लगाने के बाद पानी उतारने के लिए उपयुक्त स्थान चुना। जैसे ही उसने उतरना शुरू किया, लघु अस्त्रों से भारी गोलीबारी शुरू हो गई। जहाज़ के बाईं तरफ़ के इंजन में गोली लगने से उसने काम करना बंद कर दिया।

...लेकिन इस कार्यकाल के दौरान मिज़ो समस्या ने लगातार सैम का ध्यान अपनी ओर खींचे रखा।

पायलट के पास इस सामरिक उड़ान को समाप्त करने के अलावा कोई चारा नहीं था, उसने फिर उड़ान भरी और एक इंजन से कुम्भिग्राम की तरफ़ उड़ा। हम लोग जब तक पहुँच से दूर नहीं हो गए, गोलियाँ लगातार आती रहीं और जहाज़ में घुसती रहीं। वायु सेना के लड़ाकू विमान बुलाए गए और उन्होंने हमें अनुरक्षण के साथ बेस पर लौटाया। इस सब के दौरान आर्मी कमांडर स्थिर और शांत बने रहे और जी एस ओ1 (ऑप्स) से योजनाओं पर चर्चा करते रहे। उतरने के बाद हमने गिना तो 16 गोलियों के छेद थे। विद्रोह दबाने का अभियान शुरू किया गया, लेकिन इस कार्यकाल के दौरान मिज़ो समस्या ने लगातार सैम का ध्यान अपनी ओर खींचे रखा। अंततः यह मामला 1987 में मिज़ोरम राज्य बनने के बाद ही हल हुआ।

आर्मी कमांडर के रूप में सैम की ज़िम्मेदारियाँ पूर्वी क्षेत्र तक ही सीमित नहीं थीं। उनकी समझ और परिलक्षित अंतरदृष्टि के कारण उन्हें सेना के प्रशिक्षण संस्थानों में आमंत्रित किया जाता था।

ज़्यादातर दौरों में सैम का अर्दली, हवाई जहाज़ में, उनकी बग़ल में बैठता था। एक बार, हम लोग बाग़डोगरा से लौट रहे थे और मुझे उन्हें कुछ बताना था तो 'जॉनी' को हटा कर मैं उनके पास बैठ गया। जैसे ही बातचीत पूरी हुई, एक असल सैनिक की तरह मैं सो गया और तभी उठा जब आर्मी कमांडर ने कोंचते हुए कहा, 'उठो सरकार, हम कलकत्ता पहुँच गए!' पूरी यात्रा के दौरान मेरा सिर उनके हाथ पर था और वह बिना हिले-डुले वैसे ही बैठे रहे ताकि मेरी नींद में खलल न पड़े। मैंने आँख खोली तो कुछ और भी सुननी पड़ी, 'बेरोज़ कभी-कभी तुम ऐसा व्यवहार करते हो, जैसे मैं तुम्हारा अंगरक्षक हूँ!'

एक अग्रिम रक्षा स्थल पर। साभार: 58 गोरखा प्रशिक्षण केंद्र

भूटान में मछली पकड़ते हुए। साभार: 58 गोरखा प्रशिक्षण केंद्र

2/8 जी आर के एक सैनिक को ट्रॉफ़ी देते हुए, साथ में कमांडिंग अफ़सर लेफ़्टिनेंट कर्नल आर.एस. पठानिया।
साभार: 2/8 गोरखा राइफ़ल्स

सैम अधिक फुरतीले आर्मी कमांडर... उनको एक सनक थी कि उनके अंगरक्षक को बिलकुल उनकी तरह ही कपड़े पहनने चाहिए।

पूर्वी कमांड में सक्रिय अभियान होने के बावजूद 1960 के दशक में सेना की ज़िंदगी बनिस्पत आसान थी। कभी-कभी हम अपना दिन का काम दोपहर तक निपटा लेते थे। सैम अपनी स्टाफ़ कार बुलवाते और हम शहर की मशहूर पार्क स्ट्रीट जाते। वहाँ वह या तो अपना संग्रह बढ़ाने के लिए या फिर आगामी दौरों के समय ऑफ़िसर्स मेस में भेंट करने के लिए नवीनतम एल पी ख़रीदते। हर दूसरे हफ़्ते वह हेयर सैलून (नाई की दुकान), 'एनिस' जाते। सैम अपने रख-रखाव के बारे में बहुत सचेत थे। यदि मैं भी उनके साथ होता, तो मेरे भी शालीन तरीक़े से बाल काटे जाते। नाई उनके बाल तो बहुत जल्दी से काट लेता, जबकि मेरे बाल ज़्यादा घने थे और उन्हें काटने में ज़्यादा समय लगता था। सैम बेचैनी का ढोंग रचाकर रिसेप्शन पर मेरा इंतज़ार करते। हमारे दफ़्तर लौटने के बाद वह अपने स्टाफ़ से मेरी शिकायत करते, कि कैसे उनके अंगरक्षक ने उनको चूना लगाते हुए अपने बाल कटवाने के पैसे भी उनसे दिलवाए और जले पर नमक छिड़कते हुए बोलते, 'यह लड़का सिर और गरदन की मालिश का मज़ा ले रहा था, जबकि मुझे बाहर इंतज़ार करना पड़ा!' सैम अपने स्टाफ़ के साथ घुलने-मिलने के हामी थे लेकिन वह इन कहानियों को अलंकृत करके कहते कि स्टाफ़ किस शान से उनका फ़ायदा उठाता था!

साल के अंत में मैंने आर्मी कमांडर से अपनी पहली रिपोर्ट अर्जित की। इसमें सामान्य तरीक़े से कहा गया था, 'यह अफ़सर पारसी है पर इसमें गोरखाओं के सभी गुण निहित हैं। यह एक न एक दिन ज़रूर मुसीबत में फँसेगा।'

कम्युनिस्टों की विघटनकारी रणनीति होने के बावजूद 1960 के दशक में कलकत्ता जीवंत और आकर्षक शहर था। पार्क स्ट्रीट, फोर्ट विलियम के बहुत पास था। वहाँ के रेस्तराँ में अच्छा खाना और संगीतमय माहौल में बेहतरीन शामें गुज़ारी जाती थीं। इन सारे आकर्षणों के कारण कलकत्ता एक युवा अधिकारी की ज़ेब के लिए आसान पोस्टिंग नहीं थी। सैम अधिक फुरतीले आर्मी कमांडर थे, जो हर हालात के लिए त्रुटिहीन ढंग से तैयार हो जाते थे। उनको एक सनक थी कि उनके अंगरक्षक को बिलकुल उनकी तरह ही कपड़े पहनने चाहिए। इससे फ़ौजी समारोहों में जहाँ उन्हें वरदी में होना होता था, मुझे कोई दिक़्क़त नहीं हुई, लेकिन जब वह अपने मशहूर इंगलैंड के 'मार्क्स एंड स्पेंसर' तथा 'सैविल रो' के सूट पहनते थे, तब उनकी तरह तैयार होना, 400 रुपए प्रतिमाह कमाने वाले लेफ़्टिनेंट के बस के बाहर की बात थी। मेरे पास आई एम ए से इश्यू किया गया मात्र एक सूट था, जो सभी सामाजिक मुलाक़ातों के लिए काफ़ी नहीं था। मैं सिविलियन औपचारिक वेशभूषा की अपेक्षा वाली हर जगह उसी सूट को पहनता था। मेरे कलकत्ता पहुँचने

पूना के कॉलेज ऑफ मिलिट्री इंजीनियरिंग में एक बालू के नमूने को समझाते हुए। साभार: 58 गोरखा प्रशिक्षण केंद्र

के कुछ महीने बाद ही मुझे सैम से झिड़की मिली। सैम ने मुझसे कहा कि वह अपेक्षा करते थे कि जब वह ट्वीड्स[13] पहने तो मैं वह पहनूँ और जब वह ब्लेज़र तथा फ्लांनेल[14] का जोड़ा पहने तो मैं भी वही पहनूँ। मैंने जवाब दिया कि भारत सरकार मुझे उतना पैसा नहीं देती है कि मैं उनकी अपेक्षाओं को पूरी कर सकूँ। वह आवेश से पीछे घूमे और लंबे डग भरते हुए मेरे दफ़्तर से चले गए। हम दोनों कुछ घंटों तक रूठे रहे और फिर इस झड़प को भूल गए या ऐसा मुझे महसूस हुआ। एक हफ़्ते बाद, दिन का काम खतम करने के बाद सैम ने अपनी कार मँगवाई। ऑस्टिन शियरलाइन आई और सैम ने हवलदार कृष्णा से पार्क स्ट्रीट में 'बॉम्बे डाईंग' के शोरूम चलने को कहा। मैंने आर्मी कमांडर को ब्लेज़र और ट्वीड जैकेट के लिए कपड़ा छाँटने में मदद की। उन्होंने बिल का भुगतान किया और हम दोपहर के खाने के लिए कमांड हाउस वापस आ गए। मैं जैसे ही कार से उतरा, सैम ने वह पैकेट मेरे हाथ में थमाया और बोले, 'लो बेरोज़, अपने लिए दो ढंग की जैकेट बनवा लो।' मैंने तोहफ़े के लिए शुक्रिया अदा किया लेकिन मैंने मज़ाक करते हुए कहा कि मैं इसकी सिलाई के पैसे कहाँ से लाऊँगा! उन्होंने मेरे घोर कृतघ्न होने और उनकी शराफ़त का फ़ायदा उठाने के बारे में कुछ बड़बड़ाया, लेकिन दर्ज़ी को कमांड हाउस बुलाया गया था और वह मेरा नाप लेने के लिए इंतज़ार कर रहा था। जैकेट्स दे दी गईं और सैम ने उनका भुगतान करने का इसरार किया, हालाँकि मैंने वह बात सिर्फ़ मज़ाक में कही थी। मैं उनके बहुत क़रीब हो गया था और मुझे उनका विश्वास हासिल था तथा एक-

13 'ट्वीड' के गरम कपड़े से बनाई गई जैकेट, जो सर्दियों में, दिन में पहनी जाती है।

14 'फ्लांनेल' सलेटी रंग का गरम कपड़ा, जिससे पतलून बनाई जाती है।

मैं उनसे [सैम] कुछ छूट लेने का साहस कर लेता था लेकिन मुझे अपनी हद पता थी।

दूसरे से इस प्रकार की बातचीत और हँसी-मज़ाक का तरीक़ा साधारण हो चुका था। मैं उनसे कुछ छूट लेने का साहस कर लेता था लेकिन मुझे अपनी हद पता थी। मेरी कपड़ों की अलमारी भरने की यह प्रक्रिया हमेशा चलती रही, यहाँ तक कि उनके साथ काम करना छोड़ने के बाद भी जारी रही। हर बार थोड़े अंतराल के बाद सैम मेरे लिए तोहफ़े में इंगलैंड से सूट ले आते थे। मैं यह सुनिश्चित करता हूँ कि मैं शारीरिक तौर से सक्षम रहूँ, ताकि मैं उन सूटों को पहन सकूँ, क्योंकि उनके साथ उन खूबसूरत पुराने दिनों की यादें जुड़ी हैं।

कलकत्ता में तैनात अधिकारियों और उनकी बीवियों के लिए शनिवार को मेलजोल के लिए रेसकोर्स एक लोकप्रिय जगह होती थी। यहाँ आर्मी कमांडर के लिए विशेष कक्ष था। कोर्स के प्रबंधक, ज़वारे वाडिया के ज़रिए, सैम ने सेना के सभी अधिकारियों के लिए मात्र 5 रुपए की मामूली राशि में प्रतिष्ठित सदस्यों के लॉन में जाने की अनुमति की व्यवस्था कर दी थी। बस एक ही शर्त थी कि व्यक्ति को सही औपचारिक वेशभूषा में होना चाहिए। रेस का चाव ऐसा था कि शनिवार की सुबह कमांड मुख्यालय में रेस की चर्चा शुरू हो जाती। सारे अधिकारी 'कोल',[15] वहाँ के स्थानीय 'पन्टिंग गाइड' के पास इकट्ठे हो जाते थे और अपने दाँव के विकल्प के बारे में विचार-विमर्श करने

15 'कोल' रेस में चलने वाली सारी चीज़ों का गाइड होता है, जिससे रेस से जुड़ी हर जानकारी उपलब्ध होती है: घोड़ों की संख्या, उनका वंश, वज़न, मालिक, प्रशिक्षक, सवार, पूर्व रिकॉर्ड और उस सुबह की वर्जिश के अलावा दाँव लगाने के सुझाव भी देता है।

सेना अध्यक्ष का पदभार ग्रहण करने के लिए कलकत्ता से जाते हुए। साभार: 58 गोरखा प्रशिक्षण केंद्र

लगते। लेकिन उनका निष्कर्ष बेकार हो जाता था, क्योंकि बंदूक की आवाज़ के साथ ही घोड़े दौड़ पड़ते पर अकसर ग़लत दिशा में, वापस अपने अस्तबल की तरफ़! सामान्य दस्तूर से मैं शनिवार को दिन के खाने के लिए शैरी और उनके पति डिंकी द्वारा आमंत्रित होता था, जिसके बाद मैं उनके साथ रेस के लिए जाता था। शुरू-शुरू में एक बार मेरी अच्छी-ख़ासी भूख के कारण उनको रेसकोर्स आने में देरी हुई। सैम उनकी लेटलतीफ़ी पर नाराज़ हुए। जब शैरी से पूछा गया कि उन्हें क्यों देर हो गई, तो उसने मेरी तरफ़ इशारा करते हुए कहा, 'पिताजी, मुझसे नहीं, अपने अंगरक्षक से पूछिए, वह खाते ही रुका नहीं।' इसके बाद हर शनिवार को सुबह 10 बजे सैम मुझे आदेश देते, 'जाओ बेरोज़, शैरी के घर जाकर खाना शुरू करो, ताकि यह सुनिश्चित हो कि मेरी बेटी रेस में ठीक समय पर पहुँचेगी!'

सैम सैन्य तौर-तरीक़ों और समय की पाबंदी के पक्षधर थे। सभी कार्यालयी कामकाज के लिए मैं उनके आने-जाने के कार्यक्रम को संयोजित करता था। यदि हम कहीं पर समय से पहले पहुँच रहे होते थे तो मैं कृष्णा को धीमा चलाने की अनुमति देता, जिससे हम समय पर पहुँचे। ऐसा ही लौटने के समय का कार्यक्रम होता; मैं सैम को चेतावनी देता, 'अब यह आख़िरी ड्रिंक है सर, हमें 15 मिनट में चल देना चाहिए।' उत्साहित मेज़बान ज़िद करके उन्हें जाते-जाते एक आख़िरी ड्रिंक थमा देते। अकसर सैम मुझे वह ड्रिंक पकड़ाकर कहते, 'चलो बेरोज़, यह ड्रिंक बरबाद न हो, इसे पी लो।' मुझे एक साँस में पूरी पी जानी होती थी! समस्या यह होती थी कि मैं रम पीता था, जबकि जनरल स्कॉच पीते थे। इस तरह से मैंने ड्रिंक को मिक्स करना सीख लिया और उसके साथ ख़ुद को सँभालना भी। अगर उनका पेट लोहे का बना था, तो मेरा भी वैसा ही होने लगा!

कई सुस्पष्ट नियोजन के बावजूद 'स्नाफ़ूस'[16] माने ग़लतियाँ हो जाती थीं और जब ऐसा होता, सैम कभी भी अपना धैर्य नहीं खोते। हम एक दौरे से कलकत्ता लौटे तो देखा कि उनकी कार्यालयी गाड़ी हवाई अड्डे के उस स्थान पर नहीं थी, जहाँ वह आमतौर पर होती थी। वह ट्रैफिक जाम में फँस गई थी, पर उनके सामान का स्टेशन वैगन हवाई अड्डे पर पहुँचा था। बिना किसी झंझट के सैम स्टेशन वैगन में बैठ गए और पदक और झंडे के बिना बैगों के बीच में जगह बना ली और चालक शिवाजी से कहा, 'घर चलो।'

मानेकशॉ की व्यक्तिगत कार 'सनबीम रेपियर' थी, जिसको ज़्यादातर सिल्लू ही चलाती थीं। एक रविवार को सैम ने फ़ैसला किया कि वह अपनी सनबीम को ख़ुद चला कर कार्यालय जाएँगे। वह सामान्य रूप से अपने सप्ताहांत की पोशाक, शॉर्ट्स और पेशावरी चप्पल[17] में थे। फोर्ट विलियम के प्रवेश द्वार पर उनको गोरखा संतरी ने रोक दिया और अपना परिचय-पत्र दिखाने को कहा। सैम अपना कार्ड घर पर छोड़ आए थे और उनको प्रवेश करने से मना कर दिया गया। जिज्ञासा में सैम ने जॉनी से गुरखाली में पूछा, 'मलाई चीने छैना? म तेरो आर्मी कमांडर छूँ।' (क्या तुम मुझे पहचानते नहीं? मैं तुम्हारा आर्मी कमांडर हूँ।) उस गोरखा ने, जो शायद नया सदस्य था, पूरी ईमानदारी से जवाब दिया, 'ना, चीने छैना। आई डी छैना, फीता छैना, झंडा छैना, गाड़ी मा स्टार प्लेट छैना। कसरी चिन्ने हो कि तपाई आर्मी कमांडर हो।' (नहीं, मैं आपको नहीं पहचानता हूँ। आपके पास परिचय-पत्र नहीं है, आपके पास पद के तमग़े नहीं हैं, आपकी कार पर न झंडा है और न ही स्टार प्लेट है। तब मैं कैसे यह

16 एक शब्द, जो सेना में बहुत इस्तेमाल किया जाता है, जिसका अर्थ है– 'सब कुछ देखने के पश्चात, स्थिति असामान्य है।'

17 पेशावर (अब पाकिस्तान) में स्थानीय पश्तूनों द्वारा पहनी जाने वाली चप्पलें ब्रिटिश सेना के अधिकारियों की पसंदीदा थीं और गरमी के मौसम में दक्षिण एशिया में अब भी लोग इसे पहनते हैं।

कलकत्ता में कमांड अस्पताल का शिलान्यास करते हुए। साभार: 58 गोरखा प्रशिक्षण केंद्र

1968 में मिज़ो हिल्स विद्रोह को दक्षता से सँभालने के लिए सैम को पद्म भूषण सम्मान से नवाज़ा गया था।

विश्वास कर लूँ कि आप आर्मी कमांडर हैं?) सैम ने गोरखा से पूछा कि वह उसके संतरी बूथ से फोन मिला सकते हैं? वह अनुमति मिल गई। कमांडिंग अफ़सर से बात करते हुए उन्होंने कहा, 'पैट (पठानिया), तुम्हारे एक जवान ने मुझे द्वार पर रोक लिया है। उसकी कोई ग़लती नहीं है, मैं वरदी में नहीं हूँ, मेरे पास परिचय-पत्र नहीं है और अपनी व्यक्तिगत कार चला रहा हूँ। क्या तुम मुझे इस समस्या से निकाल सकते हो?' सी ओ तुरंत ही वहाँ पहुँचे। सैम का परिचय हुआ और फोर्ट विलियम में प्रवेश की इज़ाज़त मिल गई। सैम ने मुस्तैद और अति उत्कृष्ट संतरी ड्यूटी के लिए जॉनी गोरखा की पीठ थपथपाई।

सैम के आर्मी कमांडर रहने के दौरान कलकत्ता में कई बहुमंज़िला रिहायशी इमारतों को अधिकारियों के लिए अधिगृहीत किया गया। इनको 'मानेकशॉ कॉम्प्लेक्स' कहने के सुझाव को नकारते हुए इसका नाम 'टर्फ व्यू'[18] रखने पर राज़ी हुए, क्योंकि फ़्लैट से रेसकोर्स का अच्छा दृश्य दिखता था। एक बढ़िया नया पूर्वी कमांड ऑफ़िसर्स मेस बनाया गया और नए अलीपुर में आधुनिक तथा सुविधाओं से सुसज्जित अस्पताल बनाने की योजना के कुछ क़दम लिए गए।

18 'टर्फ' रेसकोर्स की हरियाली को कहते हैं और 'व्यू' का मतलब है दर्शन।

सैम सेना अध्यक्ष बनने के बाद, नए कमांड अस्पताल के शिलान्यास के लिए कलकत्ता आमंत्रित किए गए।

1968 में मिज़ो हिल्स विद्रोह को दक्षता से सँभालने के लिए सैम को पद्म भूषण[19] सम्मान से नवाज़ा गया था। पहली बार कोई नागरिक सम्मान यानी मेडल किसी सेना के अधिकारी को दिया गया था। कोई पूर्ववर्ती न होने के कारण यह सम्मान कहाँ पहना जाए? किसी को तजुर्बा न था। इस संबंध में दिल्ली की एड्जुटेंट जनरल (ए जी) शाखा से भी कोई निर्देश नहीं मिला। सैम और मैं ड्रेसिंग रूम में चर्चा कर रहे थे कि इसे कहाँ धारण किया जाए। तभी हमने तय किया, चूँकि यह नागरिक सम्मान है, इसलिए इसे सैन्य सम्मान के नीचे पहनना चाहिए। यह तत्काल लिया गया फ़ैसला भारतीय सेना में स्थापित प्रोटोकॉल बन गया। कुछ साल बाद सरकार ने अपनी नीति में परिवर्तन किया कि आगे से पद्म सम्मान सैन्यकर्मियों को नहीं दिए जाएँगे।

नवंबर 1967 में 2/8 जी आर की कलकत्ता में तैनाती का समय पूरा हो गया और वह 5 माउंटेन डिवीज़न, नेफ़ा, चली गई। मई 1968 में मैंने बटालियन में वापस जाने का फ़ैसला किया। मैं स्टाफ़ नियुक्ति के तीन साल पूरे कर चुका था और फ़ील्ड के रेजिमेंटल काम में लौटना चाहता था। मेरे काम की ज़िम्मेदारी 4/8 जी आर के कैप्टन (बाद में मेजर जनरल) शुभि सूद को दी गई।

1960 के दशक में आर्मी कमांडर 54 साल की उम्र या चार साल कमांड में, जो भी तिथि पहले हो, उस पर सेवानिवृत्त हो जाते थे। सैम दिसंबर 1967 में चार साल कमांड की मियाद पूरी कर लेते और सेवानिवृत्त हो जाते, सिवाए कि 'मुचु' चौधरी को सैम की क्षमता पर पूरा भरोसा था। उन्होंने सरकार से कहा कि अगले दो साल तक युद्ध होने की संभावना नहीं है। उन्होंने सुझाव दिया कि जनरल कुमारामंगलम को अगला सेना अध्यक्ष बनाया जाए और सैम को दो साल का सेवा विस्तार दिया जाए। सरकार राज़ी हो गई और अप्रैल 1969 में सैम को थल सेना अध्यक्ष चुन लिया गया। इस घोषणा का सेना में खूब जश्न मनाया गया।

कलकत्ता से उनके वापस जाने में मिलीजुली भावनाएँ उभरकर सामने आईं। इसका मतलब था अपने छोटे भाई, जान, और उसके परिवार को छोड़कर जाना। इसका यह भी मतलब था कि शहर में बनाए अपने तमाम दोस्तों को अलविदा कह देना: जिनमें रॉयल कलकत्ता टर्फ़ क्लब (आर सी टी सी) के स्टूवर्ड ज़वारे वाडिया; मार्टिन बर्न्स के चेयरमैन और आर सी टी सी के अध्यक्ष सर बिरेन मुखर्जी; लोकप्रिय अंग्रेज़ी दैनिक *द स्टेट्समैन* के संपादक कुशरो ईरानी; यूनियन कार्बाइड के दारा आंटिया; महिन्द्रा एंड महिन्द्रा के केशब महिन्द्रा; कलकत्ता इलेक्ट्रिक सप्लाई कंपनी के डॉली कांगा; गेस्ट कीन विलियम्स के चेयरमैन के.सी. मैत्रा; जे.के. ग्रुप के लक्ष्मीपत सिंघानिया; टोलीगंज क्लब और सैटरडे क्लब के सदस्यों और सचिवों तथा अमेरिका के कॉन्सल जनरल शामिल थे। सैम ने घायल या सेवानिवृत्त सैन्यकर्मियों को नौकरी और पुनर्वासन के लिए अपने इन संबंधों का फ़ायदा उठाया पर अपने व्यक्तिगत लाभ के लिए कभी नहीं।

दिल्ली जाने की तैयारियाँ शुरू हो गईं। चूँकि सैम ऑस्टिन शियरलाइन के बहुत शौक़ीन थे, तो यह सुझाव दिया गया कि वह उसे बतौर कार्यालयी गाड़ी दिल्ली ले जाएँ। उन्होंने इस प्रस्ताव को ख़ारिज कर दिया; वह ख़ुद को कभी इस स्तर तक गिरने नहीं देंगे। 29 मई 1969 को सैम ने परेड मैदान में आयोजित बिदाई समारोह में सैल्यूट लिया और दमदम हवाई अड्डे के लिए रवाना हुए। वहाँ वह अपनी पत्नी और अंगरक्षक के साथ वायु सेना के एवरो एच एस 748 में सवार होकर अपनी अंतिम तैनाती पर दिल्ली चल दिए। ♦

---

19 भारत का तीसरा सर्वोच्च नागरिक सम्मान।

जे सी ओ ए डी सी ऑनरेरी कैप्टन लाल बहादुर पुन के साथ।

साभार: 58 गोरखा प्रशिक्षण केंद्र

जंगी लाट*

जनरल एस.एच.एफ.जे. मानेकशॉ ने 8 जून 1969 को भारत के सातवें सेना अध्यक्ष का कार्यभार सँभाला। वह पहले भारतीय कमीशन प्राप्त अधिकारी थे, जिन्हें सेना अध्यक्ष के पद पर तैनात किया गया था। उनका सेना के लिए 'दिवस का विशेष संबोधन' अब तक का सबसे छोटा भाषण था, 'मैंने आज सेना अध्यक्ष का कार्यभार सँभाल लिया है, मैं उम्मीद करता हूँ हर कोई अपनी ज़िम्मेदारी निभाएगा।'

प्रधानमंत्री इंदिरा गांधी ने सेना अध्यक्ष (सी ओ ए एस)[1] के रूप में सैम की नियुक्ति पर हस्ताक्षर कर दिए, लेकिन उनके क़रीबी राजनीतिक समर्थक वर्ग ने सैम के पश्चिमी आर्मी कमांडर रहने के दौरान सेना के दल को मेरठ से दिल्ली ले जाने पर सवाल उठाना जारी रखा। उनको डर था कि न सिर्फ़ थल सेना में, बल्कि सभी सशस्त्र सुरक्षा बलों में उनकी छवि और आम जन में उनकी लोकप्रियता के कारण वह एक सफल

* अंग्रेज़ों के ज़माने में आर्मी अध्यक्ष को 'जंगी लाट' बुलाया जाता था।

1 अंग्रेज़ी में सेना अध्यक्ष 'चीफ़ ऑफ आर्मी स्टाफ़', सी ओ ए एस, कहलाता है।

नासिराबाद में ग्रेनेडियर्स रेजिमेंट की परेड में।
साभार: 58 गोरखा प्रशिक्षण केंद्र

'मैं वादा करता हूँ कि मैं आपके मामलों में दख़ल नहीं दूँगा, बशर्ते आप मेरे मामलों से अलग रहें।' साभार: 58 गोरखा प्रशिक्षण केंद्र

तख़्तापलट करने वाले संभावित जनरल बन सकते थे। उनके सेना अध्यक्ष का कार्यभार ग्रहण करने के तुरंत बाद श्रीमती गांधी ने, जिनका राजनीतिक मुकाम चरम पर नहीं पहुँचा था, अपनी ग़लतफ़हमियों को दूर करने का फ़ैसला किया। उन्होंने सैम को संसद भवन के अपने कार्यालय में चाय पर आमंत्रित किया। सैम पहुँचे तो उन्होंने देखा कि श्रीमती गांधी बहुत परेशान और भावुक थीं। जब उनको पता चला कि इस परेशानी का कारण वह हैं, तो उन्होंने साफ़ मन और शिष्टता के साथ सहारा देने की पेशकश की। श्रीमती गांधी ने कहा, 'हर कोई कहता है कि आप मुझसे सत्ता ले लेने वाले हैं।' तो सैम बोले, 'क्या आपको लगता है मैं ऐसा करूँगा?' तब इंदिरा ने जवाब दिया, 'आप ऐसा नहीं कर सकते हैं।' सैम ने मज़ाक में पूछा, 'क्यों, क्या आपको लगता है, मैं इतना अक्षम हूँ?' अपने आकर्षक लहज़े में उन्होंने श्रीमती गांधी को आश्वस्त किया कि वह किसी तरह की कोई राजनीतिक महत्वाकांक्षा नहीं रखते हैं। तख़्तापलट देश और सेना के लिए विनाशकारी होता है। इस तरह का कोई विचार वह अपने मन में आने ही नहीं देंगे। इस आश्वासन के साथ, कि उनको हटाने का कोई प्रयास कभी नहीं करेंगे, उन दोनों के बीच एक बेहतरीन कार्यकारी संबंध की भूमिका तैयार हो गई।

बतौर सी ओ ए एस बनकर सैम दो अंगरक्षकों के हक़दार थे। मैं उस समय महू के इन्फेंट्री स्कूल में 81 एम एम मौर्टर कोर्स में हिस्सा ले रहा था, जब मुझे अपनी बटालियन से संदेश मिला कि मुझे सेना अध्यक्ष का अंगरक्षक तैनात कर दिया गया है। मैंने जुलाई में अपना कोर्स पूरा किया और दिल्ली के लिए रवाना हुआ।

सैम ने अपना कार्यालय बहुत ही सादा रखा। सजावट के लिए मात्र एक महात्मा गांधी की पेंसिल

से बनाई तसवीर थी और दो वी सी[2] 4/8 जी आर के राइफ़ल मैन (बाद में माननीय हवलदार) लछमन गुरुंग और 2/5 जी आर के हवलदार (बाद में माननीय कैप्टन) अगन सिंह राय की ताँबे की प्रतिमाएँ थीं।

बतौर सेना अध्यक्ष की पहली प्राथमिकता यह थी कि उनके कमांड में भारतीय सेना अत्याधुनिक हथियारों और प्रौद्योगिकी के साथ विकट बल बने। कार्यकारी ज़रूरतों को पूरा करने के लिए अतिरिक्त बख़्तरबंद ब्रिगेड स्थापित की गई। स्वदेशी विजयंत टैंक के उत्पादन को तेज़ी से बढ़ाया गया। सैन्य सामान की कमी को पूरा करने के लिए, जैसे टैंक रोधी माइन को साफ़ करने वाली ट्रोल टैंक, पुल बनाने वाली टैंक और टैंक लादकर ले जाने वाले ख़ास वाहनों की संख्या आयात के ज़रिए बढ़ाई गई। सशस्त्र बलों की गति से लय बनाए रखने के लिए इन्फैंट्री बटालियन को भी परिवहन नियुक्त कर दिया गया। आर्टिलरी रेजिमेंटों को लंबी दूरी वाली तोपें और आवागमन की बेहतर सुविधाएँ प्राप्त करवाईं।

प्रशिक्षण संस्थानों का आधुनिकीकरण करके उनका ऐसा पाठ्यक्रम मान्य किया गया, जिसमें पहले और द्वितीय विश्वयुद्ध से मिली सीख के अध्याय की जगह स्वतंत्र भारत के युद्ध के निष्कर्षों और भविष्य में उपमहाद्वीप में संघर्ष के प्रमुख बिंदुओं को रखा गया। आर्थिक रूप से अति समृद्ध न होने की स्थिति को जानते हुए आधुनिकीकरण में मूल्य का ख़ास ध्यान रखा गया। टैंक के नमूनों पर बख़्तरबंद और मशीनीकृत रेजिमेंटों के लिए प्रशिक्षण जारी हुआ, जैसा कि हमें सोवियत संघ की यात्रा के दौरान दिखाया गया था। इसे भारतीय सेना में लागू किया गया, जिससे ख़र्चीले उपकरणों में टूट-फूट का बचाव हुआ। सैम के लिए कोई जानकारी बहुत मामूली नहीं थी। जब उन्हें पता चला कि इटली के फैशन डिज़ाइनर शहर में हैं और ओबेराय होटल में रुके हैं तो उन्होंने उन महानुभाव से

2 विक्टोरिया क्रॉस विजेता, जो अंग्रेज़ों के ज़माने में वीरता का सर्वोत्तम पुरस्कार था।

सेना अध्यक्ष अपनी मेज़ पर कार्य के दौरान। साभार: लेखकगण

कल्याण के कार्यों पर हमेशा से सैम का विशेष ज़ोर रहा।

मिलिट्री नर्सिंग सर्विसिज़ (एम एन एस) की वरदी फिर से डिज़ाइन करवाई।

सैम के सेना अध्यक्ष बनने के बाद सरकार भारतीय सेना की एकमात्र अश्व रेजिमेंट 61 कैवेलरी को भंग करने पर विचार कर रही थी। चूँकि 61 कैवेलरी के पास एक बेहतरीन पोलो टीम थी, इसे मंत्रालय द्वारा 'औपनिवेशिक अवशेष' के रूप में देखा गया और इसे समाप्त करने का आदेश दे दिया। सैम सरकार को यह समझाने में क़ामयाब रहे कि किसी हद तक फ़ौजी ठाठ-बाट और औपचारिक अवसरों की शान के लिए इसको बनाए रखना महत्वपूर्ण है। उनकी जीत हुई और उनके सम्मान में 61 कैवेलरी के अधिकारियों ने उनको अपनी रेजिमेंट का कर्नल नियुक्त कर दिया। इससे यह एक नज़ीर बन गई कि आज भी सी ओ ए एस अपने पद के आधार पर 61 कैवेलरी के कर्नल बनाए जाते हैं।

कल्याण के कार्यों पर हमेशा से सैम का विशेष ज़ोर रहा। जब उनकी बेटी माया ने उनको बताया कि

दिल्ली के पालम हवाई अड्डे पर जनरल पी.पी. कुमारामंगलम को बिदाई देते हुए। साभार: 58 गोरखा प्रशिक्षण केंद्र

डलहौज़ी मार्ग पर आर्म्ड फ़ोर्सिस क्लीनिक (ए एफ़ सी) की हालत शर्मनाक है, तो उन्होंने औचक दौरे का निर्णय किया। दिन शुरू होने के कुछ देर बाद उन्होंने अपनी कार्यालयी गाड़ी मँगवाई और नायक कनी राम से कहा कि वह ए एफ़ सी ले चलें। नितांत जिज्ञासा में मैंने पूछा कि क्या आपकी तबियत गड़बड़ है ताकि मैं काम को व्यवस्थित करूँ, वह बोले, 'बेरोज़, क्या मैं तुमको बीमार दिखाई देता हूँ?' इसके बाद ख़ामोशी छा गई जब तक हम लोग क्लीनिक नहीं पहुँचे। मुझसे आर्म्ड फ़ोर्सिस मेडिकल सर्विसिज़ के महानिदेशक, एड्जुटेंट जनरल, क्वार्टर मास्टर जनरल और इंजीनियर-इन-चीफ़ को बुलाने को कहा गया। 'उनसे कहो कि सब कुछ छोड़कर तुरंत यहाँ पहुँचें।' एक हफ़्ते के अंदर नए क्लीनिक का नक़्शा बनाया गया, धनराशि का इंतज़ाम हुआ, और फ़ौरन काम शुरू किया गया। छह महीने में ही ए एफ़ सी में बदलकर अति आधुनिक उपकरणों के साथ नई वातानुकूलित सुविधा हो गई। इसी तरह जब कमांडर दोराब मेहता की पत्नी, जरू, ने उन्हें बताया कि वह साउथ ब्लॉक की सी एस डी[3] कैंटीन की ग्राहक नहीं हैं, क्योंकि वहाँ पर्याप्त मात्रा में सामान नहीं होता है, तो वह बिना किसी सूचना के कैंटीन पहुँच गए और अड़चनों को जानने के लिए प्रबंधक से मिले, तथा सरकारी ख़रीद के इंतज़ाम को सरल और तेज़ करने को कहा। कुछ हफ़्तों में ही कैंटीन सैन्यकर्मियों और उनके परिवारों के लिए ख़रीदारी के आकर्षण का केंद्र बन गया।

सैम का मानना था कि उनके अधिकारियों को खेल और मनोरंजन के बेहतर साधन उपलब्ध होने चाहिए

3 आर्मी का कैंटीन स्टोर विभाग।

तथा एक बार ये सुविधाएँ मौजूद हों तो वरदीधारियों को इनका नियमित उपयोग करते रहना चाहिए। उन्होंने इसको गति दी और उनकी देखरेख में ही धौला कुआँ में डिफेंस सर्विसिज़ ऑफ़िसर्स इंस्टीट्यूट (डी एस ओ आई) फला-फूला। उन्होंने एक नियम बना रखा था कि सेना के समारोहों को पाँच सितारा होटल के बजाए इंस्टीट्यूट में आयोजित किया जाए। दीवाली मेला और फ्लावर शो[4] में भारी भीड़ जुटती थी। द मई क्वीन बॉल[5] (मई के महीने में), इंडिपेंडेंस डे बॉल (14 अगस्त की शाम), और न्यू ईयर बॉल (31 दिसंबर की शाम) में बहुत अफ़सर आते थे और इसलिए एडवांस बुकिंग करानी पड़ती थी। इन समारोहों में सैम सिल्लू के साथ आते थे और वहाँ अफ़सर और उनकी पत्नियों से मिलते, बातचीत और हँसी-मज़ाक करते थे। सिल्लू रविवारीय तमबोला और दोपहर के भोजन के सत्र में नियमित रूप से मौजूद रहती थीं। डी एस ओ आई एक आकर्षक क्लब में तबदील हो गया।

व्यक्तिगत रूप से दिल्ली में बसना आसान नहीं था। आर्मी हाउस, सेना अध्यक्ष का निवास, 4 किंग जॉर्ज एवेन्यू (अब राजाजी मार्ग), को जीर्णोद्धार की ज़रूरत थी और पहली बार सैम सी पी डब्ल्यू डी[6] की दया पर निर्भर थे, जो लुटियंस दिल्ली[7] में इन मंत्रियों, नौकरशाहों तथा वरिष्ठ फ़ौजी अफ़सरों के बंगलों की देखरेख के लिए ज़िम्मेदार था।

ऐसे समय पर मेजर गिरधारी लाल (आर्मी सर्विस कॉर) की सेवाएँ लेनी पड़ती थीं। गिरधारी एक पुराने विश्वासपात्र थे, जिनका सैम से परिचय आज़ादी के पहले से था, जब सैम 4/12 एफ एफ आर में कैप्टन और क्वार्टर मास्टर थे और गिरधारी 5वीं बलोच रेजिमेंट[8] के क्वार्टर मास्टर थे। गिरधारी एक अति महत्वाकांक्षी व्यक्ति थे, जिन्हें अपने कमांड के हर संसाधन का इस्तेमाल करने में कोई झिझक नहीं होती थी और अपने काम को पूरा करने के लिए अपनी रंगीन कट्टर पंजाबी भाषा का बिना हिचकिचाहट के इस्तेमाल करते थे। सैम के उत्कट प्रशंसक, जिन्होंने सभी व्यवस्थाओं को मात दी और हर पोस्टिंग में उनके पीछे गए। सी पी डब्ल्यू डी जैसे मामलों को हल करने में शुभि और मुझे अनाड़ी माना जाता था, जो नियमों के तहत काम करते थे और कोई गति नहीं दे पाते थे। दूसरी तरफ़, गिरधारी काम कराने के लिए प्रलोभन और सख़्ती के सही संतुलन के जानकार थे। उनको शाश्वत मुद्रा का मोल भी पता था, कि एक बोतल आर्मी रम क्या कमाल कर सकती है! धीरे-धीरे आर्मी हाउस की शकल सुधरी और वह घर में तबदील हो गया। लेकिन एक मुद्दा लगातार समाधान के लिए चुनौती बना हुआ था।

हर जनरल की अपनी सनक होती है और सैम के लिए वह गुसलख़ाने की शावर थी। पानी बहुत अधिक गरम और बहुत तेज़ी से आना चाहिए, वरना उनके दिन की शुरुआत ख़राब होती थी और उसका नकारात्मक प्रभाव उनके स्टाफ़ को झेलना पड़ता था। सी पी डब्ल्यू डी अपनी भरपूर कोशिश के बाद भी समस्या को हल नहीं कर पाया और आर्मी हाउस में शावर कभी काम करता, तो कभी रुक जाता था। गिरधारी को काम पर लगाया गया और बिना किसी ख़ास झमेले के उन्होंने अपने आदमी सी पी डब्ल्यू डी के पीछे लगा दिए। शावर ने एक हफ़्ते तक ठीक काम किया लेकिन फिर गड़बड़ हो गई, पानी रुक-रुक कर आता था। सैम का धैर्य जवाब देने लगा। इसके बाद गिरधारी ने तय किया कि समय की माँग को देखते हुए इसे सेना पर छोड़ देना चाहिए और एम ई एस को बुलाया गया। गैरिसन

4 फूलों का प्रदर्शन।

5 'बॉल' क्लब में डांस होता है।

6 केंद्रीय लोक निर्माण विभाग (सेंट्रल पब्लिक वर्क्स डिपार्टमेंट)।

7 दिल्ली का ठाठदार इलाक़ा, जहाँ मंत्रियों के बंगले और बग़ीचे आदि हैं, इसका ख़ाका सर एडविन लुटियंस ने बनाया था।

8 अब पाकिस्तानी सेना में है।

ब्रॉडलैंड्स
रोमजे
हैम्पशायर
एस ओ 5, 9 ज़ेड डी.

टेलीफोन
रोमज़ी 3333

2 जुलाई 1969

मेरे प्रिय सैम,

यह जानकर मुझे बेहद प्रसन्नता हुई कि तुम्हें कुमारामंगलम के उत्तराधिकारी के रूप में सेना अध्यक्ष नियुक्त किया गया है। इसके लिए मैं शीघ्र ही तुम्हें अपनी ओर से हार्दिक बधाई देता हूँ।

एक युवा अधिकारी के रूप में आपकी ख्याति बर्मा में द्वितीय विश्वयुद्ध के दौरान भी सराही गई और हिंदुस्तान की आज़ादी और बँटवारे के कठिन समय में भी यही सामने आया कि आपके प्रमाण में कोई अफ़सर इस महत्वपूर्ण कार्य को सँभालने के लायक नहीं है।

आपकी सफलता और हिंदुस्तान की फ़ौज की क़ामयाबी के लिए मैं तहेदिल से अपनी शुभकामनाएँ प्रकट करता हूँ।

आपका निष्ठप्रिय

माउंटबेटन ऑफ बर्मा

लॉर्ड लुई माउंटबेटन द्वारा भेजा गया बधाई पत्र। साभार: मानेकशॉ परिवार

इंजीनियर (जी ई)[9] शावर के साथ संघर्ष करते रहे पर कोई फ़ायदा नहीं हुआ। हफ़्ते महीनों में बदल गए और सेना अध्यक्ष इससे ख़ुश नहीं थे। एक शाम जब हम काम से लौटे, सैम सीधे ग़ुसलख़ाने में गए। गिरधारी को वरदी में जूते पहने हुए ही बाथटब में जाने को कहा और सैम ने शावर चालू कर दिया। ज़ोर की आवाज़ के साथ झटके में निकलते पानी से सराबोर गिरधारी ने ज़ोरदार विरोध किया और ख़ालिस पंजाबी में जी ई को बरबाद करने की शपथ ली। उन्होंने इस मामले को जड़ से सुलझाने के लिए सैम से एक पखवाड़े का समय माँगा। 15 दिन बाद, आश्चर्यजनक रूप से शावर बिना किसी गड़बड़ी के काम करने लगा, लेकिन हम जितनी चाहे कोशिश कर लें, गिरधारी ने इसका खुलासा करने से इनकार कर दिया कि उन्होंने यह चमत्कार कैसे रचाया! यह कहानी तो कई महीनों बाद सामने आई, जब तक इस बात को निर्विवादित रूप से स्वीकार लिया गया था। सैम के नाम का इस्तेमाल करते हुए गिरधारी ने एम एस शाखा से कहा कि दिल्ली में अपना कार्यकाल पूरा कर चुके जी ई अधिकारी की तैनाती बाहर कर दी जाए। उनकी जगह एक ऐसे अधिकारी को लाने को कहा जो व्यक्तिगत कारणों से किसी बड़े शहर में आने को बहुत उत्सुक था। दिल्ली आने पर नए जी ई का पहला बुलावा सेना अध्यक्ष के बाथरूम से था। बदले में गिरधारी ने स्पष्ट कह दिया कि उनके दिल्ली में रुकने की मियाद इस बात पर पूरी तरह से निर्भर करती है कि सेना अध्यक्ष का शावर काम करता रहे। जिस दिन शावर में गड़बड़ी आई, वह अपने आप को वापस चीन या पाकिस्तान के सामने बॉर्डर पर पाएगा। यह कहने की आवश्यकता नहीं है कि फिर इसकी ज़रूरत नहीं पड़ी।

9 वह इंजीनियर, जो फ़ौजी मकानों की देखरेख और मरम्मत के लिए नियुक्त किया जाता है।

61 घुड़सवार पोलो टीम के साथ बाएँ से दाएँ सभी मेजर, वी.पी. सिंह, एच.एस. सोढ़ी, राज कलान और वी.एस. सोढ़ी।
साभार: 58 गोरखा प्रशिक्षण केंद्र

हमारे कॉटेज में एक छोटा-सा बग़ीचा भी था। सैम आर्मी हाउस के इससे कहीं बड़े बग़ीचे के साथ इसकी भी ख़ुद ही देखभाल करते थे।

इस दौरान मैं और शुभि अपने नए घर, ए डी सी कॉटेज[10], में जम गए। मेस में एक कमरे में रहने के आदी हम लोगों के पास बड़े घर के लिए कोई सामान नहीं था। बैठक और भोजन कक्ष में कुछ फ़ौजी स्मारिकाओं और एम ई एस के फ़र्नीचर के अलावा कुछ नहीं था। एक शाम जब हम काम से लौटे तो देखा दरवाज़े और खिड़कियों पर गहरे पीले और भूरे रंग के सिल्क के परदे लगाए गए थे। जब हम दफ़्तर में थे तो सिल्लू टहलते हुए हमारे कॉटेज में आईं और हमारी दुर्दशा को समझा। सैन्यकर्मियों की पत्नियों में जो विलक्षण दक्षता होती है, उससे उन्होंने शैरी की एयर इंडिया वरदी की बचाई साड़ियों से खूबसूरत रेशम के परदे का सेट सिलवाया, जिसकी वजह से हमारी काफ़ी सराहना हुई। हमारे कॉटेज में एक छोटा-सा बग़ीचा भी था। सैम आर्मी हाउस के इससे कहीं बड़े बग़ीचे के साथ इसकी भी ख़ुद ही देखभाल करते थे जिसके परिणामस्वरूप हमारे पास गुलाब, मीठी मटर, गुलदाउदी और सदाबहार थे, जो हम कुँवारों के लिए समृद्धि थी। पार्टी की रात के बाद सुबह जब हम बिस्तर में ही होते थे तो सेना अध्यक्ष माली के साथ

10 दो बेडरूम का एक छोटा घर, जो आर्मी हाउस के पीछे था।

डी एस ओ आई दिल्ली छावनी में सेना दिवस के अवसर पर सैन्य सहचारियों की पत्नियों के साथ। साभार: 58 गोरखा प्रशिक्षण केंद्र

हमारे बग़ीचे में काम कर रहे होते थे! इसके पहले या बाद में किसी अंगरक्षकों को शायद ही कभी इतने अच्छे हालात मिले हों!

एक दिन आर्मी हाउस का चक्कर लगाते हुए सैम ने मुझसे पूछा कि ऐसी क्या तकलीफ़ है कि उनके अन्य सारे गोरखा सहयोगियों तथा नागरिक सेवाकर्मी, गौरव से उनकी तसवीर अपने घरों में लगाते हैं, पर हमारे घर में एक भी तसवीर नहीं थी! मैंने फ़ौरन जवाब दिया कि हम उन्हें दिन भर देखते हैं और उन्हें घर पर भी देखते हैं, हम उन्हें सुबह से शाम तक देखते हैं; क्या वह वाकई हमसे अपेक्षा करते हैं कि उनकी तसवीर अपने बेडरूम में भी लगाएँ!

दिल्ली में ज़िंदगी एक ढर्रे में बँधी थी। हर सुबह पूर्व प्रस्थान ड्रिल के साथ शुरू होती थी, जिसमें जे सी ओ ए डी सी, मैं, शुभि और मेजर गिरधारी लाल तथा सेना अध्यक्ष तेज़ी से आर्मी हाउस का चक्कर लगाते और स्टाफ़ को निर्देश देते थे। नायक कनी राम सुबह ठीक 8.30 बजे उनकी शेवरले इंपाला द्वारमंडप में खड़ी करते; और शुभि और मैं उनके साथ सवार होकर सेना मुख्यालय के लिए चल देते, जो घर से पाँच मिनट के रास्ते पर था। हम लोगों को विदा करने के लिए एक जे सी ओ ए डी सी, दो अर्दली और चार कुत्ते पिफर, कालो, सीज़र और उनका नया साथी 'माचिस' होते थे। माचिस एक सड़कछाप था, जिसे माया उठा कर लाई थी और गोरखों ने उसका नाम माचिस रख दिया था! शाम को हमारे लौटने पर यही ड्रिल फिर से होती थी। सैम फिर आर्मी हाउस का दौरा करते, यह देखने के लिए कि सुबह के निर्देशों का पालन हुआ है या नहीं।

सिल्लू के साथ नृत्य के एक आकर्षक अंदाज़ में। साभार: 58 गोरखा प्रशिक्षण केंद्र

अपने दिन को समाप्त करने से पहले वह अपने कुत्तों से खेलते, जिनके खाने के कटोरे रसोई की दीवार के पास रखे होते थे। लेकिन चाहे जितनी भूख लगी हो, वह तब तक नहीं खाते थे, जब तक सैम 'गुड बॉयज'[11] न बोल दें।

कई पूर्व सेनाकर्मी और उनकी विधवाएँ आर्मी हाउस और साउथ ब्लॉक के सेना अध्यक्ष के कार्यालय के बाहर उनके 'दर्शन' की अभिलाषा में खड़े रहते थे, ताकि व्यक्तिगत मामलों में सिफ़ारिश करवा सकें। एक दिन उनमें एक ख़ास शख़्स, 4/12 एफ एफ आर में उनके अर्दली शेर सिंह की पत्नी, शामिल थीं। उन्होंने वादा किया था कि जब तुम 'जंगी लाट' बन जाओगे, तब

सैम को 4/12 एफ एफ आर के बुजुर्गों का ख़ास ख़याल रहता था और उनके स्टाफ़ में हम सभी को पता था कि कोई हट्टा-कट्टा सरदार उनसे मिलने आए, तो उनकी चाहे जो प्रतिबद्धताएँ हों, उनके पास फ़ौरन लाया जाए।

मैं मिलने आऊँगी। 'मेरी असीस सी के रब तनु जंगी लाट बनाए' (मेरी ईश्वर से प्रार्थना है कि वह आपको सेना अध्यक्ष बनाए)। उनकी मनोकामना सही होने पर एक सुबह वह आर्मी हाउस पहुँच गईं। सैम ने कार में उनको अपने बगल में बैठाया, उनको साउथ ब्लॉक

11 अच्छे लड़के।

बेहद खूबसूरत अंदाज़ में आर्मी उप अध्यक्ष, लेफ़्टिनेंट जनरल 'नाटा' हरप्रसाद की पत्नी शुबी हरप्रसाद के साथ।

साभार: 58 गोरखा प्रशिक्षण केंद्र

में अपने कार्यालय ले गए, उनके साथ चाय पी और बातचीत कर एक घंटा बिताया। इसके बाद अपने जे सी ओ ए डी सी को काम सौंपा कि वह उनको सम्मानपूर्वक अपनी सरकारी कार में रेलवे स्टेशन ले जाएँ और यह सुनिश्चित करें कि पंजाब जाने वाली ट्रेन में आराम से बैठा कर वापस आएँ।

सैम को 4/12 एफ एफ आर के बुजुर्गों का ख़ास ख़याल रहता था और उनके स्टाफ़ में हम सभी को पता था कि कोई हट्टा-कट्टा सरदार उनसे मिलने आए, तो उनकी चाहे जो प्रतिबद्धताएँ हों, उनके पास फ़ौरन

सैम की मीडिया जगत में भी जबरदस्त लोकप्रियता थी। उनके सुंदर नैन-नक़्श, आकर्षक व्यक्तित्व... और अद्भुत विनोदप्रियता का सही मिश्रण था।

लाया जाए। उनमें से कई थे, जैसे शेर सिंह की पत्नी, जिनका अपने रेजिमेंट के अधिकारी को 'जंगी लाट' के रूप में देखकर, गौरव और बढ़ जाता था। कुछ अन्य विशेष कृपा या सहायता माँगने आते थे। इससे पहले कि समाधान के लिए हममें से किसी को सौंपा जाए, हर बुजुर्ग की बात को सेना अध्यक्ष धैर्य से सुनते थे। इसमें कई तरह की समस्याएँ होती थीं, जैसे ज़मीन विवाद से लेकर पेंशन न मिलने तक, परिवार में किसी शादी में ढुलाई के लिए मदद से लेकर फ़ौज में किसी संबंधी के तबादले तक। कुछ समस्याओं को हल करना आसान था, जिनमें किसी स्थानीय अधिकारी से सेना अध्यक्ष का नाम ही बता देने से लालफीताशाही की रुकावट समाप्त हो जाती थी। वहाँ कुछ हास्यास्पद ऊटपटांग प्रार्थनाएँ आतीं थीं, जैसे भतीजे के लिए समय से पहले पदोन्नति! यह इन बूढ़े सैनिकों को समझाना मुश्किल था कि मौजूदा 'जंगी लाट' अपनी ताक़त का इस्तेमाल पहले के 'जंगी लाट' की तरह नहीं कर सकते हैं। उनमें से कई असंतुष्ट सैनिक, सेना अध्यक्ष से दोबारा मिलते और बिना झिझक के उनसे कह देते कि उनके साथ काम करने वाले लोग अक्षम हैं! इस संदेश को सैम पहले मौक़े पर प्रसन्नता के साथ हमें सुनाते थे!

अपने काम की प्रार्थनाएँ लेकर आए लोगों के अलावा आर्मी हाउस के बाहर उनके प्रशंसकों और शुभचिंतकों का ताँता लगा ही रहता था। इनमें अकसर आने वालों में एक थे कुंदन लाल गुजराल, जो 1960 के दशक में दिल्ली के प्रसिद्ध तंदूरी रेस्टोरेंट, मोती महल, के मालिक थे और जहाँ राजदूत, राष्ट्राध्यक्ष, फ़िल्मी सितारे और राजनीतिज्ञ आते रहते थे। वह महानुभाव

जनरल एस.एच.एफ.जे. मानेकशॉ, एम सी

डी ओ नं. 70012/10/सी ओ ए एस

25 जून 1969

आपका पत्र नं.OTT/JNC/1, तिथि 18 जून 1969 का, आज सुबह मुझे मिला। उसके लिए धन्यवाद। आपने मुझे पत्र लिखा, उसकी मैं सराहना करता हूँ।

मैं आपके पुराने दफ़्तर में स्थापित हो चुका हूँ और काग़ज़ात व मामलों को समझने की कोशिश कर रहा हूँ। साथ ही साथ, कई चुनाव बोर्ड का काम भी जारी है– अभी भी अफ़सरों की कमी है, और अगर हम फुरती से अफ़सरों की पदोन्नति नहीं करेंगे तो ब्रिगेडियर की नियुक्ति में कमी रहेगी।

घर की हालत काफ़ी अस्थिर है। पूरा परिवार केवल बेडरूम में रहता है– मतलब एक सेना अध्यक्ष, उनकी पत्नी, उनकी गर्भवती बेटी और उनके पाँच कुत्ते। बाक़ी घर की मरम्मत चालू है। इस असुविधा के उपरांत दिल्ली में तेज़ गरमी और आँधी का मौसम चल रहा है। पूरे परिवार के मिज़ाज भी कुछ गरम हैं, कोई किसी से बात नहीं कर रहा है।

आशा है कि आप अच्छी तरह होंगे और स्वयं की अच्छी तरह देखभाल करते होंगे। भूलिए मत, आपको मुझे सूट का कपड़ा देना पड़ेगा।

आपका शुभचिंतक,

सैम

जनरल जे.एन. चौधरी
हाई कमिश्नर फॉर इंडिया
200 मैकलॉरेन स्ट्रीट
ओटावा 4
कनाडा

जनरल 'मुचु' चौधरी को सैम का जवाबी ख़त।

साभार: मानेकशॉ परिवार

अपनी शुभकामनाएँ प्रकट करने के लिए जनरल 'मुचु' चौधरी ने सैम को चिट्ठी लिखी। वह उस समय कनाडा में इंडियन हाई कमिश्नर थे। वह सैम को 1943 से जानते थे, जब वह क्वैटा में स्टाफ़ कॉलेज में अध्यापक थे और सैम उनके छात्र। यह वही जनरल थे, जो 1965 में सेना अध्यक्ष थे और पाकिस्तान से युद्ध के दरमियान सैम की सलाह लेने कलकत्ता गए थे। यह सैम का उस पत्र का उत्तर है।

सीमांत क्षेत्र के ढेरों लज़ीज़ व्यंजनों से लदे हुए आते थे, जिन्हें निरपवाद रूप से आर्मी हाउस और ए डी सी कॉटेज के बीच बाँट दिया जाता था।

सैम की मीडिया जगत में भी ज़बरदस्त लोकप्रियता थी। उनके सुंदर नैन-नक़्श, अपनी ओर आकर्षित करने वाला व्यक्तित्व, उनकी कठोर स्पष्टवादिता और अद्भुत विनोदप्रियता का सही मिश्रण था।

मुलाक़ातियों की बहुरंगी भीड़ में कई बार तो घुमक्कड़ और ज्योतिषी भी पहुँच जाते थे। सैम कभी-कभी किसी ज्योतिषी से बातचीत कर लेते थे, जिसकी सिफ़ारिश किसी ख़ास व्यक्ति ने की हो, लेकिन वह भी ख़ातिरदारी तक सीमित था, क्योंकि उन्होंने इन भविष्यवाणियों को कभी दिमाग़ में नहीं रखा। एक सिख ज्योतिषी आया, जिसे 'काली कंबली' कहा जाता था, जिसका शाब्दिक अर्थ था 'एक काला कंबल ओढ़े आदमी।' इन्होंने 1971 के युद्ध से बहुत पहले भविष्यवाणी कर दी थी कि सैम को भविष्य में एक पद ऊपर जाना नियत है। उस समय इस भविष्यवाणी का अर्थ यही निकाला गया था कि गवर्नर या राजदूत के रूप में नियुक्ति संभव हो सकती है, क्योंकि तब तक सेना में इससे ऊपर कोई पद नहीं था। लेकिन 'काली कंबली' ने ज़ोर देकर कहा कि उनकी पदोन्नति सेना में ही होगी, जिसको समय ने सही साबित कर दिया!

सैम और सिल्लू के लिए दिल्ली में सामाजिक ताना-बाना बहुत अपेक्षाओं से भरा था। सेना के समारोहों के अलावा, यहाँ दूतावासों में राष्ट्रीय दिवस समारोह, सरकार के विभिन्न विभागों के आमंत्रण और राष्ट्रपति भवन में आने वाले विदेश के उच्चाधिकारियों के स्वागत में जाना होता था। सैम के सेना अध्यक्ष बनने के कुछ ही दिन बाद 2/8 जी आर के नेफ़ा (एन ई एफ़ ए) में तैनाती की अवधि पूरी करने के बाद राजधानी भेज दिया गया। वह लालक़िले में तैनात थे, सिवाए एक रक्षक कंपनी, जिसे राष्ट्रपति भवन एवं आर्मी हाउस में औपचारिक तथा गार्ड ड्यूटी देनी होती थी और इसलिए वह राष्ट्रपति एस्टेट में तैनात थी। सैम के व्यस्त कार्यक्रम में अब बटालियन के अनेक समारोह भी जुड़ गए। उनके सामाजिक समारोहों में भाग लेने और दौरों के लिए शुभि और मैं अदल-बदल कर साथ जाते थे। राजकीय कार्यक्रमों, जैसे राष्ट्रपति का प्रीति भोज, राष्ट्रपति भवन पर कार्यक्रम या संसद के प्रारंभिक सत्र में हम दोनों को पूरे फ़ौजी सज-धज के साथ उनका अनुरक्षण करना होता था। बतौर अंगरक्षक होने के कारण हमें हर वक़्त उपलब्ध होना होता था और फोन बजने की ज़रूरत नहीं होती थी। हम इस कला में माहिर थे कि गहरी से गहरी नींद में भी फोन की घंटी बजने से पहले, क्लिक सुनते ही रिसीवर उठा लेते थे। इन सब बातों से पता चलता है कि क्यों सैम को शादीशुदा अंगरक्षक के ख़याल से भी दिक़्क़त थी।

इतनी अपेक्षाओं से भरे कार्यक्रम के बावजूद सेना अध्यक्ष यह सुनिश्चित करते थे कि हमें अपनी शारीरिक फिटनेस का ख़याल रखने का समय मिलता रहे। शुभि और मैं डी एस ओ आई में सक्वाश[12] खेलना, तैरना, बार में शराब पीना और बाद में डिनर खाने का कोई मौक़ा चूकने नहीं देते। क्लब नया था और सदस्यता तुरंत मिलती थी, लेकिन देर शाम तक कार्यालय में रहने के बाद, आर्मी हाउस से फ़ासला अधिक होने के कारण हमारे लिए उन सुविधाओं का लगातार इस्तेमाल करना संभव नहीं था। इस अवरोध को दूर करने के लिए सैम ने राष्ट्रपति के सेना सचिव को बुलाया और हमारे लिए राष्ट्रपति भवन, जो हमारे घर के क़रीब था, में खेल सुविधाओं के उपयोग की व्यवस्था कर दी।

कुछ समय तक दिल्ली में रहने के बाद, हमारा सामाजिक दायरा बढ़ने लगा। हमने कई बार कॉटेज पर दावतें आयोजित कर मेहमानदारी निभाई। हमारे मेहमानों की सूची में सैम और सिल्लू हमेशा शामिल होते थे। पार्टी की सुबह आर्मी हाउस से बढ़िया शराब का पर्याप्त संग्रह आ जाता था। थोड़ी ही देर बाद सैम के

12 टेनिस की तरह रैकेट और गेंद से, पर बंद कमरे के अंदर खेला जाता है।

जब पार्टी अपने पूरे शबाब में होती थी, तब सैम और सिल्लू आते थे और हमारे मेहमानों के साथ घुल-मिल जाते थे, जो ज़्यादातर युवा अधिकारी और उनकी पत्नियाँ या महिला मित्र होती थीं।

निर्देश पर उनका व्यक्तिगत ख़ानसामा, स्वामी, टहलते हुए कॉटेज पर आता और स्नैक्स बनाने के लिए हम पर धौंस जमाने लगता, जो हमारी पसंद से ज़्यादा उसके हुनर को दर्शाते थे। जब पार्टी अपने पूरे शबाब पर होती थी, तब सैम और सिल्लू आते थे और हमारे मेहमानों के साथ घुल-मिल जाते थे, जो ज़्यादातर युवा अधिकारी और उनकी पत्नियाँ या महिला मित्र होती थीं। हमारे दिल्ली आने के कुछ महीनों बाद मैं ज़िनोब्या से और शुभि, कविता को मिले। ये वे महिलाएँ थीं, जिन्हें हमने बाद में अपना हमसफ़र बनाया। हमने इस बात को सैम से छिपाने की पूरी कोशिश की, पर वह भाँप गए कि यह सामान्य दोस्ती से कुछ ज़्यादा है। वह जान-बूझ कर इन लड़कियों से बातें करते थे और हम दोनों की शिकायतों के बारे में जो भी जानकारी निकलवा सकते थे, ले लेते थे। इसके बाद सही मौक़े पर बेहतरीन अंदाज़ में वह हमें बताते थे कि उनको पता है हम कितने गहरे पानी में हैं! सैम और सिल्लू की उपस्थिति से पार्टी में जान आ जाती थी। वह हमारी युवा मित्रों के साथ डांस करते और अपने आकर्षण से उन्हें अभिभूत कर देते थे। एक घंटे बाद वह वहाँ से विदा लेकर चले जाते थे। अगले दिन हम लोगों की ख़बर ली जाती: पार्टी में कितनी शराब पी गई, वह कैप्टन 'X' के साथ युवा लड़की कौन थी, कितने बजे पार्टी समाप्त हुई? हमारे बीच कोई राज़ नहीं थे; हम एक बड़ा ख़ुशहाल परिवार थे।

आर्मी कमांडर से सेना अध्यक्ष की यात्रा प्रतिबद्धताएँ और अधिक दुष्कर होती थीं। दौरों पर सैम एक अंगरक्षक, एक अर्दली और एक सिविलियन पी ए[13] को साथ ले जाते थे। कभी-कभी सिल्लू भी उनके साथ जाती थीं और उन्होंने हमेशा ग़ज़ब की समय की पाबंदी दिखाई। उनके बैग, दिए गए समय से दस मिनट पहले ही पैक होकर कमरे के बाहर रखे जाते थे। बतौर सेना अध्यक्ष, सैम वायु सेना के कम्युनिकेशन (वी आई पी) स्क्वाड्रन[14] के हवाई जहाज़ से सफ़र करते थे। रसोईघर होने के बावजूद भी उनका हुक्म था कि जहाज़ सभी कर्मियों के लिए दिलकश व्यंजनों से भरा होना चाहिए और सभी वस्तुओं को डी एस ओ आई से ख़रीदा जाना चाहिए। इसका ख़र्चा सेना अध्यक्ष का सचिवालय उठाता था। फ़्लाइट के दौरान सैम अपने समय को फ़ाइलें निपटाने और जहाज़ के कर्मचारियों से बातचीत में लगाते थे। जाने वाली जगह में अगर वायु सेना का मेस नहीं होता था, तो क्रू[15] को सेना मेस में रहने की जगह और आने-जाने के साधन उपलब्ध कराए जाते थे। वायु सेना को सैम की ड्यूटी करना पसंद था। हमारे दिल्ली वापस आने पर 24 घंटे के अंदर वायु सेना के कम्युनिकेशन स्क्वाड्रन सहित सभी मेज़बानों को धन्यवाद पत्र भेज दिए जाते। यात्रा के दौरान उन्होंने जो वादे किए थे, उन पर 48 घंटे के अंदर काम शुरू हो जाए, यह सैम की अपेक्षा और ख़ासियत थी।

सैम ने इरादतन अपने हर सिविलियन स्टाफ़ से मेल-मिलाप बढ़ाया। वह उनके कार्यालय में ख़ुद फाइल देने चले जाते, वहीं रुक कर बातचीत करने लगते और उनके परिवार के बारे में पूछते। जब उन्होंने देखा कि वे लोग अपना खाना एक बिजली के स्टोव पर गरम कर रहे हैं, तो उन्होंने कार्यालय में एक ओवन लगाने का आदेश दे दिया। सैम ने रिश्तों को एक नया

---

13 व्यक्तिगत अंगरक्षक।

14 भारतीय वायु सेना का वी आई पी स्क्वाड्रन, जिसमें राष्ट्रपति, प्रधानमंत्री, रक्षा मंत्री और थल, जल तथा वायु सेना के अध्यक्ष उड़ान भरते हैं।

15 हवाई जहाज़ में प्रस्तुत वायु सेना की टीम।

आर्मी हाउस के पार्श्व कक्ष में बाएँ से पिफर, कालो एवं सीज़र। साभार: 58 गोरखा प्रशिक्षण केंद्र

आयाम दे दिया, जब उन्होंने अपने सिविलियन स्टाफ़ को दौरों के कार्यक्रम में शामिल कर लिया, ख़ासकर अगर यह दौरा उनके गृह नगर का हो।

बतौर सेना अध्यक्ष सैम ने दो और मौक़ों पर परंपराओं को तोड़ दिया। विभिन्न सूबेदार मेजर जिनको उनके निवास पर गणतंत्र दिवस पर आमंत्रित किया जाता था, उन्हें चाय, समोसा का दस्तूर खतम करके शराब पेश की गई। 'एक सूबेदार साहब को सूरज ढलने के बाद चाय की अपेक्षा नहीं होती है, और वह भी उसके सेना अध्यक्ष से!' पहली बार गणतंत्र दिवस पर सम्मान पाने वाले जे सी ओस का अभिनंदन डी एस ओ आई में किया गया।

फाइलों पर सैम की टिप्पणियों में शब्दों की ऐसी होशियारी होती थी कि वह सेना मुख्यालय और रक्षा मंत्रालय में कभी हलकी, तो कभी भीषण हलचल मचा देती थी।

रक्षा मंत्रालय से सेना मुख्यालय के बीच पत्राचार को नौकरशाही तथा लिपिकीय के कई फ़ासले पार करने पड़ते थे। गत्ते पर लालफ़ीते से बँधी फाइलें, जिससे 'सरकारी लालफ़ीताशाही' मुहावरा प्रचलित हुआ, सत्ता के गलियारों में अपनी सुस्त रफ़्तार से गुज़रती रहती थीं। अंग्रेज़ों के ज़माने से चलती आ रही प्रक्रिया आज भी प्रचलित थी। फाइलों पर अधिकतर बहुत सामान्य-सी टिप्पणी हुआ करती थी, जैसे, 'आगे

रिमाउंट और वेटरनरी कॉर के क्वाटर गार्ड का निरीक्षण करते।

साभार: 58 गोरखा प्रशिक्षण केंद्र

सहारनपुर के रिमाउंट और वेटरनरी कॉर (आर वी सी) के केंद्र में।

साभार: 58 गोरखा प्रशिक्षण केंद्र

सबाटू (शिमला के क़रीब) में 14 जी टी सी में भविष्य कंटोनमेंट की चर्चा करते हुए।

साभार: 58 गोरखा प्रशिक्षण केंद्र

पंजाब में भूतपूर्व सैनिकों के साथ मेल-मिलाप करते सैम।

साभार: 58 गोरखा प्रशिक्षण केंद्र

'रक्षा सचिव सेना अध्यक्ष और रक्षा मंत्री के बीच मात्र एक माध्यम है। सेना अध्यक्ष से सवाल करने का आपको अधिकार नहीं है।'

बढ़ा दिया', 'पास कर दिया', 'न पास किया' या 'मंत्रालय के समक्ष संस्तुति के लिए भेज दिया।'

एक बार सैम ने रक्षा सचिव के स्पष्टीकरण अनुरोध को इस टिप्पणी के साथ नकार दिया था कि 'रक्षा सचिव सेना अध्यक्ष और रक्षा मंत्री के बीच मात्र एक माध्यम है। सेना अध्यक्ष से सवाल करने का आपको अधिकार नहीं है।' फाइल अपनी गति से घूमती हुई डेस्क अफ़सर के ज़रिए अवर सचिव, संयुक्त सचिव, अतिरिक्त सचिव और अंत में रक्षा सचिव के पास जा पहुँची। मिनटों में रक्षा सचिव हाथ में फाइल लिए सेना अध्यक्ष के कार्यालय में खड़े अनुरोध कर रहे थे कि आप अपनी टिप्पणी हटा लीजिए। सैम अपनी जगह पर अडिग रहे, और कायदे से स्पष्ट कर दिया कि भविष्य में सचिव को स्पष्टीकरण माँगने से पहले कई बार सोचना चाहिए। नौकरशाही ने तुरंत समझ लिया कि इस सेना अध्यक्ष से हलके में बात नहीं की जा सकती है।

1971 के युद्ध में जीत के बाद अपने जीवन का बलिदान देने वाले सैनिकों के सम्मान में युद्ध स्मारक, 'अमर जवान ज्योति', इंडिया गेट के छत्र के नीचे बनाया गया। इसके उद्घाटन से तुरंत पहले गृह मंत्रालय ने सेना अध्यक्ष के सामने यह सुझाव देते हुए एक फाइल प्रस्तुत की कि स्मारक पर सैन्य बलों के झंडे के साथ बी एस एफ़[16] का झंडा भी फहराया जाना चाहिए। सैम ने सुझाव को इस टिप्पणी के साथ नकार दिया कि 'किसी बाहरी दुश्मन के साथ युद्ध लड़ना और जीतना थल, जल और वायु सेना का काम है और इसीलिए दुनिया भर में युद्ध स्मारक सैनिकों को समर्पित किए जाते हैं। बी एस एफ़ एक पुलिस बल है और विश्व में कहीं भी युद्ध स्मारक पुलिस को समर्पित नहीं किए गए हैं।' यद्यपि श्रीमती गांधी के मन में खुशरू रुस्तमजी के लिए बहुत सम्मान था, जिन्होंने बी एस एफ़ की स्थापना की थी और उसको कमांड कर रहे थे, फिर भी वह सैम की सलाह के साथ सहमत रहीं।

सैम की ईमानदार प्रशासक की छवि ने न्याय की आस लगाए बड़ी संख्या में अधिकारियों के लिए आशा के द्वार खोल दिए। कुछ ऐसी शिकायतों पर उनसे निर्णय करने को कहा जाता था, जो व्यक्तिगत और बेतुका होने की हद होती थीं, जैसे एक ब्रिगेड ऑफ गार्ड्स के कैप्टन का मामला था। वह थे उत्तर भारतीय और उन्हें एक आर वी सी[17] के एक दक्षिण भारतीय कर्नल की बेटी से बेहद प्यार हो गया था। कर्नल ने कई बार कैप्टन के शादी के प्रस्तावों को ठुकरा दिया था। तब उस अति साहसिक युवा अधिकारी ने सेना अध्यक्ष से संपर्क किया। सैम ने कर्नल को समझाया कि यह युवा एक बहुत ही सक्षम अधिकारी है। इसे हासिल करना भूसे के ढेर में सुई ढूँढ़ निकालने के बराबर है। कर्नल ने सैम के फ़ैसले का सम्मान किया और कुछ महीनों में युवा जोड़े की शादी रचाई गई।

सैम दिन में कई बार शुभि और मेरे कार्यालय में अचानक आ जाते। अगर वह हमें समोसे खाते हुए पकड़ लेते तो वह हमारी डेस्क के किनारे पर बैठकर हमारे साथ खाने का मज़ा लेते। एक सुबह वह हमारे कार्यालय में आए तो देखा कि आर्म्ड कॉर का एक लेफ़्टिनेंट हमारे कमरे में है। उन्होंने उस युवक से पूछा कि यहाँ मेरे अंगरक्षकों के कार्यालय में क्यों आए हो? 'कुछ नहीं सर' हकलाहट के साथ वह परेशान अफ़सर बोला, 'मैं यूँ ही आ गया था।' 'मेरे अंगरक्षक के पास कोई यूँ ही नहीं आता है। बेरोज़, इस युवक को मेरे कार्यालय में लेकर आओ।' जब सैम को पता चला कि यह अफ़सर अपने कमीशन से इस्तीफ़ा देना चाहता था, उन्होंने सेना सचिव मेजर जनरल सरकार

16 सीमा सुरक्षा बल।

17 रिमाउंट और वेटरनरी कॉर, जो फ़ौज के घोड़े और खच्चरों की देखभाल करते हैं।

कूदने के ठीक पहले पैराट्रूपरों के साथ सैम। साभार: 58 गोरखा प्रशिक्षण केंद्र

अपने व्यस्त कार्यक्रम के बावजूद सैम अपने शौक़ के लिए समय निकाल ही लेते थे...

को फोन घुमाया और बोले, 'जिमी, मेरे कार्यालय में एक युवक अफ़सर है, जो मेरे मातहत काम नहीं करना चाहता है। कृपया सुनिश्चित करें कि वह मेरी सेना से बाहर हो जाए।' वह अफ़सर की तरफ़ घूमे और बोले, 'चलो छुट्टी करो!' अफ़सर तुरंत कमरे से बाहर आ गया और एक हफ़्ते बाद सेना से हमेशा के लिए बिदाई ली।

अपने व्यस्त कार्यक्रम के बावजूद सैम अपने शौक़ के लिए समय निकाल ही लेते थे। आर्मी हाउस में एक गाय, मुरगी पालन, मधुमक्षिशाला और एक हिस्से में सब्ज़ियों की क्यारियाँ थीं। उनके घरेलू कर्मचारी उपज को मामूली दरों पर ख़रीद सकते थे, जबकि दूध बच्चों और गर्भवती महिलाओं को मुफ़्त में दिया जाता था। बाग़ का वह ख़ुद ही ध्यान रखते थे। वह पूसा इंस्टीट्यूट से ख़रीदे गए विभिन्न प्रकार के विदेशी गुलाबों की देखभाल में सुबह से जुत जाते थे। फूलों का रंग हमेशा श्रेष्ठ होता था और सर्दी में उनके गुलदाउदी के फूल बेहद सुंदर लगते थे।

सैम रसोईघर के आसपास चहलक़दमी करने का समय भी निकाल लेते थे और अपने पारसी पकवानों, जैसे 'दोढी नो मोरब्बो' (कुमढ़े का मुरब्बा), 'ईडां पाक' (अंडे और मलाई का व्यंजन) और 'खर्या नी जेली' (ट्रोटर से बनी जेली) पर हाथ आज़माने की कोशिश करते रहते थे। रसोई में उनके जाते ही स्वामी, उनका निजी रसोइया, चिल्लाकर झगड़ा करने लगता, क्योंकि उसे अपने इलाक़े में दख़लंदाज़ी पसंद नहीं

ग्रेनेडियर्स बटालियन को ध्वजा देते हुए।

साभार: 58 गोरखा प्रशिक्षण केंद्र

आर्मी हाउस में होली खेलते सैम और दाहिने कोने में कर्नल गिरधारी लाल। साभार: 58 गोरखा प्रशिक्षण केंद्र

थी। सिल्लू बुद्धिमानीपूर्वक इस झमेले से ख़ुद को दूर रख़ती थीं।

सैम के अंदर संगीत के लिए एक जुनून था और उनके लिए सबसे महत्वपूर्ण चीज़ उनके शयनकक्ष में एक जटिल ऑडियो सिस्टम था, जिसमें विविध प्रकार के पलटने वाले रिकॉर्ड, टेप रिकॉर्डर, एम्पलीफायर और स्पीकर थे, जो अनगिनत तारों के माध्यम से जुड़े थे! सैम के पास संगीत का ज़बरदस्त संग्रह था और अगर आपने किसी धुन को पसंद करने का हलका-सा इशारा दे दिया तो अगले दिन वह आपको एक कैसेट तोहफ़े में देते, जिसको वह ख़ुद रिकॉर्ड करते। एक दिन उनके म्यूज़िक सिस्टम ने काम करना बंद कर दिया और दिल्ली में संगीत के सामान की प्रमुख दुकानों के तकनीशियनों ने भरसक कोशिश की, फिर भी उसे ठीक नहीं कर पाए। किसी ने सुझाव दिया कि सिगनल्स कॉर के मेजर ऑस्विन 'ओस्सी' परेरा, जो इस क्षेत्र में एक समृद्ध प्रतिभा हैं, उनकी सेवाएँ ली जाएँ। ओस्सी ने तुरंत ही समस्या सुलझा दी, जिससे सैम को बड़ी राहत मिली। अंततः यह वही आदमी था, जिसे वह बरसों से ढूँढ़ रहे थे। लेकिन ओस्सी यूके[18] के लिए अप्रवास का प्रार्थनापत्र दे चुके थे और कुछ हफ़्तों बाद उनके काग़ज़ात बनकर आ गए। जब यह सूचना सैम तक पहुँची, तो ओस्सी को आर्मी हाउस में बुलवाया गया और कायदे से डाँट लगाई गई। वह अपने सेना अध्यक्ष को उनके अपने हाल पर छोड़ कर कैसे भाग सकते थे? ओस्सी अच्छे सैनिक की तरह वहीं खड़े रहे और सैम को खूब बोलने दिया। अगले दिन उनको तीसरी बार आर्मी हाउस में बुलवाया गया पर इस बार उनको

18 इंगलैंड।

जनवरी 1970 में आर्मी हाउस में दिए एक भोज में सूबेदार मेजरों के साथ। साभार: 58 गोरखा प्रशिक्षण केंद्र

एक स्कॉच की बोतल और चाँदी की खुकरी[19] के साथ ज़िंदगी के नए दौर के लिए सेना अध्यक्ष ने शुभकामनाएँ दीं। ओस्सी के जाने के बाद हम यही दुआ करते थे कि सैम का सिस्टम ठीक से चलता रहे!

आर्मी हाउस के स्टाफ़ में दो गोरखा अर्दली, एक सिविलियन माली, एक धोबी और स्वामी थे। जैसे ही शाम के 7 बजते, तो स्टाफ़ और उनके परिवार के सदस्य आर्मी हाउस के बरामदे में जमा हो जाते और फ़िल्म या धारावाहिक देखने के लिए टीवी के सामने दरी पर पालथी मारकर बैठ जाते। इस दौरान मुलाक़ातियों को इस महफ़िल से निकलने का रास्ता ख़ुद ही ढूँढ़ना पड़ता था। यह टीवी सैम को उनके क़रीबी दोस्त, जेके इंडस्ट्रीज़ के मालिक, सर पदमपत सिंघानिया द्वारा तोहफ़े में दिए गए तीन टीवियों में से एक था। एक स्टाफ़ के लिए आर्मी हाउस में रखा गया, एक अंगरक्षकों के कॉटेज में भेजा गया और एक एम ए[20] को दिया गया।

घर में काम करने वाले स्टाफ़ में स्वामी ही सबसे पुराने थे। वह परिवार के साथ 1959 से थे, जब सैम स्टाफ़ कॉलेज में बतौर कमांडेंट तैनात थे। मानेकशॉ परिवार ने उन्हें और उनके परिवार को अपनी छत्रछाया में ले लिया था। उनके एक बेटे की स्टाफ़ कॉलेज में बतौर क्लर्क और दूसरे की दिल्ली में अमेरिकी दूतावास में बतौर ड्राइवर की नौकरी लगवा दी। स्वामी और सैम को छोटी-छोटी बातों में तू-तू मैं-मैं करना पसंद था। हर सुबह सैम बताते थे कि उस दिन क्या पकाया जाएगा और हर शाम जब वह कार्यालय से लौटते, तो वह रसोई में जाते और स्वामी को उकसाने के लिए हाँड़ी और पतीले खोल-खोल कर देखते तथा पकाए गए खाने की आलोचना करते। एक दिन सिल्लू एक महीने इंगलैंड में

19 गोरखा कटार, जो आभूषण की शकल में होने पर चाँदी की म्यान के साथ।

20 मिलिट्री असिस्टेंट यानी फ़ौजी सहायक, जो लेफ़्टिनेंट कर्नल थे।

हर सुबह सैम बताते थे कि उस दिन क्या पकाया जाएगा... वह रसोई में जाते और स्वामी को उकसाने के लिए हाँड़ी और पतीले खोल-खोल कर देखते तथा पकाए गए खाने की आलोचना करते।

रहने के बाद दिल्ली लौट रही थीं। वह वहाँ अपने नाती राओल सैम की देखभाल के लिए गई थीं, जब उनकी बेटी माया, अपनी वक़ालत की परीक्षा दे रही थीं। सैम ने स्वामी को उन्हीं की जैसी टूटी-फूटी अंग्रेज़ी में बोलते हुए चिढ़ाया, 'आज रात मैडम वापस आएगी और मैं उनसे शिकायत करूँगा कि तुम बेकार रसोइया हो। एक महीने से मुझे भूखा मार दिया है।' उतना ही दमदार जवाब देते हुए स्वामी ने कहा, 'हाँ, आज रात मैडम वापस आएगी और मैं उनसे शिकायत करूँगा कि तुमने एक महीने से घर में रात का भोजन खाया ही नहीं। रोज़ रात बाहर जाते थे और सुबह एक बजे घर आते थे!' सैम झूठ-मूठ का गुस्सा दिखाते हुए रसोई से बाहर आ गए, 'यू डैम कुक! ओ बेकार रसोइया! क्या तुम अपने सेना अध्यक्ष से इस तरह बात करोगे?' स्वामी ने बात खतम करते हुए इसका भी तुरंत जवाब दिया, 'हाँ तो बड़े आदमी, आप होंगे सेना अध्यक्ष। आप जाओ अपनी सेना को सँभालो और मेरी रसोई को मुझ पर छोड़ दो!'

सैम के कई उदार हृदय मित्र थे। विदेश व्यापार मंत्री. एल.एन. मिश्र अकसर सैम से अपनी राजनीतिक पैंतरेबाज़ी की बातों पर चर्चा करने आर्मी हाउस आते थे। शुभि और मैं इस दोस्ती के परोक्ष लाभार्थी थे। सैम कुछ ही हफ़्तों में हमें मंत्री कोटा से फिएट कार दिलाने में सफल रहे। उस ज़माने में कार के लिए प्रतीक्षा अवधि दो साल तक की होती थी।

आर्मी हाउस में अकसर आने वाले एक और साहब श्री सांवल भालोटिया थे, जो कलकत्ता के सामान्य मारवाड़ी व्यापारी थे, जिनके हिसाब से सिल्लू एक मेम थी! सांवल अच्छी-ख़ासी दौलत वाले इनसान थे, जिन्हें विदेश जाने की कोई रुचि नहीं थी, लेकिन हर बार सैम जब किसी यात्रा से लौटते, तो वह यात्रा को लेकर अनेक सवाल कर डालते थे। हमारी रूस यात्रा से तुरंत पहले एक शाम सांवल आए और सैम ने उनसे पूछा कि सोवियत संघ से वह उनके लिए क्या तोहफ़ा लाएँ! सांवल को विदेशी सामान से कोई लगाव नहीं था, तो उन्होंने सैम का शुक्रिया अदा किया और विनम्रता से प्रस्ताव को ठुकरा दिया। सैम लगे रहे और यह जानते हुए कि सांवल थोड़े शर्मीले आदमी हैं, उन्हें चिढ़ाया, 'अच्छा कुछ नहीं तो रूसी मेम ले आऊँ तेरे लिए?' वह बेचारे इतने शर्मिंदा हुए कि तुरंत उठे और अपने घर की शरण में लौट गए।

हर कुछ महीनों में मानेकशॉ अपने घर और दफ़्तर के स्टाफ़ के लिए कॉकटेल[21] पार्टी देते थे। मेहमानों की सूची में लेफ़्टिनेंट कर्नल दिपिन्दर सिंह और उनकी पत्नी बल्ली, शुभि और मैं, कविता और ज़िनोब्या (मानद सदस्य बतौर हमारी भावी पत्नियाँ), मेजर और श्रीमती गिरधारी लाल, सूबेदार मेजर ए डी सी, सिविलियन स्टाफ़ यानी सेना अध्यक्ष सचिवालय के अधिकारी, क्लर्क और चपरासी, ड्राइवर, स्वामी, गोरखे, धोबी, माली और उनकी पत्नियाँ शामिल होते थे। आर्मी हाउस की भीतरी सड़क में एक लंबी मेज़ लगाई जाती थी। रम और सॉफ्ट ड्रिंक तथा स्वामी के स्नैक्स पेश किए जाते थे। यह पार्टी क़रीब दो घंटे 7 से 9 बजे तक चलती थी। दो-तीन ड्रिंक जल्दी-जल्दी निगलने के बाद धोबी मेज़ के नीचे सरक जाता था। उसकी पत्नी, धोबिन सुंदर महिला थी, हमेशा सज-धज के बाहर आती थी। ऐसी ही एक पार्टी के बाद सैम ने मज़ाक किया कि हर साल धोबिन एक बच्चे को जन्म देती है और हैरत की बात है कि उसकी शकल उनके किसी न किसी गोरखा से मिलती है! ♦

---

21 पार्टी, जिसमें शराब के साथ भोजन की जगह स्नैक्स जैसे– नमकीन, समोसे, पकौड़े और कबाब, पेश किए जाते हैं।

केंटकी के फ़ोर्ट नॉक्स में अमेरिकी सेना के बख़्तरबंद केंद्र के दौरे पर।

साभार: 58 गोरखा प्रशिक्षण केंद्र

दौरे और मुलाक़ातें

सैम ने सेना अध्यक्ष की हैसियत से कई देशों का दौरा किया। उन्हें पहला आमंत्रण अमेरिका से था। इसे अनुमोदन के लिए रक्षा मंत्रालय के पास भेज दिया गया। दौरे को तो स्वीकृति मिल गई पर एक प्रतिवाद था; सैम को फ़र्स्ट क्लास में यात्रा की अनुमति थी पर सिल्लू सहित बाक़ी प्रतिनिधिमंडल को इकोनोमी क्लास में यात्रा करनी थी। सैम ने यह कहते हुए फाइल मंत्रालय को लौटा दी कि वह इस आमंत्रण पर खेद व्यक्त करेंगे। उन्होंने ख़ासतौर पर लिखा कि बेहतर होगा कि मैं इस दौरे पर न जाऊँ, बजाए यह स्वीकार कर लूँ कि मेरी पत्नी जहाज़ की पूँछ में बैठकर सफ़र करें। घबराए हुए नौकरशाह ने महसूस किया कि यह कोई खाली धमकी नहीं है, उसने अंतिम फ़ैसले के लिए फाइल प्रधानमंत्री के पास भेज दी, जिन्होंने मंत्रालय के फ़ैसले को पलट दिया। इसके बाद सिल्लू ने हमेशा उनके साथ, हर कार्यालयी दौरे पर, फ़र्स्ट क्लास में यात्रा की।

अप्रैल 1970 में सैम और सिल्लू ने 1 आर्म्ड डिवीज़न के जी ओ सी, मेजर जनरल गुरबचन सिंह, और कैप्टन शुभि सूद के साथ अमेरिका की यात्रा की। वाशिंगटन डी सी में पैंटेगौन (फ़ौजी मुख्यालय) में उनकी मुलाक़ात अमेरिकी सेना के प्रमुख अधिकारियों से हुई, कैपिटल हिल[1] पर वह सेनेटरों[2] से मिले, और आर्लिंगटन नेशनल क़ब्रिस्तान में अज्ञात सैनिकों के मक़बरे पर रीथ[3] चढ़ाया। उनको 'यूएस लीजियन ऑफ मेरिट' पुरस्कार से नवाज़ा गया, जो सशस्त्र सैन्य बल

1 संसद के बराबर।

2 राजनेताओं।

3 पुष्पांजलि।

मास्को के शेरेमेत्येवो अंतरराष्ट्रीय हवाई अड्डे पर गार्ड ऑफ ऑनर की सलामी लेते हुए।

साभार: 58 गोरखा प्रशिक्षण केंद्र

के सैनिकों को उत्कृष्ट उपलब्धियों और कर्तव्यों के निर्वहन में असाधारण सराहनीय आचरण के लिए दिया जाता है। इसके बाद प्रतिनिधिमंडल उत्तर कैरोलाईना में फ़ोर्ट ब्रैग के लिए चल दिया। वहाँ उन्होंने 18वीं हवाई टुकड़ी के त्वरित लामबंदी का प्रदर्शन देखा और 101वीं एयरबॉर्न डिवीज़न के 'स्क्रीमिंग ईगल्स' हवाई हमले के प्रदर्शन के लिए केंटकी के फ़ोर्ट कैम्पबेल गए। सैम जब अमेरिका से लौटे, मैं उनके स्वागत के लिए पालम हवाई अड्डे पर उपस्थित था। उन्होंने मुझे एक छोटा-सा फ़िलिप्स का म्यूज़िक सिस्टम दिया, जो वह बतौर अमेरिका से, हाथों में उठाए, मेरे लिए लाए थे। वह जानते थे कि मेरे कमरे में इसी एक चीज़ की कमी थी।

सितंबर 1970 में (तब के) सोवियत संघ के रक्षा मंत्री मार्शल ग्रैच्को के आमंत्रण पर सैम ने सिल्लू के साथ सोवियत संघ की यात्रा की। हिंदुस्तान के पूर्वी कमांड के चीफ़ ऑफ स्टाफ़, मेजर जनरल जे.एफ़. आर. जैकब (आर्टिलरी), उनके जनरल इन वेटिंग[4] और मैं, बतौर अंगरक्षक, उनके साथ गए।

मास्को में, रक्षा मुख्यालय की अन्य बैठकें थीं, अज्ञात सैनिकों के मक़बरे पर रीथ चढ़ाने का दस्तूर निभाया, 'रेड स्कवायर'[5] पर, लेनिन के मक़बरे, क्रेमलिन[6], सेंट बेसिल्स कैथेड्रल[7] और अंतरिक्ष अन्वेषण के समर्पित विज्ञान के स्मारक संग्रहालय का दर्शन किया। हमें मास्को उपनगर की प्रसिद्ध 'तमंस्की डिवीज़न' में ले जाया गया। यह रूस का 'निरंतर तैयारी' प्रभाग का एक बहुत बड़ा हाउसिंग कॉम्प्लेक्स था, जिसे राजनीतिक संकट होने पर बहुत थोड़े समय में ही तैनात किया जा सकता था। हमने दो दिन लेनिनग्राद (अब सेंट पीटर्सबर्ग) में बिताए, जिससे हमें मूल्यवान संस्कृति और ज़ार कालीन रूस की बेहतरीन भवन निर्माण कला को देखने का मौक़ा मिला।

4 जो जनरल यात्रा में सेना अध्यक्ष के साथ जाते हैं।

5 'लाल चौक'।

6 सरकारी मुख्यालय।

7 संत बेसिल्स का गिरजा।

सिल्लू... पूरी शाम मुझे और सैम को, जो उनके दोनों तरफ़ बैठे थे, कोहनी मार-मार कर जगाती रहीं, जब हमारे खर्राटे बहुत तेज़ हो जाते थे।

इसके बाद तीन दिन यूक्रेन प्रांत की राजधानी, कीव, में सशस्त्र बख़्तरबंद सैन्य विन्यास देखने गए, जहाँ हमें भारत के सोवियत संघ से ख़रीदे गए टी-54 टैंकों की गोलाबारी का प्रदर्शन दिखाया गया। जिस फ़ैक्टरी में ये टैंक बनाए जाते थे, प्रतिनिधिमंडल ने उसकी लंबाई-चौड़ाई घूमने में अगली पूरी सुबह बिताई। दोपहर में हमें उन खेतों में ले जाया गया, जिनकी मालकिन, एक बूढ़ी महिला, जिसने द्वितीय विश्वयुद्ध में रूसी सेना को खिलाने के लिए आलू उपजाए थे। इस राष्ट्र सेवा के लिए उसे 'स्टार ऑफ सोवियत यूनियन' पुरस्कार दिया गया था। हम उसके खेतों में और कुछ मील चले, जिसके बाद उसने हमें अपने घर पर आमंत्रित किया और ख़ुद बनाई वोदका[8] पिलाई। दिन अभी खतम नहीं हुआ था। उसी शाम हमें एक थिएटर में बैले[9] की प्रस्तुति देखने ले जाया गया। जैसे ही रोशनी मद्धम हुई और हम गद्देदार कुरसियों में आराम से बैठे, तो ज़िंदादिल संगीत और वोदका के झटके के बाद मेरे और सैम के लिए आँखें खोले रखना मुश्किल हो रहा था। हमारे रूसी मेज़बान तो हमारे इस गँवारू व्यवहार से परेशान नहीं थे लेकिन सिल्लू बेचैन रहीं और शायद ही उस प्रस्तुति का मज़ा ले पाई हों, क्योंकि वह पूरी शाम मुझे और सैम को, जो उनके दोनों तरफ़ बैठे थे, कोहनी मार-मार कर जगाती रहीं, जब हमारे खर्राटे बहुत तेज़ हो जाते थे।

अगले दिन हम मास्को लौट आए, और बैठकों के लिए, और वोदका के लिए, और प्रीतिभोजों के लिए तथा ज़ाहिर है और सांस्कृतिक कार्यक्रमों के लिए। थिएटर में

8 रूसी शराब।

9 पाश्चात्य शास्त्रीय नृत्य।

उत्तर कैरोलाईना के पोप हवाई बेस पर। साभार: 58 गोरखा प्रशिक्षण केंद्र

हम फ़ौजियों को कोई चाव नहीं था; हम बैले के भी कोई ख़ास शौक़ीन नहीं थे और शहर को अच्छी तरह देखने के लिए अपने पैरों से नापना पसंद करते थे। दरअसल, मेजर जनरल जैकब (जेक) ने सोचा कि वह अपने रूसी मेज़बान की आँख में धूल झोंक सकते हैं। बैले प्रस्तुति के बाद उन्होंने बाक़ी की पूरी शाम अपनी रेजिमेंट के एक अधिकारी, जो मास्को में एक ऑल आर्म्स टैक्टिकल कोर्स कर रहा था, के साथ बिताने का इंतज़ाम किया था। वह बाहर निकलने और स्थानीय बार[10] में जाने का मौक़ा देख रहे थे। परदा गिरने और लाइट जलने के कुछ मिनट पहले जेक गायब हो चुके थे, लेकिन उनकी वह सुखद अनुभूति थोड़ी ही देर की थी। हमारे रूसी लाइजन अफ़सर ने पूरे प्रतिनिधिमंडल को थिएटर में ही रोक लिया, जब तक बिना अनुमति गायब जनरल को ढूँढ़ कर वापस लाया गया और हमारी गिनती पूरी होने पर हमें वापस होटल ले जाया गया। हमारी यह यात्रा कम्युनिस्ट शासन के दौरान हुई थी। हालाँकि हम से अधिक शालीनता से पेश आया जाता था, पर हम पर कड़ी निगरानी रखी जाती थी। शहर में अपर्यवेक्षित अनदेखा कोई स्थान देखने की अनुमति नहीं थी। एक शाम, वैसे बहुत व्यस्त कार्यक्रम होने के बावजूद, कुछ समय खाली मिल गया तो हमारी इच्छा हुई, चलो रेड स्कवायर और सेंट बेसिल्स टहल कर आए। जब हमने लाइजन अफ़सर से जाने के लिए वाहन दिलाने का अनुरोध किया, तो उसने इनकार नहीं किया पर अलग-अलग टालू तरीक़ों और बहानों से हमारी योजना को विफल कर दिया।

हम दो घंटे होटल में क़ैद रहे, यह बेशक निराशाजनक था। हालाँकि रूसियों ने इसकी भरपाई

10 वह जगह, जहाँ शराब पी जाती है।

ताशीशो ज़ॉग
थिम्पू
12 अगस्त 1972

महामहिम भूटान के राजा

प्रिय जनरल,

मैं, भूटान की राजगद्दी सँभालने के अवसर पर, आपकी शुभकामनाओं के पत्र का अत्यंत आभारी हूँ। आपके और मेरे पिता के बीच में स्नेह और समझ थी, उससे मैं अवगत हूँ। आपके नेतृत्व में भारतीय फ़ौज ने भूटान की सुरक्षा के लिए कई क़दम उठाए। मुझे कोई संदेह नहीं है कि हिंदुस्तानी फ़ौज और मेरी सरकार के बीच यह संबंध बना रहेगा और आने वाले सालों में और भी मजबूत रहेगा। मेरा विश्वास है कि आप मुझे विस्तार से मित्रता और सहयोग देंगे, जो मेरे पिता को हासिल था, और बिना किसी संकोच के भूटान और हिंदुस्तान की सुरक्षा के विषय पर, मुझे आपका बुद्धिमत्तापूर्ण परामर्श प्राप्त होगा।

मेरी सर्वोच्च व्यक्तिगत शुभकामनाएँ,

निष्ठा से
जिग्मे
(जे.एस. वांगचुक)

जनरल एस.एच.एफ.जे. मानेकशॉ
सेना मुख्यालय
नई दिल्ली-11

भूटान के युवा राजा का पत्र। साभार: 58 गोरखा प्रशिक्षण केंद्र

की और वे हमें क्रीमिया के बेहतरीन हॉलिडे रिसोर्ट[11] ले गए।

रूस में, हम जहाँ भी गए, मेरी गोरखा हैट[12] के ज़बरदस्त प्रशंसक मिले। प्रतिनिधिमंडल और सेना अध्यक्ष को नज़रअंदाज़ करते हुए बच्चे और महिलाएँ मेरे साथ फोटो खिंचवाना चाहते थे। आख़िरकार, सैम ने मुझे निशाने पर ले ही लिया, 'बेरोज़, हर किसी का एक सुनहरा दिन आता है, आज तुम्हारा है!' हम तीन दिन की छुट्टियाँ रोम और आइल ऑफ कैपरी[13] में बिताने के बाद, भारत लौट आए।

11 अवकाश निवास।

12 टोपी।

13 दोनों जगह इटली देश में।

एक महीने बाद मुझे फिर सेना अध्यक्ष के साथ विदेश जाने का मौक़ा मिला, इस बार उस समय के युगोस्लाविया। हमारे मेज़बान युगोस्लाव पीपल्स आर्मी के सेना अध्यक्ष, जनरल विक्टर बुबंज, थे। उस समय भारत और युगोस्लाविया गुटनिरपेक्ष आंदोलन के सदस्य थे। वहाँ पर जनरल और वरिष्ठ अधिकारियों द्वारा हमारा जिस मैत्रीभाव से स्वागत किया, वह स्पष्ट था। प्रतिनिधिमंडल को आस्ट्रिया से लगी सीमा पर तैनात सेना की पोस्ट और पर्यटन महत्व की जगहों पर ले जाया गया, जिनमें बेलग्रेड के बाहरी हिस्से में प्रसिद्ध क्रिस्टल[14] फ़ैक्टरी शामिल थी। इस यात्रा के बाद सैम दिल्ली लौट आए, जबकि मैंने और सिल्लू ने एक हफ़्ता लंदन में माया के साथ बिताया।

सैम ने नवंबर 1971 में सोवियत संघ की फिर से यात्रा की। यह भारत-पाक युद्ध के हालात बनने के समय साफ़तौर से उपकरणों की कमी को पूरा करने को लेकर थी। मैं अपनी बटालियन के साथ राजस्थान सेक्टर में तैनात था। इस यात्रा में सैम के साथ शुभि गए थे। भारत और पाकिस्तान के बीच तनाव था और एक-दूसरे के ख़िलाफ़ बयानबाज़ी चरम पर थी। शुभि याद करते हैं कि प्रतिनिधिमंडल को बोल्शोई थिएटर ले जाया गया, जहाँ इत्तेफ़ाकन सैम की मुलाक़ात सोवियत संघ में पाकिस्तान के राजदूत, जमशेद मार्कर, और उनकी पत्नी, डायना से हुई। जमशेद क्वेटा के एक पारसी थे और सैम की जमशेद और उनके परिवार से दोस्ती तब से थी, जब वे 1943 में स्टाफ़ कॉलेज में छात्र थे। उन्होंने एक-दूसरे को जमकर झप्पी दी और सैम ने धुर पारसी अंदाज़ में डायना के दोनों गालों पर चुंबन किया। वे अपने आनंद की अनुभूति को कुछ मिनट अपनी मातृभाषा गुजराती में बाँटते रहे। इस जोशीले मिलाप ने रूसियों को बुरी तरह से परेशान कर दिया, क्योंकि दोनों देशों के बीच दुश्मनी के माहौल में पाकिस्तानी राजदूत और भारतीय सेना अध्यक्ष का यह व्यवहार बिलकुल असंगत था!

14 स्फ़टिक, सुंदर काँच।

1. मॉस्कों में अज्ञात सैनिकों के स्मारक पर रीथ चढ़ाते हुए।

2 भूटान के सेना अध्यक्ष से मुलाक़ात करते हुए।

3 युगोस्लाव पीपल्स आर्मी के सेना अध्यक्ष जनरल, विक्टर बुबंज, को भारतीय विजयंत टैंक का मॉडल देते हुए।

4 सिक्किम के चोग्याल का अभिवादन करते हुए।

5 अमेरिकी जनरल वेस्टमोरलैंड के भारत आगमन पर दिल्ली हवाई अड्डे पर भारतीय सैनिकों से परिचय कराते हुए।

भूटान की सेना के सैनिकों द्वारा गार्ड ऑफ ऑनर लेते हुए। साभार: 58 गोरखा प्रशिक्षण केंद्र

वह रानी की तरफ़ घूमे और बड़े ही सामान्य तरीक़े से उनसे पूछा कि क्या राजा साहब अच्छे पति हैं, और रसोई के काम में मदद करते हैं?

सैम ने 1972 में नेपाल के सेना अध्यक्ष के आमंत्रण पर वहाँ की यात्रा की। सैम और सिल्लू की वहाँ के राजा बीरेन्द्र, और रानी ऐश्वर्या, से मुलाक़ात हुई। मुलाक़ात से पहले भारतीय राजदूत ने उन्हें नेपाल की परंपरा के बारे में बता दिया था। इसके अनुसार जब उनसे बात की जाए तो ही वे राजघराने के लोगों से बात करें। सैम ने पहले आधे घंटे तक इस ताक़ीद को पूरी तरह से माना और वह सही रहे लेकिन फिर उन्हें माहौल दमघोंटू लगने लगा होगा। बातचीत के बीच में अचानक बड़ा लंबा ठहराव आने पर वह रानी की तरफ़ घूमे और बड़े ही सामान्य तरीक़े से उनसे पूछा कि क्या राजा साहब अच्छे पति हैं और रसोई के काम में मदद करते हैं? रानी ऐश्वर्या खिलखिला कर हँस पड़ीं और राजदरबारियों ने ही परंपराओं को दरकिनार कर दिया। सैम की भूटान और सिक्किम राजघरानों की यात्राएँ घर वापस आने जैसी होती थीं। जब वह पूर्वी सेना के आर्मी कमांडर थे, तब से उनके सिक्किम के चोग्याल और भूटान के राजा, जिग्मे सिंघे वांगचुक से ख़ास संबंध थे।

फरवरी 1971 में अमेरिका के सेना अध्यक्ष, जनरल डब्ल्यू.सी. वेस्टमोरलैंड, ने भारत आने का न्यौता स्वीकार कर लिया। अमेरिकी प्रतिनिधिमंडल का पहला पड़ाव जयपुर था, जहाँ राजस्थान राजघराने ने उनकी मेज़बानी की। इसके बाद झाँसी की आर्म्ड डिवीज़न का दौरा किया। चूँकि जनरल एक उत्साही पोलो के खिलाड़ी थे, तो डिवीज़न ने घोड़ों के बजाए साइकिल पर पोलो मैच का आयोजन किया। जनरल वेस्टमोरलैंड को शुरुआत में हो सकता है कुछ संकोच रहे हों, लेकिन

जल्दी ही उनको दरकिनार कर दिया, क्योंकि मेज़बान ने पूरी सतर्कता से इस खेल की रचना की थी और मुख्य अतिथि ने ही जिताऊ गोल दागा। अगला पड़ाव सिक्किम था। सैम चाहते थे कि जनरल वेस्टमोरलैंड इस खूबसूरत रजवाड़े में जाएँ और चोग्याल तथा उनकी अमेरिकी बीवी, होप कुक से मिलें। पर उससे भी महत्वपूर्ण यह था कि वे गर्व के साथ उन्हें वह कठोर परिस्थितियाँ दिखाना चाहते थे, जिनमें उनके सैनिक चीन की सीमा पर अत्यधिक ऊँचाई वाले, विपरीत परिस्थितियों वाले इलाक़े में भी सख़्त निगरानी रखे रहते थे। जनरल वेस्टमोरलैंड भारत में हर जगह, राजस्थान के रेगिस्तान से लेकर हिमालय के दुष्कर पहाड़ों तक भारतीय सैनिकों से मिलकर उनके हौसले और उत्साह से अत्यंत प्रभावित हुए और उन्होंने स्वीकार किया कि भारतीय सेना बहुत अच्छा काम कर रही है।

इसके अलावा सैम के सेना अध्यक्ष रहते हुए हिंदुस्तान की यात्रा करने वाले अन्य जनरलों में युगोस्लाव पीपल्स आर्मी के सेना अध्यक्ष, जनरल विक्टर बुबंज, और ईरान के शाही शस्त्र बल के अध्यक्ष, जनरल फरेदून जाम, थे। जनरल बुबंज को पूर्वी कमांड, मुख्य रूप से सिक्किम में नाथू-ला, जबकि जनरल जाम को आगरा के पैराशूट रेजिमेंटल सेंटर और इन्फैंट्री स्कूल महू में ले जाया गया।

1972 में सैम को ईरान आने के लिए आमंत्रित किया गया। दुर्भाग्यवश सामान हवाई अड्डे पर पहुँच जाने के बाद हमें उस यात्रा को रद्द करना पड़ा, चूँकि 1971 के युद्ध के बाद पाकिस्तान से बकाया सीमा विवाद को हल करने की जल्दी थी। तेहरान के बजाए अगली सुबह हम लोग लाहौर के लिए चल दिए लेकिन उस विषय पर मैं फिर बाद में बताऊँगा।

भारत आने वाले सबसे रंगीन सैनिक अधिकारी, युगांडा की सेना के कमांडर, मेजर जनरल ईदी अमीन थे। वह 1970 की गरमियों में, जनवरी 1971 में विद्रोह के ज़रिए तख़्तापलट कर, निरंकुश तानाशाह बनने से पहले आए थे, हालाँकि उनमें तब भी विद्रोही होने के सारे

जिस एक मेहमान ने सैम को सबसे ज़्यादा हर्षित किया, वह उनके पूर्व अधिकारी आख़िरी ब्रिटिश सी-इन-सी, जनरल सर रॉय बूशर थे।

लक्षण थे। उनकी यात्रा के आख़िरी दिन सेना अध्यक्ष ने उनके सम्मान में दिल्ली के अशोक होटल में एक रात्रि भोज का आयोजन किया। समारोह शुरू होने के एक घंटे बाद ईदी अमीन ने सैम से कहा कि वह भारतीय सेना की वरदी से बहुत प्रभावित हैं और एक दर्जन सेट अपने लिए ले जाना चाहते हैं। इसकी वजह से बड़ी समस्या खड़ी हो गई। कनॉट प्लेस में मशहूर दर्ज़ी की दुकान, 'ऐडीज़' के मालिक से भारतीय सेना की इज़्ज़त बचाने का अनुरोध किया गया। वरदी के कपड़े की कई गाँठें उनके हवाले कर दी गईं और एक दर्जन से ज़्यादा दर्ज़ी रात भर लगे रहे। अगले दिन ईदी अमीन अपने साथ 12 सेट वरदी के लेकर कम्पाला लौट गए। शुक्र है कि हमें युगांडा की यात्रा का कोई आगंत्रण नहीं मिला क्योंकि इस शख़्स की मानसिक स्थिति अस्थिर हो चुकी थी!

जिस एक मेहमान ने सैम को सबसे ज़्यादा हर्षित किया, वह उनके पूर्व अधिकारी, आख़िरी ब्रिटिश सी-इन-सी, जनरल सर रॉय बूशर थे। उनके मातहत सैम ने बतौर डी एम ओ काम किया था और बिदाई के समय तोहफ़े में जनरल बूशर ने उन्हें एक हस्ताक्षरित फ़ोटो दी थी, जिसमें लिखा था, 'सैम के लिए, जो मेरे सारे स्टाफ़ अफ़सरों में से सर्वश्रेष्ठ हैं।' जनवरी 1970 में अपनी पत्नी के साथ, बीते वक़्त की याद में, उन्होंने भारत की यात्रा की और आर्मी हाउस में रहे। हालाँकि यह एक व्यक्तिगत यात्रा थी, सैम ने सरकार को इसकी जानकारी दी और जनरल बूशर का सम्मान करते हुए 29 जनवरी को विजय चौक पर उन्हें बीटिंग ऑफ द रिट्रीट[15] समारोह में सरकारी मेहमान बना कर सम्मानित किया। ♦

15 गणतंत्र दिवस समारोह के समापन के लिए थल, जल और वायु सेना के बैंडों का सामूहिक प्रदर्शन करते हुए सैनिक समारोह।

15 कॉर के जी ओ सी लेफ़्टिनेंट जनरल सरताज सिंह के साथ युद्ध से ठीक पहले अग्रिम क्षेत्रों में सैनिकों का मनोबल बढ़ाते हुए।

साभार: 58 गोरखा प्रशिक्षण केंद्र

1971 की जंग

भारतीय उपमहाद्वीप में 1971 के आरंभ से ही युद्ध के बादल गरज रहे थे। 1970 में पूर्वी पाकिस्तान की राजनीतिक पार्टी, आवामी लीग, ने पाकिस्तान के संघीय चुनाव में अधिक सीटें जीत ली थीं, जिससे ज़ुल्फ़िक़ार अली भुट्टो की पश्चिमी पाकिस्तान की, पाकिस्तान पीपल्स पार्टी उनसे पीछे रह गई थी। इससे आवामी लीग के नेता, एक बंगाली मुसलमान, शेख़ मुजिबुर रहमान, पाकिस्तान के प्रधानमंत्री पद के सबसे मज़बूत दावेदार बन गए थे। इसके पहले 1966 में मुजिब पूर्वी पाकिस्तान की स्वायत्तता की छह सूत्रीय योजना प्रस्तुत कर चुके थे। पश्चिमी पाकिस्तान और भुट्टो ने इसे अलगाववादी योजना कहकर पूर्णतया नकार दिया था। 1970 में पूर्ण बहुमत से जीतने के बावजूद उन्हें सरकार बनाने का निमंत्रण नहीं दिया गया। इससे पूर्वी पाकिस्तान में सविनय अवज्ञा आंदोलन भड़क उठा, और पाकिस्तान के राष्ट्रपति एवं चीफ़ मार्शल लॉ[1] अधिकारी, जनरल याहया ख़ान, ने फ़ौजी दख़ल का आदेश दे दिया। 25 मार्च, 1971 को फ़ौजी कार्यवाही आरंभ हो गई और 26 मार्च की सुबह मुजिब अपने ढाका के घर से गिरफ़्तार कर लिए गए तथा उन्हें हवाई मार्ग से पश्चिमी पाकिस्तान ले जाया गया। दूसरे ही दिन 27 मार्च की सुबह शेख़ मुजिबुर रहमान की ओर से मेजर ज़ियाउर रहमान ने 'बांग्लादेश गणतंत्र' की स्वतंत्रता का एलान कर दिया और पूर्वी पाकिस्तान का अस्तित्व समाप्त हो गया। मुजिब की गिरफ़्तारी की ख़बर फैलते ही पूर्वी पाकिस्तान विरोध और आंदोलन की ज्वाला से धधक उठा। आंदोलनों को कुचलने के

1 फ़ौजी शासन।

बख़्तरबंद गाड़ी पर सवार।
साभार: 58 गोरखा प्रशिक्षण केंद्र

बाएँ से तीनों सेनाओं के अध्यक्ष: एयर चीफ़ मार्शल पी.सी. लाल, एडमिरल 'चार्ल्स' नन्दा और जनरल सैम मानेकशॉ, रक्षा मंत्री बाबू जगजीवन राम के साथ। साभार: 58 गोरखा प्रशिक्षण केंद्र

प्रधानमंत्री और उनके मंत्रिपरिषद का विचार था कि पाकिस्तान के विरुद्ध तुरंत युद्ध छेड़ दिया जाए... मगर उनका प्रस्ताव ग़लत था।

लिए जनरल टिक्का ख़ान को भेजा गया। नतीज़तन वहाँ गृहयुद्ध आरंभ हो गया, क्योंकि पाकिस्तान की सेना के बंगाली अफ़सरों एवं ईस्ट बंगाल राइफ़ल्स के सैनिकों ने पाकिस्तानी सेना छोड़कर 'मुक्ति बाहिनी' का गठन कर लिया था। टिक्का ने 'ऑपरेशन सर्चलाइट'[2] प्रारंभ कर दिया। विश्वविद्यालयों में हज़ारों बुद्धिजीवियों का नरसंहार किया गया तथा विरोधियों की निर्ममतापूर्वक हत्या की गई। इसकी वजह से आगे आने वाले महीनों में एक मानवतावादी संकट उत्पन्न हो गया कि हज़ारों-लाखों की संख्या में शरणार्थी भारत आने लगे। इनकी संख्या एक करोड़ से अधिक हो गई जिसकी वजह से भारत के सीमावर्ती प्रदेशों– जैसे पश्चिम बंगाल, असम और त्रिपुरा– पर पड़ने वाला आर्थिक, वित्तीय एवं तार्किक व्यवस्था का भार उठाना मुश्किल हो रहा था। भारत ने पाकिस्तान से बेहथियार नागरिकों के विरुद्ध सैनिक कार्यवाही रोकने की बार-बार अपील करने पर भी उसके कान में जूँ तक नहीं रेंगी। अंत में, इन विस्थापितों की समस्या से क्षेत्र की शांति को ख़तरा पैदा हो गया।

1971 अप्रैल के अंतिम दिनों में, जब कोई कूटनीतिक प्रयास सफल नहीं हुए, तब सेना अध्यक्ष को मंत्रिपरिषद की बैठक में बुलाया गया। प्रधानमंत्री और उनके मंत्रिपरिषद का विचार था कि पाकिस्तान के विरुद्ध तुरंत युद्ध छेड़ दिया जाए। सैम के समक्ष यह प्रस्ताव रखा गया, मगर सरकार की प्रतिक्रिया और मंत्रिपरिषद का प्रस्ताव ग़लत था। सैम ने उन सभी तथ्यों को सामने रखा, जो किसी जल्दबाज़ी में ली गई सैनिक योजना से संबंधित होते हैं और फौरन बंदूकें तान देने के आवेग का कारण पूछा। युद्ध के लिए यह समय सही नहीं था। सैम को अपनी फ़ौज को युद्धस्थल तक पहुँचाने के लिए समय चाहिए था और यह भी सुनिश्चित करना था कि युद्ध के लिए हर सामान की

2 'ऑपरेशन खोज-दीप'।

आपूर्ति पूर्ण और निर्बाध रूप से होती रहे। इसके लिए रेलों, रेल वैगनों, ट्रकों और नागरिक हवाई जहाज़ों की भी आवश्यकता थी। पंजाब में फ़सलें कटाई के लिए तैयार खड़ी थीं, यदि ढुलाई के साधन दूसरी ओर लगाए गए तो खाद्य संकट उत्पन्न हो जाएगा। आगे के क्षेत्र में सामान की निर्बाध पूर्ति के लिए बार्डर रोड आर्गेनाइजेशन[3] द्वारा नई सड़कें बनाने की भी ज़रूरत थी। व्यावहारिक दृष्टि से पूरे डेल्टा क्षेत्र[4] में गरमी और बारिश के दिनों में किसी पहल का मतलब मुसीबत मोल लेना था, क्योंकि बारिश के कारण इस समय पूरा क्षेत्र दलदल में तबदील हो जाता है। इससे बख़्तरबंद गाड़ियाँ सिर्फ़ सड़कों पर ही चल सकेंगी और दुश्मन के सामने हमारी योजनाएँ खुल जाएँगी। बादलों के कारण वायु सेना का भी पूर्ण समर्थन नहीं मिल पाएगा। पूर्वी पाकिस्तान में तब तक घुसना आत्महत्या के बराबर होगा, जब तक कि नदियाँ उतार पर न आ जाएँ और बर्फ़ चीनियों को उत्तरी सीमा में तीसरा मोर्चा खोलने का हर मार्ग बंद न कर दे। सेना के पास संसाधन भी पूरे नहीं थे। 189 बख़्तरबंद गाड़ियों में से केवल 11 चालू हालत में थीं। नए टैंक ख़रीदने की माँग वित्त मंत्रालय में विचाराधीन थी। सैम ने इस अनिष्टकारी विनाश के लिए मना कर दिया। 1962 में चीनियों से भारतीय सेना की हार का हवाला देते हुए, माना जाता है, सैम ने श्रीमती गांधी से कहा कि 'मैडम प्रधानमंत्री, हो सकता है आपको उस परिस्थिति में होने की कोई परेशानी

3 वह सैनिक संस्था, जो बार्डर पर सड़कें बनाती है और उनका संरक्षण करती है।

4 नदी मुख भूमि।

रोड रोलर चलाते सेना अध्यक्ष। साभार: 58 गोरखा प्रशिक्षण केंद्र

उत्साह बढ़ाते हुए– जीत हमारी ही होगी। साभार: 58 गोरखा प्रशिक्षण केंद्र

न हो, जिसमें आपके पिता थे, किंतु मैं निश्चित तौर से उस स्थिति में नहीं होना चाहता, जिसमें उस समय के सेना अध्यक्ष थे।'[5] तब श्रीमती गांधी बहुत गंभीर हो गईं। उन्होंने मंत्रिपरिषद की बैठक समाप्त कर दी पर सैम से वहीं रुकने को कहा। सैनिकों का कर्तव्य होता है कि वह सरकार का आज्ञापालन करें लेकिन वरिष्ठ अधिकारी होने के नाते उनकी ज़िम्मेदारी होती है कि यदि राजनेता बिना सोचे-समझे अव्यावहारिक आदेश पारित करें, जिनको लागू करने से सैनिकों का जीवन ख़तरे में हो, तो वह उसका विरोध करें। श्रीमती गांधी के क्रोध को देखते हुए उन्होंने पूछा, 'क्या आप चाहती हैं कि मैं अपने शारीरिक अथवा मानसिक स्वास्थ्य का बहाना बना कर अपना त्यागपत्र भेज दूँ?' 'सैम! बैठिए, क्या आपने जो कुछ कहा है वह सच है?' 'जी! यह मेरा कर्तव्य है कि मैं आपको सच से अवगत कराऊँ।' सैम ने निश्चय किया कि यदि युद्ध करना अंतिम विकल्प है तो वह उनके अनुसार होगा। 'युद्ध करना मेरा कर्तव्य है और युद्ध जीतना भी मेरा कर्तव्य है।' उन्होंने प्रधानमंत्री को आश्वासन दिया कि पूर्वी पाकिस्तान एक महीने के अंदर घुटने टेक देगा। शर्त यह थी कि सैम को पूरी छूट दी जाए, समय का चुनाव वह करेंगे और वह केवल एक राजनेता यानी सिर्फ़ प्रधानमंत्री के प्रति ही उत्तरदायी होंगे। इंदिरा ने उनकी सारी शर्तें मान लीं। सैम की यह रणनीति सेना और पूरे देश के लिए सही रही लेकिन उस समय के रक्षा मंत्री बाबू जगजीवन राम को सही नहीं लगी, जिसकी क़ीमत सैम को बाद में चुकानी पड़ी। उन्होंने 11 नवंबर 1998 को डी एस एस सी में भाषण देते समय इसकी चर्चा की थी। 'नेतृत्व एवं अनुशासन' पर बोलते हुए उन्होंने कहा कि उस दिन उन्होंने 'फ़ील्ड मार्शल बनने और बर्ख़ास्त होने के बीच

5 इस लिखे के लिए लेफ़्टिनेंट जनरल ए.एम. वोहरा से साभार।

सैम सैनिकों के साथ चाय का मग लिए ख़ुशनुमा माहौल में। साभार: 58 गोरखा प्रशिक्षण केंद्र

उस दिन उन्होंने फ़ील्ड मार्शल बनने और बर्ख़ास्त होने के बीच की बड़ी महीन रेखा सफलतापूर्वक पार की थी!

की बड़ी महीन रेखा सफलतापूर्वक पार की थी!'

इसके बाद सेना के इतिहास के सर्वोत्कृष्ट अभियान की योजना बनने लगी। सरकारी विभागों एवं मंत्रालयों के सहयोग से तैयारियाँ चालू हो गईं। सेना अध्यक्ष और मुख्य मंत्रालयों के प्रतिनिधियों की हर हफ़्ते बैठक होती थी, जिसमें प्रगति का जायज़ा लिया जाता था। पहले महीने में असैनिक प्रशासन की ढील-ढाल के कारण सैम के पास एक ही रास्ता शेष बचा कि वह अपनी हताशा प्रधानमंत्री से बताएँ कि बहुमूल्य समय बीता जा रहा है। दूसरी बैठक सेना मुख्यालय के ऑप्स रूम में हुई, सैम ने परिस्थिति की जानकारी दी। प्रगति बिलकुल ठंडी अवस्था में थी, वित्त मंत्रालय ने व्यय की राशि की मंजूरी अभी तक नहीं दी ताकि दूसरे मंत्रालय वह राशि इस्तेमाल करें। सेना को अपनी कमियों को पूरा करने के लिए रक्षा मंत्रालय की मंज़ूरी का इंतज़ार है। रेलवे ने हर समय सीमा का उल्लंघन किया है। सीमा तक रेलवे लाइन पहुँचाने का काम भी पूरा नहीं हुआ है, ढुलाई के लिए वाहन भी नहीं मिले हैं, जिस कारण सैनिक टुकड़ियाँ और सामान भी नहीं भेजा जा सका है। क्रोधित प्रधानमंत्री अपने मंत्रियों की ओर मुड़ीं और सबसे युद्ध की तैयारियाँ पूरी करने की वास्तविक समय-सीमा बताने को कहा।

सीमा-सड़क संगठन (बार्डर रोड आर्गेनाइजेशन) सड़कें और पुल बनाने के काम में रात-दिन जुत गया, ताकि शत्रु के क्षेत्र में अंदर तक हमारी सेना शीघ्रातिशीघ्र पहुँच सके और उसके लिए आपूर्ति बराबर बनी रहे। साज़ो-सामान की कमियों की पहचान

'अग्रिम रक्षा पंक्ति में मैं तुम्हारे साथ ट्रेंच में खड़ा हूँ।' साभार: 58 गोरखा प्रशिक्षण केंद्र

करके उन्हें ख़ासकर सोवियत संघ से आयात कर पूरा किया गया। युद्धक्षेत्र से आसानी से पहुँच वाली जगह पर पी ओ एल[6], राशन, साज़ो-सामान, अस्त्र-शस्त्र और गोला-बारूद के भंडार अग्रिम पंक्ति में बनाए गए। पूर्वी क्षेत्र में आक्रमण करने और पश्चिमी क्षेत्र में शत्रु को रोके रखने की योजना तय की गई। मई 1971 में 8 जी आर के मेजर जनरल ओंकार सिंह कालकत को पूर्वी कमांड में तैनात किया गया। उनकी ज़िम्मेदारी थी कि मुक्ति बाहिनी को प्रशिक्षण तथा हथियार देना और उनकी गतिविधियों पर नज़र रखना। युद्ध के दौरान इस अंगरक्षक सेना ने पाकिस्तानी सेना के भंडारण के ठिकाने तथा पूर्वी पाकिस्तान की संचार सुविधाओं को नष्ट करने का महत्वपूर्ण काम किया। उनकी सुरक्षा पंक्ति में लगातार छापामारी करके उन्होंने उनकी सैन्य-शक्ति और युद्ध क्षमता कम करने में सफलता प्राप्त की। सैम अपनी योजनाओं और प्रगति के बारे में प्रधानमंत्री को लगातार सूचना देते रहे।

अगस्त 1971 में श्रीमती गांधी ने अमेरिका, इंगलैंड तथा दूसरे पश्चिमी देशों में एक कूटनीतिक तूफ़ानी दौरा किया, जिसमें उन्होंने पाकिस्तान द्वारा पूर्वी पाकिस्तान के बेहथियार नागरिकों पर सैनिक कार्यवाही पर अपनी चिंता व्यक्त की, क्योंकि उसकी वजह से छह महीनों में भारत में इतने शरणार्थी घुस आए थे, जिन्हें सँभालना मुश्किल हो रहा था। यदि संयुक्त राष्ट्र संघ और विश्व समुदाय पाकिस्तान को नहीं रोक पाते तो भारत के पास इस समस्या का समाधान करने के लिए सैनिक हस्तक्षेप के अलावा कोई विकल्प नहीं था। पाकिस्तान के लिए अमेरिका और चीन का समर्थन रोकने के लिए भारत

6 पी ओ एल अर्थात पेट्रोल ऑयल लुब्रिकेशन (पेट्रोल, तेल और डीज़ल आदि)।

अगस्त 1971 के महीने में सेना को पूरी तरह सतर्क कर दिया गया। प्रशिक्षण कोर्सों की अवधि कम की गई... और हर फ़ौजी को अपनी यूनिट में मौजूद रहने के आदेश दे दिए गए।

ने सोवियत संघ के साथ 20 वर्षों के लिए शांति, मित्रता एवं सहयोग का समझौता किया। इस संधि का मुख्य उद्देश्य यह था कि निकट भविष्य में उनके देशों पर यदि कोई ख़तरा आता है तो दोनों देश आपसी सलाह-मशविरा करेंगे और अपने देशों की शांति एवं सुरक्षा के लिए उचित तथा प्रभावी क़दम उठाएँगे। इस संधि का तात्कालिक लाभ यह हुआ कि भारतीय सेना में जो कमियाँ थीं, ख़ासतौर से टैंकों की, उन्हें पूरा किया जा सका। इसका यह भी असर हुआ कि युद्ध आरंभ होने पर सोवियत संघ का मज़बूत राजनीतिक समर्थन भी मिला। सोवियत संघ ने सुरक्षा परिषद में बार-बार युद्ध-विराम का प्रस्ताव स्थगित कर दिया, जिससे भारतीय सेना को अपना उद्देश्य पूरा करने के लिए पर्याप्त समय मिल गया। वहाँ की कम्युनिस्ट पार्टी के मुख्य सचिव लियोनिड ब्रेज़नेव ने रूसी सेना की 40 डिवीज़नों को चीनी सीमा पर तैनात करने का आदेश दे दिया ताकि भारत की उत्तरी सीमा पर चीन पाकिस्तान के समर्थन में नया मोर्चा न खोल सके। सैम अपनी सोवियत संघ यात्रा के दौरान हर संभावना के लिए काफ़ी कुछ तैयारी कर आए थे।

अगस्त के महीने में सेना को पूरी तरह सतर्क कर दिया गया। प्रशिक्षण कोर्सों की अवधि कम की गई। सबकी छुट्टियाँ रद्द कर दी गईं और हर फ़ौजी को अपनी यूनिट में मौजूद रहने के आदेश दे दिए गए। रेलों और नागरिक हवाई जहाज़ों को हासिल किया गया और पलटनों को युद्धस्थल के लिए रवाना कर दिया गया।

मेरे सामने फ़ैसला लेने में एक मुश्किल आई। यदि मैं सेना अध्यक्ष के अंगरक्षक के रूप में काम करता रहा तो मुझे युद्ध संचालन का उच्चतम स्तर देखने का सुअवसर मिलता लेकिन दूसरी ओर मैं यह भी नहीं चाहता था कि मेरी पहचान युद्ध से मुँह चुराने वाले कायर के तौर पर न की जाए। कुछ देर सोचने के बाद मैंने सैम से अपनी चिंता व्यक्त की, यह जानते हुए कि जब उन्हें दो अंगरक्षकों की बेहद ज़रूरत है, मैं साथ छोड़ने को कह रहा हूँ। बिना एक पल भी झिझके सैम ने मेरे बटालियन में शामिल होने के फ़ैसले का समर्थन कर दिया। कुछ हफ़्ते बाद ही मैं 2/8 जी आर के साथ राजस्थान के अनूपगढ़ जाने के लिए दिल्ली जंक्शन पर था। मैं युद्ध के अनुभव की उम्मीद रखकर, जिसके लिए मैं प्रशिक्षित था, उत्सुकता और उम्मीद के साथ मिलिट्री स्पेशल में सवार हो गया। हम अपने 11 कॉर के तहत कार्यक्षेत्र में पहुँचे। अपने लिए उस चल-बालू के बीच सुरक्षा स्थल खोद कर ज़मीन के नीचे, ट्रेंच बनाए, उस क्षेत्र को अच्छी तरह पहचाना और फिर युद्ध के दौर का बार-बार अभ्यास किया। युवा कैप्टन की हैसियत से मैं सुरक्षा की अग्रिम पंक्ति में था।

अक्टूबर माह में हमें ख़बर मिली कि सेना अध्यक्ष 11 कॉर के दौरे पर आ रहे हैं। उनके आने के एक दिन पहले मेरे सी ओ ने मुझे आदेश दिया कि मैं उन्हें लेने हैलीपैड[7] पर उपस्थित रहूँ, क्योंकि सेना अध्यक्ष ने मुझसे मिलने की इच्छा प्रकट की है। कॉर कमांडर, लेफ़्टिनेंट जनरल नवीन रॉली, उनका स्वागत करने और उन्हें अग्रिम स्थलों तक ले जाने के लिए वहाँ मौजूद थे। मुझे उनके साथ रहने का आदेश था। जब हेलीकॉप्टर उतरा, मैं अपनी युद्धक वरदी में भरी हुई स्टेन मशीन कार्बाइन लिए प्रस्तुत था। सैम ने ताना मारते हुए कहा कि मैं काफ़ी ठीक-ठाक लग रहा हूँ और रेगिस्तान एवं ट्रेंच की ज़िंदगी ने मुझे भरपूर तंदरुस्ती थमाई है! हम लोग विलीज़ जीप में बैठे। कॉर कमांडर गाड़ी चला रहे थे, किनारे की सीट पर मैं था और सैम हम दोनों के बीच में जकड़ कर बैठे थे। विलीज़ जीप में जगह अधिक नहीं होती है तो मेरा बायाँ पैर बाहर फुटबॉर्ड पर था और मैंने स्टेनगन अपने घुटनों के बीच दबा रखी

7 वह इलाक़ा, जहाँ हेलीकॉप्टर उतरता है।

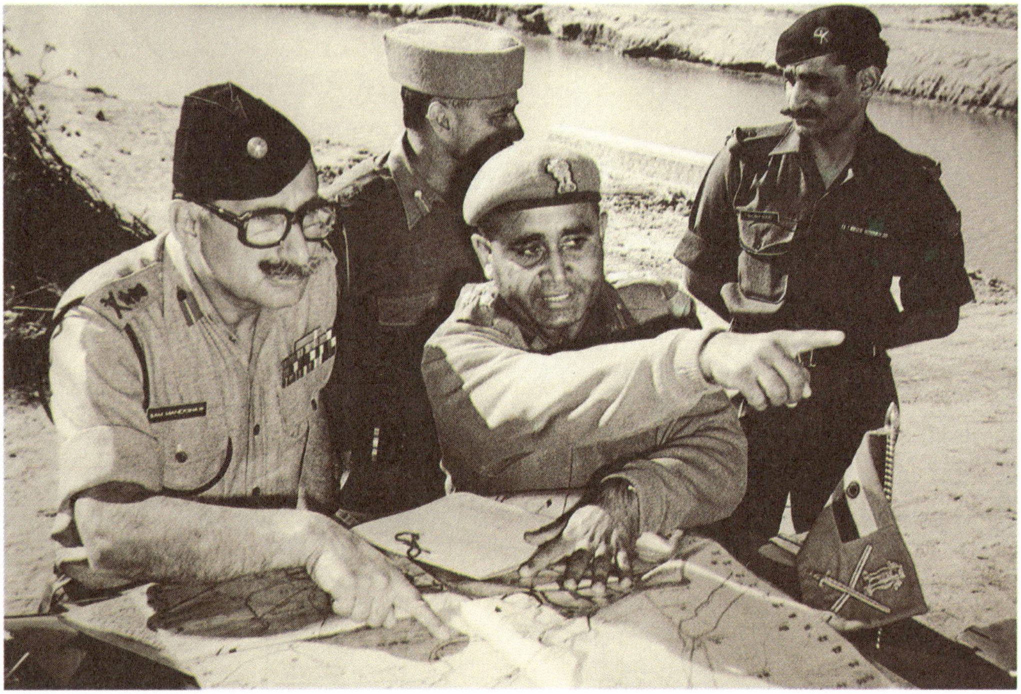

जीप के बोनट पर एक ब्रिगेड कमांडर कुछ समझाते हुए, उनके पीछे हैं 11 कॉर के जी ओ सी लेफ़्टिनेंट जनरल नवीन रॉली और सैम के अंगरक्षक मेजर शुभि सूद।

साभार: 58 गोरखा प्रशिक्षण केंद्र

थी। इस स्टेनगन का सुरक्षा रिकॉर्ड अच्छा नहीं था और हलका झटका लगने पर तमाम गोलियाँ चल देती थीं। जब गाड़ी ऊबड़-खाबड़ रास्ते पर चली, सैम मुझे बोले, 'बेरोज़, क्या तुम इस कमबख़्त बंदूक का रुख़ बाहर की ओर कर सकते हो? तुम यह तो नहीं चाहोगे कि तुम्हारा अपने सेना अध्यक्ष पर गोली चलाने के जुर्म पर कोर्ट मार्शल किया जाए?' मैंने तुरंत स्टेनगन का रुख़ बदल दिया! हर बार जब हम किसी अग्रिम रक्षास्थल पर पहुँचते तो सेना के अफ़सर धोखा खा जाते, क्योंकि सेना अध्यक्ष की जगह किनारे की सीट से पूरी युद्धक वरदी में एक कैप्टन उतरता और पीछे सेना अध्यक्ष उतरते, जो प्रोटोकॉल के ख़िलाफ़ था।

सैम हमेशा अपने सहयोगियों और उनके परिवारों की चिंता करते थे। दौरे से पहले उन्होंने आई बी एम में ज़िनोब्या को फोन किया, 'स्वीटी! मैं उस जगह जा रहा हूँ, जहाँ बेरोज़ तैनात है, क्या तुम उस नालायक के लिए कुछ भेजना चाहोगी?' और दौरे से लौटकर उन्होंने फिर से फोन घुमाया, 'वह बदमाश बिलकुल ठीक है सिवाए इसके कि 'कारो ठीकरा जेवो थई गयोच' (वह कोयले की तरह काला हो गया है)। यदि वह लौट कर मेरे साथ काम करना चाहेगा तो 'ठीकरू घसवू परसे' (तो उसकी कालिख घिसकर निकालनी होगी)! तुम उसकी चिंता न करना, चैन से सोना।' ज़िनोब्या के सभी सहकर्मी यह देखकर आश्चर्यचकित थे कि युद्ध की तैयारियों में व्यस्त सेना अध्यक्ष ने समय निकाल कर अपने अंगरक्षक की प्रेमिका को फोन किया और उसे आश्वासन दिलाया कि वह फ़िक्र न करे।

सैम ने युद्धक्षेत्र में सेना की सभी टुकड़ियों की तैयारी का निरीक्षण किया और सैनिकों को प्रोत्साहित किया। उनकी उपस्थिति उत्साह का संचार कर देती

'एक सैनिक का कर्तव्य युद्ध लड़ना और युद्ध जीतना होता है, न कि लूटपाट या बलात्कार करना... मैं सैनिकों को कमांड करता हूँ, चोरों को नहीं।'

थी। सैनिकों को संबोधित करते समय वह सामान्य भाषा में अपनी अपेक्षाएँ बताते। 'एक सैनिक का कर्तव्य युद्ध लड़ना और युद्ध जीतना होता है, न कि लूटपाट या बलात्कार करना। जब आप पाकिस्तान में प्रवेश करोगे तो वहाँ की स्त्रियों का अपनी माता-बहन की तरह सम्मान करें। जो भी इस आदेश का पालन नहीं करेगा, उसका कोर्ट मार्शल होगा। मैं सैनिकों को कमांड करता हूँ, चोरों को नहीं।' उनकी इन बातों का गहरा असर युद्ध में जाने वाले हर सैनिक पर होता था।

अफ़सरों को सैम और भी सख़्त चेतावनी देते थे। युद्ध में सत्य को झुठलाया नहीं जाना चाहिए। उन्हें जीत अथवा हार की सही रिपोर्ट चाहिए थी। आकलन में ग़लती तो समझी जा सकती है लेकिन अगर किसी कमांडर ने जानबूझकर वस्तुस्थिति की ग़लत रिपोर्ट दी तो उसे तुरंत बर्ख़ास्त कर दिया जाएगा। उनके पास बलात्कार जैसे अपराध की तो कोई क्षमा नहीं थी और अपने अफ़सरों को यह बात अपने ख़ास अंदाज़ में वह बता देते थे। 'अगर तुम्हारे अंदर उत्तेजना आए और मन में लालच आ जाए तो अपने हाथ अपनी जेब में डालकर सैम मानेकशॉ की याद कर लेना!'

सैम ने आदेश दे रखा था कि सैन्य अभियान निदेशालय से जो भी संदेश था, डाक या प्रपत्र, जो युद्ध से संबंधित हों, चाहे कितना भी निरर्थक क्यों न हो, तब भी उसे नष्ट न किया जाए। वह बाद में परीक्षण के लिए सभी रिकॉर्ड सुरक्षित रखना चाहते थे।

30 नवंबर को कार्यकारी डी एम ओ, मेजर जनरल इन्दर गिल, के पास दिल्ली में आस्ट्रेलिया के सैनिक सहचारी का फोन आया। कूटनीतिकों के परिवार इस्लामाबाद से हटाए जा रहे थे, जो ज़ाहिर करता था कि पाकिस्तान आक्रमण करने वाला था। चार दिन बाद 3 दिसंबर 1971 को दोपहर तीन बजकर 50 मिनट पर पाकिस्तान की वायु सेना ने भारत के पश्चिमी क्षेत्र में श्रीनगर से जोधपुर तक 11 सैनिक हवाई अड्डों पर आक्रमण कर दिया, और उन्होंने आगरा हवाई अड्डे पर भी बमबारी की। प्रधानमंत्री, जो उस समय कलकत्ता में थीं, को सूचना दी गई और सरकार को सचेत कर दिया गया। थल, वायु एवं नौ सेना को जवाबी कार्यवाही का आदेश दे दिया गया और उसके साथ ही स्वतंत्रता प्राप्ति के बाद तीसरी बार भारत और पाकिस्तान के बीच युद्ध छिड़ गया।

भारतीय सेना ने मुक्ति बाहिनी से मिलकर पूर्वी पाकिस्तान में तीन तरफ़ा आक्रमण आरंभ किया। शत्रु सेना हमसे संख्या में कम और सब तरफ़ से घिरी हुई थी। पाकिस्तान की थल सेना को कोई हवाई सहायता मिल नहीं सकती थी, क्योंकि ढाका का हवाई अड्डा तथा वहाँ खड़े 20 जहाज़, हमारी वायु सेना ने नष्ट कर दिए थे। भारतीय नौ सेना ने बंगाल की खाड़ी का रास्ता रोक रखा था ताकि जलमार्ग से भी कोई सहायता उन तक पहुँच न पाए। साथ ही सोचे-समझे तरीक़े से यह ख़बर फैलाई जा रही थी कि भारतीय सेना ढाका में एक बड़ा अभियान चलाने जा रही है। 11 दिसंबर को दो कैरिबू हवाई जहाज़ पैराट्रूपरों की पोशाक में डमी (नकली सिपाही) को लेकर आगरा से रवाना हुए। पाकिस्तानी सेना को धोखा दिया गया कि पूरी पैराशूट ब्रिगेड वहाँ लगा दी गई है, जबकि वास्तविकता यह थी कि लेफ़्टिनेंट कर्नल के.एस. पन्नू के नेतृत्व में केवल 2 पैरा बटालियन पूर्वी पाकिस्तान के टंगेल शहर में उतारी गई और उन्हें ढाका को घेरने का आदेश था। पाकिस्तानी सैनिकों को इसका अंदाज़ा नहीं था। इसलिए वह अपनी पोस्ट छोड़कर भागे। भारतीय सेना की इस त्वरित उपलब्धि से चिंतित होकर पूर्वी पाकिस्तान के गवर्नर जनरल के सैनिक सलाहकार, मेजर जनरल राव फ़रमान अली, घबरा

पाकिस्तानी फ़ौज के अफ़सर और जवान

हिंदुस्तान की फ़ौज ने तुम्हें घेर लिया है। तुम्हारी वायु सेना नष्ट हो चुकी है। उससे तुम्हें मदद की कोई उम्मीद नहीं है। चिट्टागोंग, चहलना और मंगला बंदरगाह अगम्य हैं। समुद्र के रास्ते से तुम तक किसी के भी पहुँचने की संभावना नहीं है। तुम्हारी क़िस्मत पर ताले लग चुके हैं। मुक्ति बाहिनी और बंगाल की जनता तुम्हारे द्वारा किए गए अत्याचारों का बदला लेने पर तुली हुई है। अपना जीवन बरबाद करने से क्या होगा? क्या तुम्हें घर जाने की, अपने बच्चों से मिलने की इच्छा नहीं है। समय मत बेकार करो। किसी भी सैनिक को अपने हथियार समर्पण करने में लज्जा महसूस नहीं करनी चाहिए। हम सबके साथ आदर और सम्मान का बरताव करेंगे, जो एक फ़ौजी का हक़ है।

पाकिस्तानी सैनिकों के आत्मसमर्पण के लिए छपा एक संदेश। साभार: 58 गोरखा प्रशिक्षण केंद्र

सैम की रणनीति कारगर सिद्ध हुई... लेफ़्टिनेंट जनरल ए.ए.के. नियाज़ी भारतीय सेना के समक्ष आत्मसमर्पण के लिए तैयार हैं।

गए और उन्होंने संयुक्त राष्ट्र सुरक्षा परिषद से युद्ध-विराम की विनती की। पाकिस्तानी जनरलों के बीच हो रही बातचीत का अपने सिगनल्स अधिकारियों ने अवरोध किया, जिससे पता चला कि पाकिस्तानी सेना घुटने टेकने वाली है। सैम यह सब सूचना लेते रहे। उन्हें जैसे ही पता चला कि अपनी सेना ने ढाका को घेर लिया है, उन्होंने रेडियो के माध्यम से पाकिस्तानी सैनिकों से हथियार डालने का संदेश देना आरंभ कर दिया। उनके भाषणों के उर्दू, पंजाबी, पश्तो और बँगला में अनुवाद के छपे परचे पूरे पूर्वी पाकिस्तान में गिराए गए। भारतीय सेना अध्यक्ष की इस घोषणा से पाकिस्तानी सैनिकों के हौसले और भी पस्त हो गए; और सैन्य समीक्षकों का तो यहाँ तक मानना है कि इस घोषणा के प्रभाव से युद्ध दो हफ़्ते पहले ही समाप्त हो गया। यह सैम का अद्भुत और अंतिम ब्रह्मास्त्र था!

सैम की रणनीति कारगर सिद्ध हुई और 14 दिसंबर को पाकिस्तानी सेना के दो मध्यस्थ भाषी, एक अमेरिकी दूतावास कर्मी और दूसरे यू एन डी पी[8] के दिल्ली स्थित प्रतिनिधि का यह संदेश मिला कि पूर्वी पाकिस्तान सेना के आर्मी कमांडर, लेफ़्टिनेंट जनरल ए.ए.के. नियाज़ी, भारतीय सेना के समक्ष आत्मसमर्पण के लिए तैयार हैं। सैम ने 15 दिसंबर को उत्तर दिया कि वह जिनेवा समझौते के आधार पर पाकिस्तान के सैनिकों, अर्द्ध-सैनिकों तथा पश्चिमी पाकिस्तान के नागरिकों को पूरी सुरक्षा एवं सम्मान देने का वादा करते हैं। घायलों को उपचार दिया जाएगा तथा मृतकों को ससम्मान दफ़नाया जाएगा। भारतीय सेना कोई भी दमनात्मक कार्य नहीं करेगी। इस विश्वास के तहत

8 संयुक्त राष्ट्र विकास कार्यक्रम।

सेना किसी धर्म, जाति या संप्रदाय से ऊपर होती है।

वह अपनी पूर्वी आर्मी कमांडर को शाम 5.00 बजे से युद्ध-विराम के लिए हुक्म देंगे और जनरल राव फ़रमान अली से उम्मीद करते हैं कि वह पाकिस्तानी सेना को आदेश देंगे कि अब वह कोई उकसाने वाली कार्यवाही न करें। सैम ने चेतावनी दी कि यद्यपि वह व्यर्थ के खून-खराबे से नफ़रत करते हैं, किंतु यदि इस समझौते में धोखा हुआ तो वह और भी भीषण आक्रमण करेंगे।

15 दिसंबर की शाम 5.00 बजे युद्ध थम गया, सिवाए इसके कि दूरदराज़ यह संदेश न पहुँचने के कारण कहीं-कहीं छुटपुट झड़पें होती रहीं। 16 दिसंबर की शाम 4.30 बजे लेफ़्टिनेंट जनरल अमीर अब्दुल्ला ख़ान नियाज़ी ने ढाका के रामना रेसकोर्स मैदान में आत्मसमर्पण संधि पर हस्ताक्षर किए और पूर्वी कमांड के जी ओ सी-इन-सी लेफ़्टिनेंट जनरल जगजीत सिंह अरोरा के हाथ में अपनी पिस्तौल, पेटी और पद के बिल्ले दे दिए और पाकिस्तान की पूर्वी सेना की कमान भारतीय सेना के हाथ में दे दी। इस तरह उस युद्ध का अंत हुआ, जिसके साथ 93,000 पाकिस्तानी अफ़सरों एवं सैनिकों ने बिना शर्त हिंदुस्तान की फ़ौज को आत्मसमर्पण किया!

श्रीमती गांधी चाहती थीं कि आत्मसमर्पण सैम के हाथों हो पर उन्होंने पूर्वी आर्मी कमांडर के साथ हक़-उदूली करने से मना कर दिया। उन्होंने कहा कि वह सगर्व आत्मसमर्पण स्वयं स्वीकार करते, यदि यह संपूर्ण पाकिस्तानी सेना का होता। आत्मसमर्पण के पहले ही पूर्वी सेना के एक वरिष्ठ अधिकारी को ढाका भेजा गया कि वह वहाँ की पूरी सुव्यवस्था सुनिश्चित करे। इसके लिए उन्होंने पूर्वी सेना के चीफ़ ऑफ स्टाफ़ मेजर जनरल जैकब को नियुक्त कर दिया। जब यह बात रक्षा मंत्रालय को पता चली तो उन्होंने यह चिंता व्यक्त की कि एक यहूदी अफ़सर को मुस्लिम सेना के आत्मसमर्पण का इंतज़ाम करने के लिए भेजा जा रहा है। सरकार को यह चिंता थी कि भारत के साथ मैत्री संबंध रखने वाले मुस्लिम राष्ट्रों की इस पर क्या प्रतिक्रिया होगी! सैम को बहुत गुस्सा आया और बोले कि 30 वर्षों तक सरकार क्यों खामोश रही जब जैक (जैकब) इस राष्ट्र के लिए अपनी जान जोख़िम में डालते रहे। सेना किसी धर्म, जाति या संप्रदाय से ऊपर होती है, और फिर अब तो बहुत देर हो चुकी है, क्योंकि जैक अब चल चुके हैं। सैम ने 'जैक' को फोन करके सब बात खुलकर बताई। 'जेक' ने आवेश में आकर इस्तीफ़ा देने की धमकी दी। सैम के लिए यह बड़ा आघात था, 'जेक, तुम मेरे धैर्य की परीक्षा मत लो, यदि तुमने मेरे सामने त्यागपत्र रखा तो मैं उसे स्वीकार कर लूँगा।' जेक बहुत ही सक्षम अफ़सर थे, उन्होंने सारी व्यवस्था सही ढंग से कर दी।

युद्ध के दौरान सैम ने हर क़दम अच्छी नीयत से उठाए थे लेकिन फिर भी निस्संदेह उन्होंने कुछ लोगों को नाराज़ कर दिया था। एयर चीफ़ मार्शल पी.सी. लाल ने अपनी आत्मकथा *माई इयर्स विद द आई ए एफ़* (1986) (मेरे हिंदुस्तानी वायु सेना में गुज़ारे गए साल) में लिखा कि– 'उन्हें लगा कि सेना अध्यक्ष की सार्वजनिक घोषणाओं से उनका कद छोटा किया जा रहा था, क्योंकि उसका अर्थ यही था कि सारी सफलता का श्रेय मात्र उनका था।' हद तो 14 दिसंबर को हो गई, जब उन्होंने यह कहा कि वह अपनी वायु सेना को कार्यवाही करने का आदेश दे देंगे। फिर पलट कर पी.सी. लाल कहते हैं कि उन्हें यह सुनकर बेहद तनाव महसूस हुआ, पर सैम की सख़्त घोषणाओं को श्रेय देते हैं कि शायद वह 'उस तनाव के माहौल में' या कि 'सेना का मनोबल बनाए रखने के लिए' इस प्रकार से बोलें।

सरकार को हर समय पूरी सूचनाएँ देते रहना सैम का एक बहुत सही क़दम था। हर सुबह 8.30 बजे वह प्रधानमंत्री, रक्षा मंत्री और जल एवं वायु सेना अध्यक्ष को साउथ ब्लॉक स्थित वॉर रूम से पूरे दिन की रिपोर्ट देते थे। वह पिछले 24 घंटे में हुई उपलब्धियों, नुकसान, जनहानि आदि का ब्यौरा तथा अगले 24 घंटे के लिए

प्रधानमंत्री

नं. 314– पी एम एच/71

नई दिल्ली
22 दिसंबर 1971

आदरणीय जनरल मानेकशॉ,

पिछले दिनों देश की जनता की प्रशंसा ने यह साबित किया है कि हमारी क्षेत्रीय अखंडता की रक्षा करने और हमारे राष्ट्रीय मूल्यों को बनाए रखने में हमारे सशस्त्र बलों की उपलब्धियाँ बेहद सराहनीय रही हैं।

मुझे ज्ञात है कि यह दायित्व कितना गंभीर था और सेना अध्यक्ष और चेयरमैन चीफ़ ऑफ स्टाफ़ कमेटी के सभापति होने की वजह से आपने लगातार कितना दबाव सहन किया है। युद्ध के दौरान तीनों सेनाओं के दरमियान प्रभावशाली समन्वय बनाए रखना आपके कुशल नेतृत्व का परिणाम है। मैं ख़ासतौर से आपके मूल्यवान सहयोग, स्पष्ट सलाह और स्थिरता के लिए आभार व्यक्त करती हूँ, जो इन संकटमय दिनों में मुझे प्राप्त हुए।

मैं सरकार की ओर से व देश के हर नागरिक की ओर से आपको, आपके अफ़सरों और जवानों को कृतज्ञता प्रकट करना चाहती हूँ।

शुभकामनाओं के साथ,

आदर सहित
इंदिरा गांधी

जनरल एस.एच.एफ.जे. मानेकशॉ
नई दिल्ली

सैम के लिए प्रधानमंत्री का बधाई पत्र। साभार: 58 गोरखा प्रशिक्षण केंद्र

डी ओ नं.70012/4/ सी ओ ए एस

24 दिसंबर 1971

मुझे आपका डी ओ पत्र नं. 314– पी एम एच/71, तिथि 22 दिसंबर 71, प्राप्त हुआ, जिसके लिए मैं धन्यवाद प्रकट करता हूँ।

आपकी विचारधारा और उदार प्रशंसा का मैं आभारी हूँ। मैं आपका यह संदेश और इन भावनाओं को फ़ौज में अवश्य प्रसारित करूँगा।

मैं भी आपको धन्यवाद देना चाहता हूँ कि आपने मुझ पर पूर्ण विश्वास किया और मुझे अपने कार्य को संपन्न करने की आज़ादी दी।

हृदय से मेरी शुभकामनाएँ,

सैम

श्रीमती इंदिरा गांधी
प्रधानमंत्री
नई दिल्ली

सैम का प्रधानमंत्री को जवाब। साभार: मानेकशॉ परिवार

युद्ध के दौरान सैम ने हर क़दम अच्छी नीयत से उठाए थे लेकिन फिर भी निस्संदेह उन्होंने कुछ लोगों को नाराज़ कर दिया था।

योजना के संबंध में बताते थे। शाम को मेजर जनरल एम.एन. बत्रा दुनिया भर के संवाददाताओं को विज्ञप्ति देते ताकि वह ख़बर रात को अख़बारों में छपकर, दूसरे दिन सुबह पूरी दुनिया भर में पहुँच जाए।

युद्ध के दौरान सैम की पुरानी पलटन 4/12 एफ एफ आर (अब पाकिस्तानी सेना की 6 एफ एफ आर) ने भारत के पंजाब में फ़ाजिल्का के एक बाँध के हिस्से पर क़ब्ज़ा कर लिया था। हमारी सेना के उन्हें वहाँ से हटाने के कई प्रयास विफ़ल हो गए थे। हर असफल प्रयास के बाद क़ब्ज़ा किए बाँध के पीछे से लाउडस्पीकर पर विजय हुँकार आती, 'हम सैम साहब की पलटन से हैं, कभी पीछे नहीं हटेंगे।' उनकी पुरानी बटालियन में अभी भी उनके नेतृत्व की कितनी अद्भुत प्रशंसा थी![9] जब अभेद्य 6 एफ एफ आर की यह सूचना दी जाती तो सैम बड़ी मुश्किल से अपने गर्व को छिपा पाते। और जब पाकिस्तानी सरकार ने 6 एफ एफ आर के मेजर शब्बीर शरीफ़ को सर्वोच्च वीरता सम्मान 'निशान-ए-हैदर' से नवाज़ा तो सैम ने अपनी बटालियन के अफ़सर की उपलब्धि पर बहुत गर्व महसूस किया और अपने ब्रिटिश सी ओ को इसके बारे में लिखा।[10]

यद्यपि भारतीय सेना अपनी विजय से प्रफुल्लित थी, फिर भी युद्ध-विराम की घोषणा से कुछ निराशा का माहौल था। कमांडर चाहते थे कि जिन लक्ष्यों के हम बिलकुल क़रीब हैं, उन पर अपना क़ब्ज़ा कर लें, लेकिन सरकार ने युद्ध-विराम की घोषणा कर दी। श्रीमती गांधी ने अपने अमेरिका और यूरोप के दौरे में यह ज़ोर देकर कहा था कि भारत का किसी की भूमि हड़प करने का कोई भी गुप्त इरादा नहीं है। यद्यपि इस विचार के विरोधी लगातार यह दावा करते रहे कि भारत को और भी अधिक राजनीतिक चतुराई से काम लेना चाहिए था, और अपनी मज़बूत स्थिति का लाभ उठाते हुए पाकिस्तान के साथ कश्मीर सहित पूरे पश्चिमी क्षेत्र के 1947 से लेकर अभी तक के सभी मसलों को निर्णायक तौर पर हल कर लेने का मौक़ा था। हालाँकि यह कोई नई बात तो थी नहीं, सेना की उपलब्धियाँ, हमारी राजनीतिक नाकामी की कुरबानी बन जाती है।

ढाका पतन के दिन श्रीमती गांधी अपनी उत्तेजना नहीं रोक पाईं। उन्होंने संसद भवन की सीढ़ियाँ दौड़ते हुए पार कीं, और कार्यवाही रोककर विजय की घोषणा कर दी। पाकिस्तान को मात्र दो सप्ताह के अंदर घुटने टेकने पर मजबूर कर दिया गया था, जबकि इस कार्य में अनुमानतया चार से छह सप्ताह लगने की उम्मीद थी। पूरे सदन में हर्षोल्लास छा गया। यह भारत के लिए श्रेष्ठतम घड़ी थी! ♦

9 मेजर जनरल के.एस. बाजवा के सौजन्य से।

10 सौजन्य से 'सैम मानेकशॉ', लेखक हमीद हुसैन, साउथ एशिया कॉन्टैक्ट ग्रुप।

राष्ट्रपति भवन के अशोक हॉल में
प्रतिष्ठापन समारोह।

साभार: 58 गोरखा प्रशिक्षण केंद्र

सबसे बेहतरीन दौर

भारत की निर्णायक जीत के साथ सेना अध्यक्ष प्रतिष्ठा के पात्र बन गए थे। गर्व के साथ समर्पण-पत्र की प्रति को मढ़वा कर उनके कार्यालय में लगवा दिया गया। इस पत्र को उन्होंने लिखा था और रक्षा सचिव के.बी. लाल तथा प्रधानमंत्री के सचिव पी.एन. हक्सर ने इसे देखकर मंजूर किया था। सैम ने मुख्यालय के पूर्वी कमांड को फोन पर इस दस्तावेज़ का ज्ञापन लिखवाया और इसकी चार मूल प्रतियाँ बनाने को कहा: एक सेना मुख्यालय के रिकॉर्ड के लिए, एक पूर्वी कमांड के रिकॉर्ड के लिए, एक सेना अध्यक्ष के दफ़्तर के लिए और एक जनरल नियाज़ी के लिए। यह उनका बहुमूल्य स्मृति-चिह्न था।

देश में ख़ुशी का माहौल था। भारतीय सेना ने ख़ुद को सक्षम साबित कर दिखाया और 1962 में चीन से हार का भूत भगा दिया गया। जनता की प्रशंसा और कृतज्ञता के भाव ने वरदी में मौजूद नारी और पुरुषों के लिए जीत के प्रभामंडल की चमक को अत्यंत उज्ज्वल कर दिया। सेना की कुछ टुकड़ियाँ अब भी युद्ध के मैदान में होने के कारण सेना मुख्यालय ने गणतंत्र दिवस की परेड रद्द करने का सुझाव दिया, लेकिन श्रीमती गांधी इसका प्रदर्शन चाहती थीं। विजय मनाने के लिए और जिन सैनिकों ने कुरबानी दी थी, उन्हें श्रद्धांजलि देने का यही एक सही मौक़ा था। केंद्रीय लोक निर्माण विभाग ने कम समय में इंडिया गेट के छत्र के नीचे अमर जवान ज्योति, एक सामान्य युद्ध स्मारक, जो एक उलटी राइफ़ल पर हैलमेट है, बना दिया। 26 जनवरी 1972 को परेड शुरू होने से पहले प्रधानमंत्री खुली जीप में राजपथ पहुँचीं। उनके साथ तीनों सेनाओं के अध्यक्ष थे, और वे सबसे पहले बलिदानियों को श्रद्धांजलि देने इस स्मारक पर पहुँचे। इसके बाद सामान्य के मुक़ाबले बहुत छोटे पैमाने पर परेड निकाली गई। सैन्यदल राजपथ पर अनुष्ठानिक वरदी के बजाए युद्ध की साज़-सज्जा में थे। सरकार ने सशस्त्र बलों के लिए पाँच नए पदक स्थापित किए: एक उन सभी कर्मचारियों के लिए, जिन्होंने युद्ध में हिस्सा लिया, एक हर उस व्यक्ति के लिए जो पूर्वी या पश्चिमी क्षेत्र में लड़ा, एक स्वतंत्रता के 25 साल मनाने के लिए,

15 जनवरी 1973 के सेना दिवस की परेड।

साभार: 58 गोरखा प्रशिक्षण केंद्र

आत्मसमर्पण के यंत्र पर हस्ताक्षर, ढाका
हिंदुस्तानी समय, शाम 4.31 बजे
16 दिसंबर 1971

पाकिस्तानी फ़ौज का पूर्वी कमान सहमत है कि पाकिस्तान की फ़ौज, जो बांग्लादेश में स्थित है, लेफ़्टिनेंट जनरल जगजीत सिंह अरोरा, हिंदुस्तान की पूर्वी कमान और बांग्लादेश फ़ौज के अध्यक्ष को आत्मसमर्पण करे। सभी पाकिस्तानी फ़ौजें, स्थल सेना, वायु सेना और नौ सेना इस आत्मसमर्पण में शामिल हैं। सभी पाकिस्तानी फ़ौजें जहाँ पर तैनात हैं, वहीं हिंदुस्तान के फ़ौजी, जो जनरल जगजीत सिंह अरोरा के अधीन हैं, के सामने हथियार नीचे डाल देंगे।

इस आत्मसमर्पण के यंत्र पर हस्ताक्षर करने के पश्चात पाकिस्तान का पूर्वी कमान, लेफ़्टिनेंट जनरल जगजीत सिंह अरोरा के नियमों का पालन करेगा। आज्ञा का उल्लंघन करना आत्मसमर्पण के नियमों को भंग करने का अपराध माना जाएगा और बराबर की सजा दी जाएगी। इस बात में कोई भी शंका होगी तो जनरल अरोरा का निर्णय अंतिम होगा।

लेफ़्टिनेंट जनरल अरोरा इस गंभीर विषय पर आश्वासन देते हैं कि जो सैनिक आत्मसमर्पण करते हैं, उनसे मान और इज़्ज़त का व्यवहार किया जाएगा। जिनेवा सम्मेलन के मुताबिक, सब सैनिकों और अर्द्ध-सैनिकों की सुरक्षा और स्वास्थ्य का पूरा ध्यान रखा जाएगा। विदेशी नागरिकों, जातीय अल्पसंख्यकों और पश्चिमी पाकिस्तानियों को जनरल अरोरा की फ़ौज द्वारा पूरी सुरक्षा दी जाएगी।

Jagjit Singh	AAK Niazi Lt Gen.
जगजीत सिंह अरोरा लेफ़्टिनेंट जनरल जनरल ऑफ़िसर कमांडिंग इन चीफ़ भारत और बांग्लादेश फ़ोर्सेज इन द ईस्टर्न थिएटर 16 दिसंबर 1971	अमीर अब्दुल्ला ख़ान नियाज़ी लेफ़्टिनेंट जनरल मार्शल लॉ एडमिनिस्ट्रेशन ज़ोन बी एवं कमांडर ईस्टर्न कमांड (पाकिस्तान) 16 दिसंबर 1971

समर्पण पत्र।

साभार: द यूनाइटेड सर्विस इंस्टीट्यूशन ऑफ इंडिया

युद्ध की विधवा को सिलाई मशीन उपहार में देते हुए।
साभार: 58 गोरखा प्रशिक्षण केंद्र

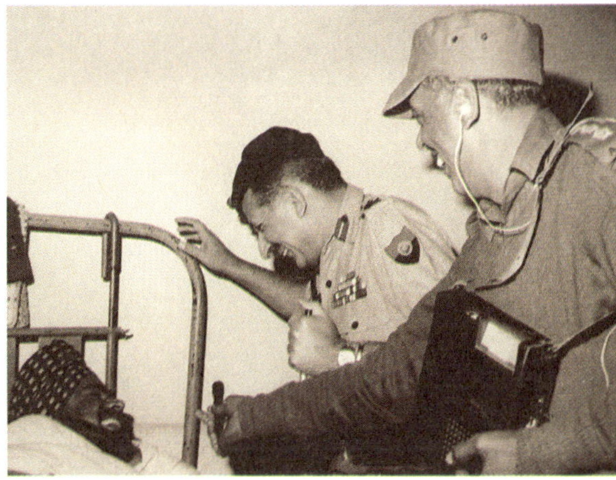

एक घायल सैनिक से बातचीत कर उसका मनोबल बढ़ाते हुए।
साभार: 58 गोरखा प्रशिक्षण केंद्र

और एक पदक घायलों के लिए। सैम ने सुनिश्चित किया कि आख़िरी वाला पदक 1947 के बाद से अब तक सभी अभियानों में घायल सैनिकों को दिया जाए। इससे उन्होंने ख़ुद को एक और पदक हासिल करने की अनुमति नहीं दी क्योंकि आघात उनको द्वितीय विश्वयुद्ध में लगे थे। सैम ने ख़ुद के लिए उच्चतम ईमानदारी के पैमाने रखे थे और ऐसी ही अपेक्षा वे अपने अफ़सरों से भी रखते थे।

लेकिन सेना अध्यक्ष को इन समारोहों से बढ़कर कई महत्वपूर्ण, आवश्यक काम थे। जबकि धूमधाम चलती रही और वाहवाही आती रही, सैम ने सेना के अस्पतालों का दौरा किया। उन्होंने गंभीर रूप से घायल और विकलांगों को सहायता प्रदान की और लगातार अत्यधिक काम में लगे अस्पताल के कर्मचारियों का मनोबल बढ़ाया। एक घायल और सदमे में घिरे पाकिस्तानी सैनिक ने उन्हें अपने मन की बात कही और एक बंदी के रूप में अपनी शर्मिंदगी प्रकट की: इस हार के लिए उसने अपने वरिष्ठ अधिकारियों को दोषी ठहराया। सैम ने उस व्यक्ति को दिलासा दिया, और उसकी बहादुरी की प्रशंसा की और कहा कि उसे इस बात से सुकून होना चाहिए कि वह ख़ुद बहादुरी से लड़ा, बाक़ी उसके काबू से बाहर था।

सैम ने सेना के अस्पतालों का दौरा किया। उन्होंने... लगातार अत्यधिक काम में लगे अस्पताल के कर्मचारियों का मनोबल बढ़ाया।

बलिदानियों के परिवारों पर ध्यान देने की ज़रूरत थी। सरकार ने युद्ध की विधवाओं को उनके पति की सेवानिवृत्ति की तारीख़ तक उनका पूरा वेतन और उसके बाद दो-तिहाई बतौर पेंशन देने की घोषणा की। जो पढ़ी-लिखी थीं, उनको सरकारी नौकरी और उनके बच्चों को छात्रवृत्ति दी गई। भारतीय रेलवे ने इसमें एक क़दम आगे बढ़ाते हुए वीरता पुरस्कार पाने वालों और बहादुरों के परिवारों के लिए जीवनभर रियायती दर के टिकट देने की घोषणा की।

सैम ने अपने सेना सचिव (एम एस) मेजर जनरल ए.एन. माथुर (कॉर ऑफ सिगनल्स) को निर्देश दिया कि वह हर घायल अफ़सर से बात करके सुनिश्चित करें कि स्वास्थ्य लाभ के दौरान उसको अपनी पसंद की जगह पर तैनात कर दिया जाए। गंभीर रूप से घायलों में 4/5 जी आर के मेजर (बाद में मेजर जनरल) इअन कार्दोज़ो थे। पूर्वी पाकिस्तान के सिल्हेत जिले में जब वह गश्त

घायलों को प्रोत्साहित करते हुए सैम। साभार: मानेकशॉ परिवार

कर रहे थे तो इअन का पैर बारूदी सुरंग पर पड़ने से उनके बाएँ पैर का निचला हिस्सा काफ़ी ज़ख़्मी हो गया। रेजिमेंटल मेडिकल अफ़सर उनका इलाज नहीं कर पाए, क्योंकि दुश्मनों की गोलाबारी में सभी उपकरण तथा मॉर्फिन और एंटीबायोटिक के भंडार नष्ट हो गए थे। इस असहनीय दर्द में, इअन ने अपने अर्दली से कहा कि वह अपनी खुकरी से उनके क्षत-विक्षत पैर को काट दे। जब गोरखा अर्दली ने इस काम को मना किया तो इअन ने उसकी खुकरी छिनी और घुटने के नीचे अपनी टाँग को ख़ुद काट दिया और फिर अर्दली को आदेश दिया कि टाँग के इस टुकड़े को कहीं गाड़ दे। अगले दिन हमारी फ़ौज ने सिल्हेत पर क़ब्ज़ा कर लिया, और उनका ऑपरेशन एक पाकिस्तानी मेडिकल अफ़सर ने किया, जिसके बाद उन्हें पुणे के कृत्रिम अंग केंद्र में सर्जरी से अंग-प्रत्यारोपण के लिए भेज दिया गया। वह उस समय स्वास्थ्य लाभ के लिए मेडिकल लीव पर थे,

सेना अध्यक्ष इस चलन से बहुत दुखी थे कि युद्ध में आहत सैनिकों को मेडिकल श्रेणी से कमतर आँकना और कमांड नियुक्तियों से मना किया जाए।

जब सेना सचिव ने फोन करके उनसे तैनाती के लिए उनकी पसंद की जगह पूछी। इअन ने बंबई को चुना, पर जब उनकी तैनाती के आदेश आए तो उन्हें पता चला कि उनकी तैनाती दिल्ली के सेना मुख्यालय में एम एस ब्रांच में की गई थी। उन्हें बहुत अफ़सोस हुआ और उन्होंने सेना सचिव से मिलने का समय माँगा। सेना अध्यक्ष इस चलन से बहुत दुखी थे कि युद्ध में आहत सैनिकों को मेडिकल श्रेणी से कमतर आँकना और कमांड नियुक्तियों से मना किया जाए। वह मौजूदा व्यवस्था को न्यायसंगत वैकल्पिक व्यवस्था, जिसमें अपनी शारीरिक

इन क़ैदियों को सेना की बैरकों में रखा गया था और उन्हें सभी सुख-सुविधाएँ दी जा रही थीं जो भारतीय सैनिकों को प्राप्त होती हैं, जबकि वहाँ से हटाए गए भारतीय सैनिक टेंटों में रह रहे थे।

अक्षमता को दूर कर लेने वाले अफ़सरों को कमांड मिले, में बदलना चाहते थे। इअन को इसे लागू करने के लिए चुना गया था। कई बाधाएँ अब भी पार करनी थीं, क्योंकि इसके बारे में सोच बदलनी ज़रूरी थी। इअन लगातार प्रयास करते रहे और अंततः 1978 में सैम की सेवानिवृत्ति के बाद, नई नीति लागू हो गई। इअन को अपनी बटालियन, एक इन्फैंट्री ब्रिगेड और एक इन्फैंट्री डिवीज़न को कमांड करने का मौक़ा मिला। सैम की ईमानदारी की भावना सफल रही।

अपनों का ख़याल रखने के अलावा 93,000 युद्धबंदी थे, जिनकी तरफ़ भी सेना अध्यक्ष को ध्यान देना था। डिप्टी ए जी, मेजर जनरल एस.के. सिन्हा, युद्धकालीन नज़रबंदी कैंप के इंचार्ज थे। इन क़ैदियों को सेना की बैरकों में रखा गया था और उन्हें सभी सुख-सुविधाएँ दी जा रही थीं जो भारतीय सैनिकों को प्राप्त होती हैं, जबकि वहाँ से हटाए गए भारतीय सैनिक टेंटों में रह रहे थे। अंतरराष्ट्रीय रेड क्रॉस और अंतरराष्ट्रीय पत्रकारों को युद्धबंदियों के कैंप में खुली छूट थी ताकि विश्व यह देख सके कि भारतीय सेना में सर्वश्रेष्ठ सैन्य-बल होने की ईमानदारी और नैतिकता है और वह युद्धबंदियों के साथ जिनेवा समझौते से बेहतर स्थितियाँ उपलब्ध कराता है। इसका ज़्यादा अच्छा वर्णन, इस किताब में, जनरल सिन्हा द्वारा लिखित प्राक्कथन में है।

युद्ध खतम होने के एक महीने बाद सैम को श्रीमती गांधी ने अपने निवास 1, सफदरजंग रोड पर बुलाया और रॉ[1] की बनाई एक फाइल दी, जिसमें पूर्वी पाकिस्तान में कुछ भारतीय सेना के वरिष्ठ अधिकारियों द्वारा किए गए पापों का काला चिट्ठा था। इस लिस्ट में सारी जानकारी थी और ढाका इंटरकॉन्टिनेंटल होटल के कमरों के नंबर तक दिए गए थे, जहाँ मनोरंजन के लिए औरतें पहुँचाई गई थीं। सैम बहुत गुस्से में थे पर प्रधानमंत्री से कहा कि जनता के बीच इस खुलासे से प्रतिकूल असर पड़ेगा और कुछ गिने-चुने लोगों की ग़लती के कारण पूरी सेना की छवि धूमिल होगी। उन्होंने आश्वासन दिया कि वह हर दोषी का सही समय पर हिसाब कर देंगे। सज़ा ज़रूर दी जाएगी; पर बिना नाटक के।

इस लिस्ट के जनरलों में से एक बहुत अच्छा फ़ील्ड कमांडर था। युद्ध के कुछ महीने बाद उसे एम एस द्वारा एड्जुटेंट जनरल बनाने के लिए चुना गया। फाइल जब सेना अध्यक्ष के कार्यालय पहुँची तो सैम ने एक टिप्पणी के साथ इसे वापस कर दिया, कि 'मरते दम तक नहीं! एड्जुटेंट जनरल भारतीय सेना में अनुशासन का रखवाला होता है। अगर यह अफ़सर एड्जुटेंट जनरल बन गया, तो सेना अध्यक्ष की रात की नींद हराम हो जाएगी।' उसका कैरियर खतम, अफ़सर को सेवानिवृत्त कर दिया गया।

रॉ की लिस्ट के एक अन्य दोषी को पदोन्नत कर आर्मी कमांडर बनाने की सिफ़ारिश रक्षा मंत्री ने की। सैम ने रक्षा मंत्री के फ़ैसले पर प्रश्न उठाते हुए श्रीमती गांधी को लिखा कि, 'जैसा कि मैंने आज सुबह कहा था, मेरे ख़याल से रक्षा मंत्री के विचार को दरकिनार किया जाना चाहिए, क्योंकि न ही उनको जानकारी है और न ही वह इन पदोन्नतियों की निष्पक्षता को समझते हैं... आप और मैं उस अफ़सर को जानते हैं: हालाँकि वह सक्षम है, पर नैतिक रूप से वह अफ़सर होने लायक भी नहीं है, आर्मी कमांडर तो दूर की बात है... उसने कानून और वादा भंग किया, होटल में यौन-क्रिया लिप्त की, और यह सब छिपाने के लिए झूठ भी बोला। अगर उसको आर्मी कमांडर बनाया गया तो पूरी सेना शर्मिंदा महसूस करेगी... मुझे लगता है कि आप मुझसे सहमत होंगी कि वह कभी आर्मी कमांडर[2] ना बनाया जाए।'

1 भारत की अंतरराष्ट्रीय गुप्तचर संस्था।

2 स्रोत: मानेकशॉ परिवार के पत्र।

पूना (अब पुणे) स्थित कृत्रिम अंग केंद्र का दौरा करते हुए, साथ में हैं चिकित्सकीय सेवाओं के महानिदेशक और उनके पीछे दाएँ से तीसरे दक्षिणी सेना के आर्मी कमांडर जनरल जी.जी. बेवूर। साभार: 58 गोरखा प्रशिक्षण केंद्र

प्रधानमंत्री इस सलाह से पूरी तरह सहमत थीं और एक और गुमराह अफ़सर ने, जिसने जानबूझकर आदेशों को नज़रअंदाज़ किया था, भारी क़ीमत चुकाई।

युद्ध के बाद, सैम ने पूर्वी कमांड के अफ़सरों को उनके प्रदर्शन पर बधाई देने के लिए वहाँ का दौरा किया। कलकत्ता हवाई अड्डे पर ऑस्टिन शियरलाइन की जगह पूर्वी पाकिस्तान से चुराई मर्सडीज़ बेन्ज़ खड़ी थी, जिसमें चार सितारे और उनका झंडा लगा था। वह टहलते हुए उसे पार कर गए और एक सामान्य भारतीय एंबैसेडर कार में बैठे, जिसमें उनका झंडा और स्टार प्लेट भी नहीं थी और ड्राइवर को निवास पर ले जाने को कहा। इससे सैम का संदेश साफ़ और स्पष्ट था।

अपना पदभार छोड़ने से पहले बिदाई चक्र के दौरान सैम को पूर्वी कमांड के एक विन्यास में भी जाना था। तारीख़ें तय हो जाने के बाद, मुझे विन्यास के कमांडर की कॉल आई; वह सेना अध्यक्ष को अपने घर रात्रि भोज पर आमंत्रित करना चाहते थे। सैम ने मुझसे अधिकारी के निमंत्रण को अस्वीकार करने के लिए कहा, क्योंकि उसका नाम रॉ की सूची में प्रमुखता से लिया गया था। अगले दिन कमांडर का फिर फोन आया। इस बार सैम को कॉकटेल पार्टी पर आमंत्रित करने के लिए। एक बार फिर मुझे निमंत्रण अस्वीकार करने को कहा गया, और सैम बोले, 'बेरोज़, तुम्हें उसको कारण बताने की ज़रूरत नहीं है।' जब कमांडर ने तीसरी बार प्रयास किया तो सैम ने मुझसे कहा, 'उससे कह दो कि मैं मर गया हूँ और उससे यह भी कह देना कि उन्हें हवाई अड्डे पर आने की ज़रूरत नहीं है।' सैम ने अपने रुकने का इंतज़ाम ख़ुद ही कर लिया। ऑफ़िसर्स मेस की कॉकटेल में शामिल हुए, अपने अफ़सरों को उनके बेहतरीन कार्यों के लिए शाबाशी दी और अगले

लाहौर हवाई अड्डे पर जनरल टिक्का ख़ान के साथ।
साभार: 58 गोरखा प्रशिक्षण केंद्र

सबसे ऊपर: लाहौर जाते समय, सद्भावनापूर्वक, पाकिस्तानी वायु सेना के दो युद्धबंदी अफ़सरों का आगमन।
ऊपर: लाहौर हवाई अड्डे पर बिदाई के दौरान।
साभार: 58 गोरखा प्रशिक्षण केंद्र

ही दिन दिल्ली लौट आए। उन्होंने पूरी शाम उस विन्यास कमांडर को एक हाथ की दूरी पर ही रखा।

भारतीय सेना ने मार्च 1972 में बांग्लादेश का प्रशासन नागरिक अधिकारियों को सौंप दिया और वह अपनी बैरकों में लौट आई। सैम की उम्र सेवानिवृत्ति के क़रीब पहुँच गई थी और उन्हें 3 अप्रैल 1972 को अवकाश प्राप्त कर लेना था। उन्होंने प्रधानमंत्री को लिखा कि उनको कार्यभार से मुक्ति दें, लेकिन वह चाहती थीं कि सैम युद्ध के दौरान ज़ब्त किए गए क्षेत्रों और 93,000 युद्धबंदियों के मामले को हल करने के बाद ही जाएँ। 1 अप्रैल को राष्ट्रपति की राजाज्ञा से उन्हें पद पर काम करते रहने को कहा गया: 'राष्ट्रपति यह आदेश देते हैं कि जनरल एस.एच.एफ.जे. मानेकशॉ राष्ट्रपति की इच्छा से सेना अध्यक्ष के पद पर काम करना जारी रखें।' उनके कैरियर में यह दूसरा सेवा विस्तार था।

अप्रैल 1972 में कार्यकारी स्थान से मैं अपनी बटालियन के साथ दिल्ली लौट आया। शुभि को यू.के. के स्टाफ़ कॉलेज में भाग लेने के लिए नामित किया गया था और जुलाई 1972 से मैं फिर सैम के लिए काम करने वापस आ गया। युद्ध से संबंधित विवादों

लाहौर के सेना मुख्यालय में बातचीत का दौर, सैम के बाईं ओर हैं मेजर जनरल इन्दरजीत सिंह गिल। साभार: 58 गोरखा प्रशिक्षण केंद्र

को सुलझाने के लिए जून 1972 के अंत में प्रधानमंत्री इंदिरा गांधी और ज़ुल्फ़िक़ार अली भुट्टो शिमला में मिले और 2 जुलाई 1972 को शिमला समझौते पर हस्ताक्षर किए गए। दोनों प्रधानमंत्री इस बात पर राज़ी हो गए कि जम्मू-कश्मीर को छोड़कर दोनों पक्ष युद्ध के दौरान अंतरराष्ट्रीय सीमा[3] पर क़ब्ज़ा की गई, एक-दूसरे की ज़मीन, वापस कर दें। सीमा की रूपरेखा की बारीकियाँ दोनों तरफ़ की सेनाएँ बातचीत करके तय कर लेंगी। शिमला समझौते की शर्तों के अनुसार, जम्मू-कश्मीर में 'युद्ध-विराम रेखा', जिसको बनाने में सैम ने 1947 में डी एम ओ रहते हुए मदद की थी, अब 'लाइन ऑफ कंट्रोल' (एल ओ सी) के नाम से जानी जाए, और इस रेखा को अधिक वैधता दी जाए। दुर्भाग्यवश भारत ने एक बार फिर इसे अंतरराष्ट्रीय सीमा के रूप में मान्यता देने के लिए भुट्टो के औपचारिक दस्तख़त न लेकर अपनी प्राबल्य स्थिति को गँवा दिया! न ही हमने कश्मीर मुद्दे का स्थायी समाधान ढूँढ़ा। एकमात्र मामूली-सा जो फ़ायदा एल ओ सी कहलाने से हुआ, वह यह था कि जम्मू-कश्मीर में संयुक्त राष्ट्र के प्रेक्षक निरर्थक हो गए और भारत ने उन्हें वापस जाने के लिए कह दिया।

जम्मू-कश्मीर में रेखांकन एक अपवाद को छोड़कर ठीक से चलता रहा। जम्मू ज़िले के 'थाको चक' इलाक़े का भारत के लिए कूटनीतिक महत्व था, जिस पर पाकिस्तान ने क़ब्ज़ा कर लिया था। भारत ने इस आधार पर उसे वापस माँगा कि वह पाकिस्तान के पंजाब से जाने वाली अंतरराष्ट्रीय सीमा पर पड़ता है, जबकि पाकिस्तान का कहना था कि वह एल ओ सी[4]

3 अंतरराष्ट्रीय सीमा कच्छ के रण से लेकर पंजाब तक फैली हुई थी। जम्मू-कश्मीर में सीमा को अंतरराष्ट्रीय सीमा न मान कर 'लाइन ऑफ कंट्रोल' (एल ओ सी) मानते हैं।

4 स्रोत: मेजर जनरल सुखवंत सिंह ए वी एस एम द्वारा लिखित *इंडियाज़ वार्स सिंस इंडिपेंडेंस* ('हिंदुस्तान के स्वतंत्रता के बाद के युद्ध'), 2010

भाग्य की अजब लीला है कि सैम ने वैसा ही दूसरा भयंकर मुक्का 1971 के युद्ध में जमा दिया!

पर पड़ता है। 28 नवंबर 1972 को हम लोग तेहरान (इरान) जाने वाले थे; वहाँ के शाह के आमंत्रण पर यह आधिकारिक यात्रा थी। हमारा सामान हवाई अड्डे पर पहुँच चुका था, तभी हमें प्रधानमंत्री के कार्यालय से यात्रा को रद्द करने का निर्देश मिला। इसके बजाए अगली सुबह हम लाहौर के लिए रवाना हुए। हमारे साथ डी एम ओ, मेजर जनरल इन्दरजीत सिंह गिल, उनके स्टाफ़ अफ़सर और सेना अध्यक्ष के एम ए, लेफ़्टिनेंट कर्नल दिपिन्दर सिंह, भी थे। यात्रियों की सूची में पाकिस्तानी वायु सेना के दो युद्धबंदी भी थे, जिनको भारत की सरकार ने सद्भाव दिखाते हुए अपने देश लौटाया।

लाहौर हवाई अड्डे पर हमारा स्वागत पाकिस्तानी सेना अध्यक्ष जनरल टिक्का ख़ान, उनके पुत्र और अंगरक्षक कैप्टन खालिद ख़ान और पाकिस्तानी सेना के वरिष्ठ अधिकारियों ने किया। माहौल तनावपूर्ण और रवैया ठंडा था। सैम टिक्का को आई एम ए से जानते थे, जहाँ वह उनसे जूनियर थे। दोनों एक ही भार वर्ग के बॉक्सर थे और वार्षिक बॉक्सिंग प्रतियोगिता में एक बार एक-दूसरे के विरोधी थे। दोनों ने बहुत अच्छी बॉक्सिंग की और आख़िरी मिनट तक बराबरी पर रहे। जब कुछ ही सेकेंड बचे थे, टिक्का ने अपने दस्ताने को साफ़ करने के लिए अपने गार्ड को नीचे किया, जब सैम ने दाहिने हाथ का भयंकर मुक्का जमाकर, टिक्का को मार गिराया।[5] भाग्य की अजब लीला है कि सैम ने वैसा ही दूसरा भयंकर मुक्का 1971 के युद्ध में जमा दिया! सैम ने मज़ाक कर टिक्का को सहज करने की कोशिश की, हालाँकि उनके इस मज़ाक ने माहौल को कुछ सामान्य किया, पर फिर भी तनाव साफ़तौर से महसूस किया जा सकता था।

कॉर मुख्यालय पर बातचीत हुई, जिसके बाद पंजाब के राज्यपाल, ग़ुलाम मुस्तफ़ा ख़ार के घर पर भोजन था। थाको चक गतिरोध को दूर करना आसान नहीं था। भरपूर प्रयास के बाद प्रतिनिधिमंडल शाम को बिना किसी सफलता के दिल्ली लौट आया। आठ दिन बाद 7 दिसंबर 1972 को हम फिर बातचीत के लिए लाहौर चल दिए। उड़ान भरने के बाद कुछ ही मिनट हुए होंगे कि सैम ने इन्दर गिल से थाको चक का नक़्शा माँगा। डी एम ओ ने अपने स्टाफ़ अफ़सर की ओर देखा, जो अपने ब्रीफ़केस में छानबीन करने लगा और कुछ ही देर में उसका पसीना छूट गया। उसमें थाको चक को छोड़कर पाकिस्तान से लगी पूरी पश्चिमी सीमा के सारे नक़्शे मौजूद थे। गिल ने अपने स्टाफ़ अफ़सर से परेशान न होने को कहा और सैम की तरफ़ घूम कर बोले, 'माफ़ करिएगा चीफ़, आपको वह नक़्शा नहीं मिल सकता है, वह शायद मेरे कार्यालय में कहीं होगा।' उतनी ही स्थिरता से सैम ने जवाब दिया, 'कोई बात नहीं इन्दर, हम लोग टिक्का के नक़्शे से काम चला लेंगे पर हम थाको चक लेकर ही लौटेंगे!' दरअसल, यह भविष्यवाणी सही साबित हुई, क्योंकि बाद में पासा वैसे ही पलट गया।

इस पर भोजन तक गतिरोध बना रहा। उस दोपहर सैम ने एक प्रस्ताव रखा कि अगर पाकिस्तान थाको चक लौटा देगा, तो भारत 0.45 वर्ग मील में फैले दो गाँव– धुम और चिलकोट– से अपना दावा छोड़ देगा। असल में ये गाँव तीनों ओर से पाकिस्तान से घिरे थे और इन्हें बचाए रखना एक चुनौती थी। टिक्का इस व्यवस्था के लिए राज़ी थे पर उन्हें अपने प्रधानमंत्री की सहमति लेनी थी। वह सैम की तरफ़ घूमे और पूछा, क्या वह श्रीमती गांधी से बात करना चाहेंगे? उसकी ज़रूरत नहीं थी। प्रधानमंत्री ने सैम से कह दिया था कि यदि बातचीत में गतिरोध रहता है तो थाको चक को पाकिस्तान के पास ही छोड़ दें, लेकिन सैम दृढ़ संकल्प थे कि इसे हासिल करके लौटेंगे। आख़िरकार पाकिस्तान ने भारत के दावे को मंज़ूर किया और प्रतिनिधिमंडल सफल बातचीत के बाद दिल्ली लौट आया! 11 दिसंबर 1972 को भारत

---

5 पैराशूट रेजिमेंट के ब्रिगेडियर विवेक सपत्नेकर द्वारा वर्णित।

उपराष्ट्रपति जी.एस. पाठक, राष्ट्रपति वी.वी. गिरी और प्रधानमंत्री इंदिरा गांधी के साथ चर्चा करते हुए। साभार: 58 गोरखा प्रशिक्षण केंद्र

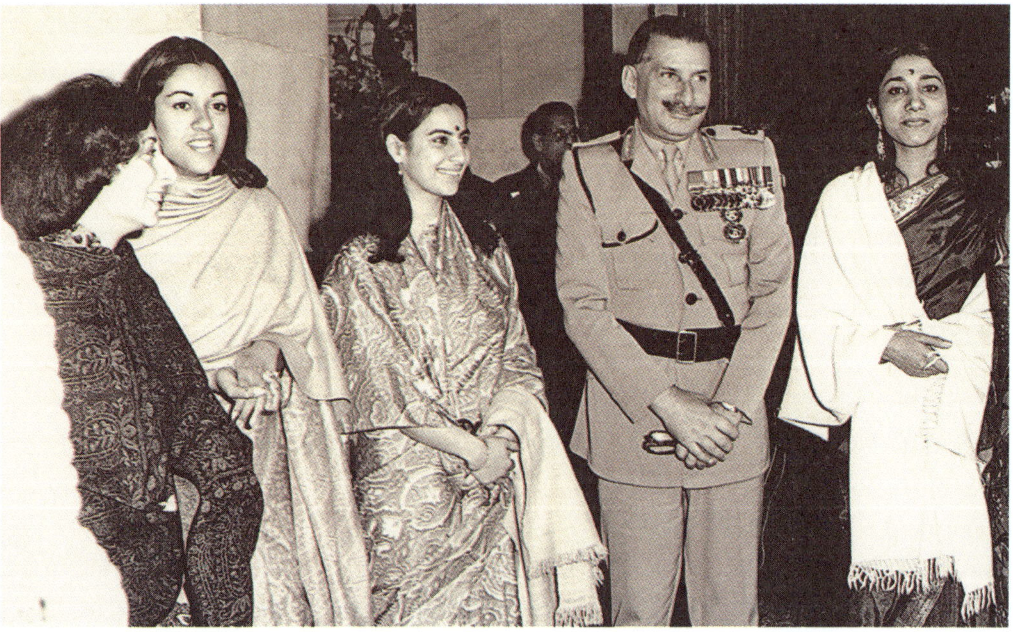

अपने अंगरक्षक की पत्नी ज़िनोब्या और राष्ट्रपति के अंगरक्षकों की पत्नियों के साथ एक चित्र। साभार: लेखकगण

और पाकिस्तान के आर्मी कमांडर, लेफ़्टिनेंट जनरल पी.एस. भगत और लेफ़्टिनेंट जनरल अब्दुल हमीद ख़ान, सुचेतगढ़ में मिले और नक़्शों पर दस्तख़त कर, जम्मू और कश्मीर में 800 कि.मी. लंबी एल ओ सी का निरूपण किया। ये नक़्शे दोनों सरकारों द्वारा मंज़ूर किए गए और इसके बाद दोनों तरफ़ की सेनाएँ युद्ध से पहले के स्थान पर लौटनी शुरू हो गईं।

पीछे मुड़ कर देखने पर ज्ञात होता है कि भारत और पाकिस्तान की सेनाओं ने 1972 से ख़ासी दूरी तय कर ली है। पाकिस्तान एक सेना शक्ति का केंद्र है, जो राष्ट्र नीतियों को तय करता है और महत्वपूर्ण रणनीतिक फ़ैसले लेता है। भारत में हालाँकि सेना ने कभी भी राजनीतिक महत्वाकांक्षाएँ नहीं दिखाईं। राजनेताओं और नौकरशाही ने सुनिश्चित किया है कि उनकी राय शायद ही कभी ली जाए, और यदि कभी ग़लती से ली जाती है तो राजनीतिक फ़ायदे के लिए उसकी बलि चढ़ाई जाती है।

इस यात्रा के साथ कुछ और छोटी-छोटी घटनाएँ जुड़ीं हैं, जिनका ज़िक्र करना अवश्य है। यह तय किया गया कि प्रतिनिधिमंडल के सभी सदस्य सेना की वरदी और शिखर टोपी में होंगे। सैम, अपनी ही शैली में, अपने निर्देशों की अवहेलना कर माज़री[6] शर्ट और तिरछी टोपी पहन कर आ गए। पालम हवाई अड्डे पर गिल टहलते हुए उनके पास आए और पूछा कि उन्होंने अपने ही हुक्म का उल्लंघन क्यों किया? उन्हें सैम ने ख़ुशदिल जवाब दिया, 'इन्दर, क्योंकि मैं सेना अध्यक्ष हूँ!' सैम और गिल दोनों एक जैसे ही थे– दबंग, स्पष्टवादी और ईमानदार!

हमारी दूसरी यात्रा के दौरान दोपहर का भोजन लाहौर में कॉर आर्टिलरी ऑफ़िसर्स मेस में आयोजित किया गया। सैम वहाँ प्रदर्शित प्रभावशाली ट्रॉफियों की तारीफ़ कर ही रहे थे कि अचानक उन्होंने देखा कि इनमें से एक उन्हीं की पुरानी पलटन 4/12 एफ एफ आर की है। उन्होंने पूछा कि यह ट्रॉफी आर्टिलरी मेस में क्या कर रही है? एक पाकिस्तानी अफ़सर ने माना कि निश्चित वह सही थे। यह ट्रॉफी ख़ास मौक़े के लिए बटालियन से माँग कर लाई गई है।

श्रीमती गांधी 1972 के गणतंत्र दिवस पर सैम को चीफ़ ऑफ डिफेंस स्टाफ़ (सी डी एस)[7] बनाने पर गंभीरता से विचार कर रही थीं लेकिन रक्षा मंत्री जगजीवन राम के नेतृत्व में कांग्रेसी नेताओं और एयर चीफ़ मार्शल पी.सी. लाल ने इसका विरोध किया। यह प्रस्ताव कई दशक तक अपूर्ण ही रहा। लेकिन प्रधानमंत्री सैम की फ़ील्ड मार्शल पद पर पदोन्नति के लिए प्रयास करती रहीं। सितंबर 1972 तक तो ऐसा लगता था कि यह शायद ही कभी हो पाए। वास्तव में मद्रास (अब चेन्नई) में संवाददाताओं को जवाब देते हुए रक्षा मंत्री ने कहा था कि यकीनन भारत में कभी भी कोई फ़ील्ड मार्शल नहीं होगा। सैम मंत्री के फ़ैसलों को नज़रअंदाज़ करने की क़ीमत चुका रहे थे।

दिसंबर में रक्षा सचिव ने सैम को फोन किया और फ़ील्ड मार्शल बनाए जाने के लिए उन्हें वरीयता क्रम की जानकारी दी। सैम महीनों से चल रही इस व्यर्थ की अनिश्चितता से परेशान हो गए थे। उस शाम उन्होंने अपना धीरज खो दिया और रुखाई से जवाब दिया कि उन्होंने अपनी पदोन्नति के लिए हाथ नहीं फैलाए हैं तथा वह सरकार की चापलूसी करने को तैयार नहीं हैं। इस मुद्दे पर कोई भी चर्चा करने से इनकार करते हुए उन्होंने फोन बंद कर दिया। 31 दिसंबर को शाम क़रीब 7 बजे रक्षा सचिव ने फिर से आर्मी हाउस में फोन लगाया। सरकार ने सैम को फ़ील्ड मार्शल पद पर पदोन्नत करने का फ़ैसला किया था। अभी तक उनके अधिकारों का विवरण तैयार नहीं किया गया था, लेकिन सरकार आधिकारिक घोषणा 9 बजे रेडियो पर प्रमुख समाचार बुलेटिन में करने वाली थी।

सिल्लू ने कॉटेज में कॉल करके ज़िनोब्या और मुझे

6 माज़री शर्ट हलके सलेटी रंग के कॉटस्वूल कपड़े से बनी होती है और अर्धसैनिक बल असम राइफ़ल्स की आधिकारिक वरदी है।

7 थल, जल और वायु सेना का समस्त कमांडर।

मध्यरात्रि से पहले सैम और सिल्लू क्लब पहुँचे। अफ़सरों तथा उनकी पत्नियों ने उन्हें घेर लिया... यह सम्मान सिर्फ़ उनका नहीं, बल्कि पूरी सेना का था।

भारत के राष्ट्रपति का संयुक्त सचिव
राष्ट्रपति भवन
नई दिल्ली 110004

जनवरी 1, 1973

आदरणीय जनरल मानेकशॉ,

राष्ट्रपति प्रशंसा से आपको मंगलवार 2 जनवरी को सुबह 11 बजे, राष्ट्रपति भवन के अशोक हॉल में भारत फ़ौज के फ़ील्ड मार्शल नियुक्त करना चाहते हैं। मैं आपको राष्ट्रपति की ओर से दरख़्वास्त करता हूँ कि आप उपस्थित हों और यह अभिज्ञान स्वीकार करें।

राष्ट्रपति श्रीमती मानेकशॉ को भी निमंत्रित करते हैं।

मेरी ओर से आपको हार्दिक बधाई।

आपका शुभचिंतक
पी.एन. कृष्णा मणि

जनरल एस.एच.एफ.जे. मानेकशॉ, एम सी
सेना अध्यक्ष,
आर्मी हाउस,
4, किंग जॉर्ज एवेन्यू,
नई दिल्ली

सरकार द्वारा सैम को फ़ील्ड मार्शल का पद देने के फ़ैसले की सूचना देने के लिए पत्र। साभार: मानेकशॉ परिवार

जल्दी से बुलाया कि एक ख़ुशख़बरी देनी है। शैरी और माया तथा परिवार में क़रीबी लोगों को जानकारी दी गई। घड़ी जैसे-जैसे आगे बढ़ रही थी, हम चारों सैम के बेडरूम में रेडियो के पास अपने ड्रिंक्स लेकर ख़बर के जश्न के लिए तैयार थे। सैम के अर्दली और सिविलियन स्टाफ़ भी कमरे में जमा हो गए, उनकी भी ख़ुशी फूले न समाई। यह समाचार की प्रमुख घोषणा थी और सैम के नाम के आगे फ़ील्ड मार्शल सुनना एक स्वप्निल अनुभव था। कुछ ही मिनटों में आर्मी हाउस में तूफ़ान-सा फैल गया। फोन की घंटी बजती रही और अफ़सर तथा उनकी पत्नियाँ सैम और सिल्लू को बधाई देने और ख़ुशी मनाने आर्मी हाउस पहुँचे। बधाई देने वालों का ताँता थम ही नहीं रहा था।

कुछ देर बाद सैम मेरी ओर घूमे और बोले, 'बेरोज़, इससे पहले कि ज़िनोब्या अपनी नव वर्ष की पूर्व संध्या ख़राब करने के लिए मुझे कोसे, तुम डी एस ओ आई चले जाओ, हम मेहमानों को सँभाल लेंगे। हम क्लब चले गए, जहाँ अफ़सर समुदाय इस ख़बर को सुनकर उल्लास में डूबा हुआ था। मध्यरात्रि से पहले सैम और सिल्लू क्लब पहुँचे। अफ़सरों तथा उनकी पत्नियों ने उन्हें घेर लिया। उनका डी एस ओ आई आना उनके अफ़सरों के लिए एकजुटता दर्शाता था; यह सम्मान सिर्फ़ उनका नहीं, बल्कि पूरी सेना का था।

परंपरा के अनुसार, फ़ील्ड मार्शल सम्राट या राष्ट्राध्यक्ष के बाद दूसरे स्थान पर होता है। जैसे सम्राट राजदंड लेकर चलते थे, उसी प्रकार फ़ील्ड मार्शल बैटन (ख़ास छड़ी) लिए रहते थे। जिस प्रकार रेजिमेंट के फ्लैग्स सम्राट या राष्ट्राध्यक्ष के लिए झुकाए जाते हैं, वैसे ही फ़ील्ड मार्शल के लिए भी झुकाए जाते हैं। फ़ील्ड मार्शल का पद पहली बार 18वीं शताब्दी में प्रशिया की सेना में लागू किया गया था। उन दिनों सैनिकों को युद्ध के बाद लूट की छूट होती थी पर जीतने वाले सेना अध्यक्ष को इससे अलग रहना होता था और इसकी भरपाई के तौर पर उसकी पदोन्नति फ़ील्ड मार्शल के पद पर करके जीवनपर्यंत वेतन दिया जाता था।

तीन दिन बाद एक विशेष प्रतिष्ठापन समारोह आयोजित किया गया। ए जी की शाखा और सेना अध्यक्ष सचिवालय एकसाथ मिलकर साज़-सज्जा में तेज़ी से लग गए। सैम को फ़ील्ड मार्शल के बैज लगाने की और उनको फ़ील्ड मार्शल की बैटन की ज़रूरत थी। एक हफ़्ते पहले ही जब इसके संकेत थे तो साउथ ब्लॉक में सेना की वरदी सिलने वाले 'बस्तानी ब्रदर्स' को

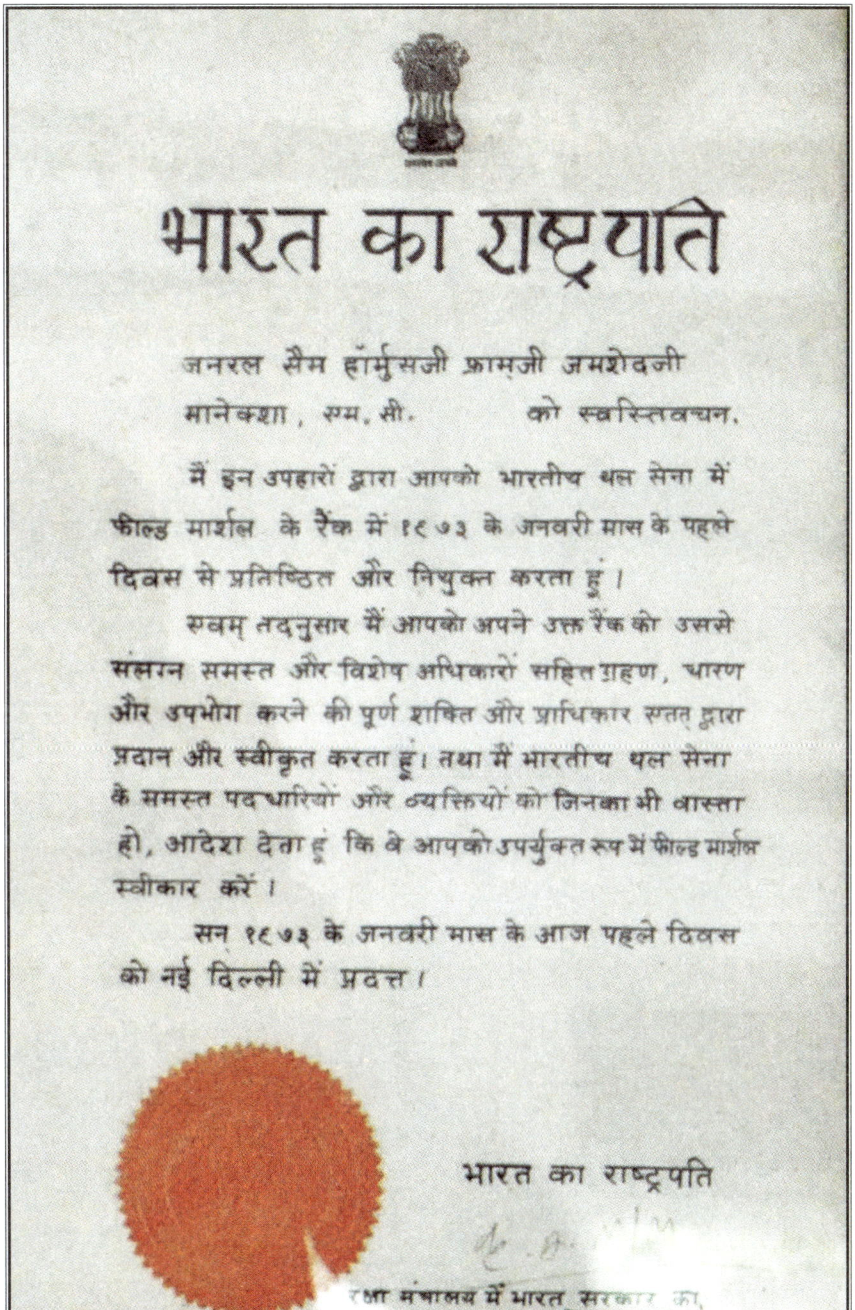

भारत का राष्ट्रपति

जनरल सैम हॉर्मुसजी फ्रामजी जमशेदजी
मानेकशा, एम.सी. को स्वस्तिवचन.

मैं इन उपहारों द्वारा आपको भारतीय थल सेना में फील्ड मार्शल के रैंक में १९७३ के जनवरी मास के पहले दिवस से प्रतिष्ठित और नियुक्त करता हूं।

एवम् तदनुसार मैं आपको अपने उक्त रैंक को उससे संलग्न समस्त और विशेष अधिकारों सहित ग्रहण, धारण और उपभोग करने की पूर्ण शक्ति और प्राधिकार एतत् द्वारा प्रदान और स्वीकृत करता हूं। तथा मैं भारतीय थल सेना के समस्त पदधारियों और व्यक्तियों को जिनका भी वास्ता हो, आदेश देता हूं कि वे आपको उपर्युक्त रूप में फील्ड मार्शल स्वीकार करें।

सन १९७३ के जनवरी मास के आज पहले दिवस को नई दिल्ली में प्रदत्त।

भारत का राष्ट्रपति

रक्षा मंत्रालय में भारत सरकार का,
प्रमुख सचिव

पंजीयन संख्या एफ

फ़ील्ड मार्शल पद के लिए प्रशस्ति पत्र (हिंदी में)। साभार: 58 गोरखा प्रशिक्षण केंद्र

दिल्ली छावनी में पाकिस्तान से लौटाए गए युद्धबंदियों के साथ। साभार: 58 गोरखा प्रशिक्षण केंद्र

कह दिया गया था कि एनसाइक्लोपीडिया ब्रिटानिका[8] से देखकर नक़ल करते हुए फ़ील्ड मार्शल पद के कपड़े से बने बैज तैयार किए जाएँ। लेकिन बतौर कार्यकारी ए जी, मेजर जनरल एस.के. सिन्हा, जो कि व्यवस्था के प्रभारी थे, को यह पसंद नहीं आए। उन्होंने ज़ोर दिया कि बैज धातु के होने चाहिए। दिल्ली की ई एम ई[9] कार्यशाला को यह काम दिया गया। उन्होंने दिन-रात काम किया और 24 घंटे के अंदर एक जोड़ी तैयार करके दे दी और कनॉट प्लेस के वोहरा ब्रदर्स ने बहुत जल्दी से एक बेहतरीन बैटन बनाकर दी। असली बैटन क़रीब दो महीने बाद इंगलैंड से आई। मेजर जनरल सिन्हा रक्षा मंत्रालय की ज़िद और असहयोग को याद करते हैं। रक्षा सचिव और नौकरशाहों ने ए जी शाखा द्वारा फ़ील्ड मार्शल के वेतन, उनकी प्रोटोकॉल स्थिति और उनके अनुलाभ को लेकर दिए गए हर प्रस्ताव का पुरज़ोर विरोध किया। वे तो इस हद तक कहने लगे थे कि बैटन भी ज़रूरी नहीं है, क्योंकि अमेरिकी

8 पुस्तक, जिसमें सब प्रकार की जानकारी पाई जाती है।

9 इलेक्ट्रिकल और मैकेनिकल इंजीनियर्स।

ब्रिटिश हाई कमिश्नर
नई दिल्ली
8.1.73

प्रिय फ़ील्ड मार्शल,

मैं आपके पदोन्नत का समाचार सुनकर बेहद ख़ुश हुआ और अपनी शुभकामनाएँ देता हूँ, पर यह सोचकर कि आप मेरे पड़ोसी नहीं रहोगे, एक उदासी महसूस हो रही है।

इस उदासी के कई महत्वपूर्ण कारण हैं; पर ख़ास कारण मेरी लैब्राडोर कुट्टि की शादी-विवाह का है। वह जवान हो चुकी है और शादी की पुण्य तिथि जनवरी की 15 और 20 के बीच हो सकती है।

तब तक क्या आप दिल्ली से रवाना हो चुके होंगे? मैं चाहता हूँ कि आप मुझे तसल्ली दें कि यह शादी और दूल्हा-दुलहन का मिलाप अवश्य होगा।

आपका शुभचिंतक

तेरन्स गार्वी

ब्रिटिश हाई कमिश्नर का पत्र। साभार: मानेकशॉ परिवार

सेना के पाँच सितारा जनरल भी बैटन नहीं लेते हैं। मेजर जनरल सिन्हा उनकी सहमति लेने में सफल रहे, क्योंकि प्रतिष्ठापन समारोह 48 घंटे बाद होना था, लेकिन अन्य सभी मामलों में वे ज़ोर देते रहे कि सही समय पर फ़ैसला ले लिया जाए। जैसा कि हम सभी जानते हैं, प्रस्ताव को अगले 34 सालों तक ठंडे बस्ते में डाल दिया गया।

3 जनवरी 1973 को राष्ट्रपति भवन के अशोक हॉल में राष्ट्रपति वी.वी. गिरी ने सैम को फ़ील्ड मार्शल की बैटन दी और कंधे पर बैज टाँक दिए। इसी के साथ भारतीय सेना को अपना पहला फ़ील्ड मार्शल मिल गया। यह कोई मामूली संयोग नहीं था कि 1763 में रायल स्कॉट्स के जनरल जॉर्ज हैमिलटन को ब्रिटिश सेना में पहला फ़ील्ड मार्शल नियुक्त किया गया था। रायल स्कॉट्स ने सैम की पदोन्नति को महान उपलब्धि के रूप में देखा और इसे अपना 'सेकेंड फर्स्ट'[10] कहा। जिन अन्य लोगों ने सैम के सम्मान का जश्न मनाया, उनमें जनरल सर रॉय बूशर और फ़ील्ड मार्शल औकिनलेक थे। दुनिया भर से बधाई के पत्र आ रहे थे।

1973 में सेना अध्यक्ष की पेंशन 1200 रुपए प्रतिमाह थी। चूँकि सैम फ़ील्ड मार्शल पद पर पदोन्नत हुए थे तो सरकार ने नगण्य-सी राशि 400 रुपए जोड़ कर उनका मासिक वेतन 1600 रुपए कर दिया और यह वेतन यहीं पर रुका रहा, न कोई वेतन-वृद्धि और न ही डी ए[11] समायोजित किया जाता था। उनकी मृत्यु (जून 2008) के कुछ महीने पहले तक उन्हें यही वेतन मिलता था।

फ़ील्ड मार्शल सैम मानेकशॉ ने 1 जनवरी 1973 को श्रीमती गांधी को पत्र लिखा कि 1971 युद्ध के बाद की सभी कार्यवाहियाँ पूरी हो गई हैं। भारत और पाकिस्तान के युद्धबंदी अपने-अपने देश पहुँच गए हैं, थाको चक मामला हल कर लिया गया है, जम्मू और कश्मीर में एल ओ सी का निरूपण हो गया है तथा सेनाओं का वापस आना शुरू हो गया है। अब वह 15 जनवरी 1973 को सेना दिवस से कार्यमुक्त होना चाहते हैं। इस बार वह राज़ी हो गईं।

दिल्ली छावनी के परेड मैदान में हर साल सेना दिवस मनाया जाता है। उस वर्ष की परेड भारत के फ़ील्ड मार्शल की बिदाई के लिए थी। पहली बार परेड में रेजिमेंटल फ्लैग्स प्रदर्शित किए गए। यह सैम के लिए अचरज की बात थी। जब वे सलामी लेने वाले मंच की तरफ़ बढ़ रहे थे तो वह मेजर जनरल सिन्हा की तरफ़ घूमे और पूछा, 'स्वीटी, एक बात बताओ, मुझे सलामी का जवाब कैसे देना चाहिए?' पूर्ण विश्वास न होते हुए भी सलाह नकारने लायक न होने से जनरल ने कहा कि 'बैटन को अपने दाएँ हाथ में उठाकर, सर।' सैम ने उनके सुझाव को माना और इस तरह भारतीय सेना

---

10 दूसरी बार 'पहला'!

11 महँगाई भत्ता (डी ए) वेतन और पेंशन के साथ दिया जाता है ताकि महँगाई के साथ तालमेल बैठाया जा सके।

निजी और गुप्त

डी ओ नं. 70012/1/ सी ओ ए एस जनवरी 73

आदरणीय प्रधानमंत्री,

पिछले साल 3 अप्रैल को जब मैं निवृत्तप्राप्त उम्र का हो गया, उस समय अपनी इच्छा मैंने आपको प्रकट की थी कि मैं फ़ौज से बिदाई ले लूँ, पर चूँकि उस समय अनेक समस्याएँ मौजूद थीं, और कई गंभीर अनिश्चितताएँ भी लंबे समय से चली आ रही थीं, माननीय राष्ट्रपति मेरे इस फ़ैसले से अनिच्छुक थे। इस कारण मैं अभी भी फ़ौज का कार्यभार सँभाल रहा हूँ।

इस समय सारी तात्कालिक समस्याएँ, जो पिछले युद्ध का परिणाम थीं, हल हो चुकी हैं। सीमा रेखा चित्रित हो चुकी है और फ़ौज अंतरराष्ट्रीय सीमा रेखा पर लौट चुकी है। संगठनात्मक व्यवस्था की कमियाँ सुलझा ली गई हैं। इन्फैंट्री, आर्मर और आर्टिलरी का पुनर्निर्माण प्रारंभ हो चुका है और शीघ्र ही पूर्ण होगा। उपकरण और श्रमशक्ति की कमियाँ पूरी की गई हैं और युद्ध में खोए एवं क्षतिग्रस्त हथियार के अभाव को भी पूरा किया गया है। इस कारण मुझे लगता है कि अब पद त्यागने का समय आ गया है, ताकि कोई जवान अफ़सर यह पद सँभाले। अगर आप मुझसे सहमत हैं तो मैं इस महीने की 15 तारीख़ को आर्मी डे परेड के दिन अपने अफ़सरों और जवानों से बिदाई लेकर यह ज़िम्मेदारी सौंप दूँ। इस शुभ दिवस के अवसर पर नए सेना अध्यक्ष की स्थापना हो। कृपया आप राष्ट्रपति से कहिए कि वे मेरी इस इच्छा का निवेदन स्वीकार करें।

आपके साथ काम करना एक अद्वितीय अनुभव रहा। ख़ासकर यह जानकर कि आपने मुझ पर पूरा विश्वास रखा। मैं उम्मीद करता हूँ कि एक क्षण के लिए भी आपने मेरी निष्ठा और अखंडता पर संदेह न किया हो। मेरे लिए एक प्रधानमंत्री, जिनसे मुझे कुछ भी छुपाने की आवश्यकता न पड़ी और जिनके साथ मेरी बेहतर घनिष्ठता रही, यही बहुत प्रसन्नता की बात है। आपने जो मुझ में विश्वास रखा, उसका मैं धन्यवाद प्रकट करना चाहता हूँ।

मैं आपको और आपके परिवार को नए साल की शुभकामनाएँ देता हूँ, वर्ष 1973 आपको बेहद ख़ुशहाली प्रदान करे।

सैम

श्रीमती इंदिरा गांधी
प्रधानमंत्री
नई दिल्ली

निजी और गुप्त

सैम का प्रधानमंत्री इंदिरा गांधी के लिए पत्र। साभार: मानेकशॉ परिवार

प्रधानमंत्री निवास
नई दिल्ली
2 जनवरी 1973

निजी और गुप्त

आदरणीय फ़ील्ड मार्शल,

मुझे आपका 1 जनवरी का लिखा पत्र प्राप्त हुआ। मैं आपकी सार्वजनिक कर्तव्य की उच्च भावना की सराहना करती हूँ कि आप पद त्यागने के लिए उत्सुक हैं ताकि कोई युवा अफ़सर सेना अध्यक्ष का पदभार सँभाले। इस इच्छा के अनुसार मैं यह व्यवस्था करूँगी कि आप 15 जनवरी को, आपके अफ़सर और जवानों से आर्मी डे परेड के अवसर पर बिदाई लें।

सेना अध्यक्ष और चीफ़्स ऑफ स्टाफ़ कमेटी के चेयरमैन पद पर रहते हुए, आपने जो अमूल्य योगदान दिया, ख़ासतौर से पिछले साल, एक कठिन और गंभीर समय में, उसके लिए मैं और मेरे सहयोगी आपके आभारी हैं। सरकार ने आपको सम्मान के साथ फ़ील्ड मार्शल पदोन्नत किया, वह सिर्फ़ आपके व्यक्तिगत गुणों का सम्मान नहीं है, बल्कि पूरी फ़ौज की वीरता और देशभक्ति का सम्मान है।

मैं यह जानकर ख़ुश हूँ कि सेवानिवृत्ति से पहले और ज़िम्मेदारी सौंपने से पहले आपने यह क़दम उठाया है, जिससे कि इंफैंट्री, आर्मर और आर्टिलरी का पुनर्निर्माण प्रारंभ हो चुका है और उपकरण व श्रमशक्ति की कमियाँ भी पूरी कर ली गई हैं।

नए साल की हर शुभकामना के साथ,

सादर नमस्कार

(इंदिरा गांधी)

फ़ील्ड मार्शल एस.एच.एफ.जे. मानेकशॉ
सेना अध्यक्ष
नई दिल्ली

प्रधानमंत्री इंदिरा गांधी का सेना अध्यक्ष को जवाब।

साभार: मानेकशॉ परिवार

बिदाई के समय लेफ़्टिनेंट जनरल ज़ेड.सी. बक्शी के साथ एक अग्रिम स्थल का दौरा। साभार: 58 गोरखा प्रशिक्षण केंद्र

अपने उत्तराधिकारी जनरल जी.जी. बेवूर के साथ साउथ ब्लॉक से निकलते हुए। साभार: 58 गोरखा प्रशिक्षण केंद्र

में एक नई परंपरा शुरू की गई। ब्रिटिश फ़ील्ड मार्शल बैटन को बाएँ हाथ में रखते और दाएँ हाथ से सलामी लेते हैं।

परेड के बाद, सैम अपनी सरकारी गाड़ी में साउथ ब्लॉक पहुँचे। ज्यों ही उनकी एस्कार्ट जीप और सी एम पी अनुरक्षक परेड मैदान से निकले, उनकी बिदाई के साथ एक युग का अंत आ पहुँचा। दोपहर में उन्होंने सी ओ ए एस का कार्यभार जनरल जी.जी. बेवूर को सौंप दिया और ख़ुद 2/8 जी आर के मेजर रोस्तम के. नानावती (बाद में लेफ़्टिनेंट जनरल) द्वारा उनके सम्मान में प्रस्तुत गार्ड ऑफ ऑनर का निरीक्षण करने साउथ ब्लॉक के बाहर आ गए।

सबसे ऊपर: 15 जनवरी 1973 को बिदाई के समय साउथ ब्लॉक के बाहर गार्ड ऑफ ऑनर।
ऊपर: अपने दफ़्तर के कर्मचारियों को अलविदा कहते हुए।
साभार: 58 गोरखा प्रशिक्षण केंद्र

सेना मुख्यालय के असैनिक कर्मचारी अपने दफ़्तर छोड़कर बाहर जमा हो गए, उस शख़्स को बिदाई देने, जिसने उन्हें इतना सम्मान दिया था। बाहर खड़ी भीड़ को हाथ हिला कर अभिवादन करते हुए वह पहली नंबर की स्टाफ़ कार इम्पाला को नवागंतुक के लिए छोड़ते हुए ख़ुद डॉज में, जो दूसरी नंबर की कार थी, बैठ गए और दिल्ली छावनी के एम ई एस निरीक्षण बंगले में पहुँच गए। इसी के साथ फ़ील्ड मार्शल सैम होरमसजी फ्रामजी जमशेदजी मानेकशॉ का आई एम ए के ड्रिल स्क्वायर से लगभग चार दशक पूर्व शुरू किया गया सफ़र पूरा हो गया। ♦

मुख्य प्रवेश द्वार पर स्टाव्का का नामपट्ट।

साभार: लेखकगण

स्टाव्काः अपना नया घर

जब तक सैम का नया घर स्टाव्का बन कर तैयार नहीं हुआ था, तब तक दिल्ली की छावनी स्थित एम ई एस का निरीक्षण भवन उनका अस्थायी निवास था। उनके बंगले का नाम शैरी ने एक रूसी जनरल के ग्राम्य आवास के नाम पर रखा था। बंगला अभी निर्माणाधीन ही था। सरकारी डाक उसी रफ़्तार से आए जा रही थी, क्योंकि लोग समझते थे कि फ़ील्ड मार्शल कभी सेवानिवृत्त नहीं होते, अतः वह अभी पद पर हैं। हालाँकि आधिकारिक तौर पर अब मुझे उनके साथ काम नहीं करना था लेकिन मेरे सी ओ ने मेरी बटालियन ड्यूटी के साथ उन्हें सँभालने की ज़िम्मेदारी भी दी थी। मैं एम ई एस निरीक्षण भवन में उनकी डाक छाँटने में मदद करता था और वह पूरी लगन से उन सवालों का उत्तर देते जो उनके आधिकारिक क्षेत्र में थे। बाक़ी डाक को वह उत्तर के लिए सेना अध्यक्ष के सचिवालय भेज देते थे।

जब सिल्लू ने स्टाव्का के निर्माण समाप्ति की ख़बर दी, तब सैम कुनूर के लिए रवाना हुए। सेवानिवृत्ति के बाद रहने के लिए यह स्वर्गतुल्य बंगला तमिलनाडु के नीलगिरी पहाड़ों में बसा है और वेलिंगटन के

स्टाव्का की छवि।
साभार: लेखकगण

अपने पदक की जाँच करते हुए। साभार: 58 गोरखा प्रशिक्षण केंद्र

स्टाफ़ कॉलेज के काफ़ी नज़दीक है। कोटागिरी मार्ग पर 'सिम्स पार्क' से स्टाव्का जाने वाली सड़क, पोर्टर्स एवेन्यू, पर विचित्र नाम के अंग्रेज़ों के ज़माने के बंगले हैं, जैसे– रेडब्रूक, फेयरलाइट, विंडरोज़, वाइल्डफ्लावर और रोज़री। आगे चलकर पहाड़ की चोटियों के बीच, चाय के बग़ीचों से घिरी एक सुंदर हवेली दिखाई देती है। सैम के आने के साथ ही बग़ीचे का काम शुरू हो गया। विभिन्न क़िस्म के फूल और उनके पसंदीदा गुलाब उस सुंदर हरे लॉन के हर स्तर के किनारे-किनारे लगाए गए। उन्हें सबसे ज़्यादा चिढ़ इस बात से होती थी कि सिल्लू, उनके सबसे सुंदर फूलों को, घर की सजावट के लिए काट लेती थीं।

वह घर एक सौजन्य विनीत ज़िंदगी की परछाईं-सा है। एक सुंदर द्वारमंडप के बाद बड़ा-सा प्रवेश कक्ष, जिसमें सिल्लू का शानदार पियानो, घर के वातावरण का आभास करा देता है। सामने ही समान तल पर एक विशाल बैठक के साथ ही भोजन कक्ष है, जिसके दरवाज़े बग़ीचे की तरफ़ खुलते हैं, जहाँ से दिन में हरी-भरी पहाड़ियों का चित्रात्मक दृश्य सामने आता है, तो रात में वेलिंगटन और स्टाफ़ कॉलेज की झिलमिलाती लाइटें लुभाती हैं। ये कमरे औपचारिक अतिथियों के लिए बनाए गए हैं। भोजन कक्ष के पास एक तरफ़ ईंटों का जालीदार आँगन है, जो जाड़े के दिनों में गुनगुनी धूप में बैठकर भोजन करने के लिए आदर्श स्थान है। ऊपर की मंज़िल में परिवार के रहने के कमरे हैं। सैम का कमरा सुरम्य नीले और गाढ़े भूरे रंगों से सजा है, तो साथ ही सिल्लू का कमरा हलके पीले और गुलाबी रंगों से। दोनों के कमरों के सामने टेरेस गार्डन है और वही सुरम्य दृश्य, जो नीचे के कमरों से दिखाई देता है। घर की पिछली तरफ़ परिवार के लिए विश्राम बैठक और भोजन कक्ष है, जिसमें कुछ नीचे तकिएदार सोफ़े आतिशदान के चारों ओर सजाए गए हैं। बैठक की एक दीवार सिल्लू की अपनी चित्रकारी से सजी है, जो उनके हुनर और रंगों की पैनी समझ की गवाही देती है। अनेक जगहों से लाकर रखी अनोखी प्राचीन वस्तुएँ एवं कलाकृतियाँ गृहस्वामिनी की सुरुचिपूर्ण शैली प्रदर्शित करती हैं। उनमें सबसे ख़ास है वह यंत्र, जो ठीक नीचे रसोई से गरमागरम खाने को एक क्षण में ऊपर पहुँचाता है। काँच की लंबी खिड़कियाँ गुलाब के बग़ीचे की तरफ़ खुलती हैं। घर के पीछे गोरखों और घर के अन्य कर्मचारियों के आवास हैं।

सैम अपने नए घर में बस गए और सेवानिवृत्त जीवन से पूरी तरह समायोजित हो गए। वह हर रोज़ सुबह 5.30 बजे उठ जाते, जब उनका अर्दली 'छोटा हाज़िरी' यानी सुबह की चाय के साथ पेश होता। दस मिनट बुलवर्कर[1] करने के बाद वह अपने बग़ीचे में पेड़-पौधों और चाय की झाड़ियों की देखरेख में एक घंटा व्यतीत करके सिल्लू के साथ नाश्ता करने घर में वापस आते। बाग़वानी, हाट-बाज़ार करना, घर की देखभाल करना उनकी नई ज़िम्मेदारियाँ थीं। इसके अलावा अपने कुत्तों, दो गायों और मुर्गीखाने को सँभालने में समय गुज़र जाता था।

सैम ने जब अपनी सनबीम रेपियर[2] में, जिसे 1957 में इंगलैंड से लौटते समय ख़रीदी थी, बाहर जाना शुरू किया, तो वह नीलगिरी के दुकानदारों,

1 व्यायाम की मशीन।

2 उनकी अपनी कार।

ऊपरः स्टाव्का के मुख्य द्वार पर लगी तोप।

दाएँः टेरेस गार्डेन्स और कार पार्क।

नीचे बाएँः ड्राइव वे।

नीचे दाएँः द्वारमंडप एवं गैराज।

साभारः लेखकगण

सबसे ऊपर: अनौपचारिक भोजन-कक्ष और ऊपर पारिवारिक बैठक। साभार: लेखकगण

बाएँ: सैम की मेज़ और दाहिनी दीवार पर उनका म्यूजिक सिस्टम एवं दाएँ मन बहादुर और शुल बहादुर। साभार: लेखकगण

सब्ज़ीवालों और पेट्रोल पंप के मालिकों के आदर्श ग्राहक बन गए। सिद्धांतों के पक्के होने के कारण उनकी कार पर कोई स्टार प्लेट, कोई झंडा नहीं रहता था। सैम को अपनी छवि दर्शाने के लिए किन्हीं प्रतीक चिह्नों की आवश्यकता नहीं थी। सिल्लू को सनबीम, जिसे उन्होंने सालों चलाया था, अब कम मिल पाती थी, इसलिए सैम ने उन्हें एक मारुति 800 ख़रीद कर दी।

स्टाफ़ कॉलेज के अफ़सरों, कुछ सेवानिवृत्त सैन्य अधिकारी, जो नीलगिरी में बसे थे, और चाय बाग़ान के अफ़सरों के साथ सैम और सिल्लू की जल्दी ही मित्रता हो गई। साल में एक बार वह स्टाफ़ कॉलेज में तैनात गोरखा अफ़सरों और उनकी पत्नियों को अपने घर पर आमंत्रित करते थे। सभी मेहमान उनके घर से बेहद प्रभावित हो जाते थे। सैम हर मेहमान को, बिना कोई मनोभाव प्रदर्शित किए, पूरा घर घुमाते और ख़ासकर अपने और साथ के सिल्लू के अलग कमरे में ले जाते। मेहमान की हैरानी का थोड़ी देर मज़ा लेने के बाद बताते कि उनके ख़र्राटों के कारण सिल्लू की नींद हराम होती है इसलिए यह व्यवस्था करनी पड़ी!

ज़िंदगी एक अलग रफ़्तार से चलने लगी। सैम दो अर्दली रखने के लिए अधिकृत थे, क्योंकि फ़ील्ड मार्शल एक क्रियाशील सैनिक होता है। और फिर था स्वामी, जिसके लिए नीलगिरी घर था। उसका अधिकार-क्षेत्र अब रसोई से आगे बढ़ गया और वह स्थानीय कर्मचारियों पर तमिल में भरपूर गालियों के साथ अपना हुक्म झाड़ता रहता था। स्टाव्का में कर्मचारियों की संख्या बढ़ती गई, क्योंकि जब भी कोई अर्दली छुट्टी पर घर जाता तो लौटते समय अपने साथ

टिस्को के उपाध्यक्ष के.सी. मेहरा के साथ जमशेदपुर में उनकी कारख़ाने की स्टील पिघलाने वाली इकाई (यूनिट) में कुछ समझते हुए।
साभार: 58 गोरखा प्रशिक्षण केंद्र

एक कांचा,[3] अपना सगा या चचेरा-ममेरा भाई, इस उम्मीद से लिए आता, कि वह कुछ दिन घर के काम में हाथ बँटाएगा और बाद में फ़ील्ड मार्शल की सिफ़ारिश पर सेना में भरती हो जाएगा। घर में बढ़ते हाथों के लिए काम की कमी नहीं थी पर रहने की जगह कम पड़ने लगी। इसलिए कुछ नए आवास बनाने की ज़रूरत पड़ी। हर शाम गोरखे, उनकी पत्नियाँ, बच्चे सभी सैम के कमरे में ही टी.वी. देखने के लिए आ जाते थे। इसलिए सिल्लू ने बैठक के साथ एक ख़ास कमरा, टी.वी. के लिए, बनाने का निश्चय किया। इस तरह घर का आकार बढ़ता ही रहा।

मेरे लिए यह उचित न होगा, यदि मैं सैम के मुख्य गृह-परिचारकों और हवलदारों, शुल बहादुर गुरुंग और मन बहादुर गुरुंग के बारे में कुछ भी न लिखूँ। शुले और मने[4], दोनों एक कांचा की हैसियत से आए थे। कुछ महीने बाद ही 2/8 जी आर में वह राइफ़लमैन के तौर पर भरती हो गए। बटालियन में सेवा के दौरान, वह सैम के अर्दली के तौर पर भेजे गए, हवलदार के ओहदे तक पदोन्नत हुए और सेवानिवृत्ति के बाद सैम के व्यक्तिगत कर्मचारी बने रहे। वास्तव में तो वह घर की देखरेख के ज़िम्मेदार, अकाउंटेंट, ड्राइवर और अन्य कर्मचारियों के सुपरवाइजर थे। स्वामी के न रहने पर वह रसोई भी

3 नेपाली में 'कांचा' का अर्थ होता है 'छोटा भाई'। सेना में यह शब्द उन गोरखों के लिए प्रयोग किया जाता है, जो अपने सेना में कार्यरत भाइयों के साथ आते हैं; और काम सीखने के लिए अफ़सरों के घरों में काम करते हैं। अच्छा खाना और व्यायाम की सुविधाएँ मिलने से वह सेना में भरती के लिए प्रयास करते, परीक्षा पास करते, प्रशिक्षण पाते और रेजिमेंट में सैनिक के तौर पर तैनात हो जाते हैं।

4 स्थानीय बोली में नाम के अंतिम अक्षर में 'ए' लगा देते हैं, इसलिए शुल बहादुर 'शुले' और मन बहादुर 'मने' बुलाए जाते हैं।

सैम अपने अर्दली मन बहादुर को उसकी बीमार पत्नी से मिलवाने के लिए पाँच दिन तक लगातार अपनी कार से लेकर आते और शांतिपूर्वक मने के लौटने का इंतज़ार करके उसे घर वापस ले जाते थे।

सँभाल लेते थे। उन्होंने जल्दी ही तमिल भी सीख ली और अकसर दुभाषिए का काम भी कर देते थे। 1999 में सिल्लू ने उनके परिवारों के लिए घर के पीछे एक क्वार्टर बनवाया। मज़े की बात तो यह है कि 25 साल पूर्व पूरा घर बनवाने में जो ख़र्च आया था, इस क्वार्टर को बनवाने में उससे कहीं अधिक ख़र्च आया। 2009 में शुले वापस नेपाल चले गए और अब घर का पूरा कार्यभार मने ही सँभालते हैं।

सैम और सिल्लू अपने घर पर काम करने वालों के कल्याण के बारे में व्यक्तिगत तौर पर ध्यान देते थे। सैनिक अस्पताल के डाक्टर और नर्सें यह देखकर ताज्जुब करते थे कि सैम अपने अर्दली मन बहादुर को उसकी बीमार पत्नी से मिलवाने के लिए पाँच दिन तक लगातार अपनी कार से लेकर आते और शांतिपूर्वक मने के लौटने का इंतज़ार करके उसे घर वापस ले जाते थे। शुले छुट्टी पर गया था, इसलिए सैम ने यह ज़िम्मेदारी अपने ऊपर ले ली थी।

सैम के सेवानिवृत्त होने पर श्रीमती गांधी ने उनसे पूछा कि क्या वह इंगलैंड के उच्चायुक्त अथवा महाराष्ट्र के राज्यपाल बनना चाहेंगे? और वह बोलीं कि, 'तुम्हारे पारसी भाई-बहनों को तो बड़ी ख़ुशी होगी।' सैम ने दोनों प्रस्ताव स्वीकार नहीं किए और उन्हें अपना फ़ैसला याद दिलाया जो उन्होंने सेना अध्यक्ष का पद ग्रहण करते समय लिया था: वह कोई सरकारी पद लेकर अपनी स्वतंत्रता के साथ समझौता नहीं करना चाहते थे!

कई सरकारी पदों को ठुकराकर सैम ने निजी कंपनियों के साथ काम करना स्वीकार किया। ओबेरॉय ग्रुप, ब्रिटानिया इंडस्ट्रीज़, बॉम्बे बर्मा ट्रेडिंग कॉरपोरेशन, हैरिसन मलयालम प्लैंटेशंस, नगरजुना फर्टिलाइज़र्स एंड कैमिकल्स, बोर्नियो टिंबर, इंडियन एल्यूमीनियम, एस्कार्ट्स और इसी तरह की कई कंपनियों ने उन्हें अपने निदेशक मंडल का सदस्य बनाया। उन्होंने निदेशक कक्ष में भी उसी बुद्धि-प्रखरता एवं अनुशासन का माहौल बनाया, जो उनके संचालन कक्ष की एक विशेषता थी। इन विभिन्न प्रतिबद्धताओं के कारण वह अधिकतर घर से दूर ही रहते थे, जिसके कारण सिल्लू को शिकायत रहती थी कि अब वह फ़ौज से भी कम समय के लिए घर में मौजूद रहते हैं!

सैम ने सेवानिवृत्त सैनिकों के हाथ थामे रखे। उनके मित्र, ईस्ट इंडिया होटल्स के चेयरमैन, श्री एम.एस. ओबेरॉय ने दिल्ली के बाहरी हिस्से में छतरपुर के अपने फॉर्म की देखरेख के लिए कई सेवानिवृत्त गोरखों को नियोजित किया। उन्होंने एक सेवानिवृत्त बैगपाइपर (बीन बजाने वाला) को, अपने तम्बूर की झूमती धुन से उन्हें हर सुबह जगाने के लिए नियुक्त किया! सैम कंपनियों के अपने निदेशक पद का इस्तेमाल सेना के सेवानिवृत्त कर्मचारियों के पुनर्वास के लिए करते थे।

श्रीमती गांधी अनौपचारिक रूप से सैम से सलाह-मशविरा करती रहीं। यद्यपि वह उनका सम्मान करते थे, किंतु 1975 में उनके आपातकाल लगाने पर उन्हें बहुत निराशा हुई, जब प्रेस की स्वतंत्रता छीन ली गई और अनेक वरिष्ठ विपक्षी राजनेता जेल में ठूँस दिए गए। 1984 में स्वर्ण मंदिर में टैंक भेजने के उनके फ़ैसले को भी ग़लत माना। उनके इस कृत्य में दूरदर्शिता की भी कमी थी। उन्हें सही ढंग की सलाह नहीं दी गई थी, पर सैम ने अपने विचार ख़ुद तक ही रखे। जब इंदिरा ने सैम को राष्ट्रीय एकता समिति का सदस्य बनने का निमंत्रण दिया, तो उन्होंने उसे अस्वीकार कर दिया, लेकिन वह जब भी दिल्ली जाते, तो उनसे अवश्य मिलते थे। उनके असामयिक निधन से उन्हें बहुत दुख पहुँचा, क्योंकि उन दोनों ने एक लंबे समय तक साथ-साथ काम किया था और कुछ असहमतियों के बावजूद वह उनका बहुत

सैम गार्ड ऑफ ऑनर का निरीक्षण करते हुए:
सबसे ऊपर: रायल स्कॉट्स, बीच में, ब्रिटिश गोरखाज़।
साभार: 58 गोरखा प्रशिक्षण केंद्र

सबसे नीचे: वेल्श गार्ड्ज।
साभार: 2/8 गोरखा राइफल्स

सम्मान करते थे। वे उनके अंतिम संस्कार में शामिल होने के लिए दिल्ली गए।

श्रीमती गांधी के पुत्र, प्रधानमंत्री राजीव गांधी, सैम का बहुत सम्मान करते थे, इसलिए उन्होंने स्वर्ण मंदिर एवं अकालतख़्त पर आक्रमण से उत्पन्न हुए सिख संप्रदाय और कांग्रेस के बीच व्याप्त अविश्वास के माहौल को कम करने के लिए सरकार के प्रतिनिधि के तौर पर शिरोमणि गुरुद्वारा प्रबंधक कमेटी से बात करने के लिए सैम को भेजा। सैम अपने सिख संप्रदाय के साथ लंबे संबंधों के कारण किसी हद तक दोनों के बीच कुछ समझौता कराने में सफल हुए।

यद्यपि सैम राजनीतिज्ञों से दूर ही रहते थे, सिवाए जिनका वह आदर करते थे। उनमें से एक मोरारजी देसाई थे, जो एक गांधीवादी चरित्रवान व्यक्ति थे।

14 जनवरी 1986 को सरकार ने जनरल के.एम. करिअप्पा को 'माननीय' फ़ील्ड मार्शल का पद देने का निश्चय किया। सैम उस मनाभिषेक समारोह में शामिल होने के लिए राष्ट्रपति भवन गए। जब उनका स्वागत हो रहा था, तभी वह राजीव गांधी को एक तरफ़ ले गए और उन्हें बताया कि सरकार से एक बड़ी ग़लती हो गई है, क्योंकि कोई 'माननीय' फ़ील्ड मार्शल नहीं हो सकता है। वह ग़लती जल्दी से सुधार ली गई और अगले ही दिन सरकार ने उस उपाधि से 'माननीय' शब्द हटा लिया।

1973 में इंपीरियल जनरल स्टाफ़ के अध्यक्ष जनरल सर माइकेल कार्वर के निमंत्रण पर सैम इंगलैंड गए। गोरखा ब्रिगेड एसोसिएशन ऑफ यू.के.[5] के अफ़सरों ने विंडसर के गोरखा पब[6] में उन्हें सम्मानित किया। वहाँ वह एक बार फिर जनरल सर रॉय बूशर से मिले

5 ब्रिटिश सेना में गोरखा रेजिमेंट का संघ है। स्वतंत्रता के समय दस गोरखा रेजिमेंट थीं, उनमें से दूसरी, छठी, सातवीं और दसवीं रेजिमेंट ब्रिटिश सेना का अंग बन गई, जबकि पहली, तीसरी, चौथी, पाँचवीं, आठवीं तथा नवीं रेजिमेंट भारत की सेना के साथ रही।

6 'पब' अतिथिशाला के बराबर होता है, और यह पब विंडसर शहर में है।

एडिनबरा के रॉयल स्कॉट्स रेजिमेंट के संग्रहालय तथा मुख्यालय पर।

साभार: 58 गोरखा प्रशिक्षण केंद्र

भारत के दो फ़ील्ड मार्शल एक-दूसरे के स्वास्थ्य की कामना करते हुए। साभार: 58 गोरखा प्रशिक्षण केंद्र

और एडिनबरा[7] में रॉयल स्कॉट्स की दूसरी बटालियन को भी देखने गए। सैम ने अपना पहला साल वरदी में रॉयल स्कॉट्स के साथ बिताया था। लौटने के पहले सैम ने 4/12 एफ एफ आर और 8वीं गोरखा राइफ़ल्स के अफ़सरों के लिए एक भोज का आयोजन किया। यह दौरा पिछली यादों को जगाने का एक मौक़ा था।

सेवानिवृत्ति के वर्षों बाद भी सैम के प्रति मान्यता और अनुमोदन बढ़ता ही रहा। 1979 में नेपाल के सेना अध्यक्ष ने सैम को नेपाल आमंत्रित किया। वहाँ के राजा

1979 में सैम को नेपाल के राजा ने 'त्रिशक्ति पट्टा' और राजस्थान सरकार ने 'महाराणा प्रताप पुरस्कार' से सम्मानित किया। 2004 में इंदिरा गांधी मुक्त विश्वविद्यालय ने उन्हें मानद 'डॉक्टरेट ऑफ ह्यूमेन लेटर्स' से सम्मानित किया था।

---

7 इंगलैंड का एक शहर।

महेन्द्र ने भारतीय सेना में कार्यरत गोरखाओं के लिए सैम द्वारा किए गए कल्याणकारी कार्यों के उपलक्ष्य में उन्हें 'त्रिशक्ति पट्टा' से सम्मानित किया। उसी वर्ष राजस्थान सरकार ने उन्हें उनकी राष्ट्र के प्रति सेवाओं के लिए 'महाराणा प्रताप पुरस्कार' से सम्मानित किया। 2004 में इंदिरा गांधी मुक्त विश्वविद्यालय ने उन्हें मानद 'डॉक्टरेट ऑफ ह्यूमेन लेटर्स'[8] से सम्मानित किया था। वह सैनिक प्रतिष्ठानों में अकसर आमंत्रित किए जाते थे और वहाँ के अफ़सरों की पीढ़ियाँ उनकी विद्वत्ता एवं अनुभवों को सुनकर मंत्रमुग्ध हो जाती थीं।

इस सबके लिए बीस सालों तक सैम को इधर से उधर दौड़ना पड़ा पर फिर धीरे-धीरे बढ़ती उम्र का असर उन पर दिखाई देने लगा। जब तक सिल्लू साथ थीं, वह बिना किसी परवाह किए काम करते रहे पर फरवरी 2001 में उनके देहांत के बाद उनके जीवन की ज्योति धीमी पड़ गई। परिवार के सदस्यों की उनके स्वास्थ्य के प्रति चिंता को दरकिनार करते हुए शुल बहादुर को साथ लेकर अपनी कुछ निदेशकीय ज़िम्मेदारियों को पूरा करने के लिए बोर्ड की बैठकों में शामिल होते रहे। शुले कोयम्बटूर तक उनकी गाड़ी चला कर उन्हें ले जाता, हवाई जहाज़ में उनके बगल में बैठता, होटल में साथ के कमरे में ठहरता, क्योंकि अब तैयार होने में और बाहर जाने में उन्हें किसी के सहारे की ज़रूरत रहती थी। हवाई अड्डे पर अकसर वहाँ के अफ़सर उन्हें लाइन तोड़कर आगे आने को कहते, किंतु अपनी गिरती सेहत के बावजूद वह कोई विशेष व्यवहार स्वीकार नहीं करते और बाक़ी यात्रियों की तरह लाइन में खड़े होकर अपनी बारी का इंतज़ार करते थे।

2004 में निमोनिया से पीड़ित होने पर उन्हें दिल्ली के आर एंड आर केंद्र[9] में भरती किया गया। एक हफ़्ते में उनकी हालत में सुधार हुआ और अस्पताल से उन्हें छुट्टी दे दी गई। अस्पताल के सी ओ और विशेषज्ञ चिकित्सक उन्हें बिदाई देने के लिए एकत्रित हुए और बोले, 'आप बिलकुल ठीक हैं, आपका स्वास्थ्य तो हममें से बहुत-से लोगों से बेहतर है,' और सबने ताली बजाकर उन्हें विदा किया। सैम ने उन्हें धन्यवाद दिया लेकिन जैसे ही उनकी कार आगे बढ़ी, वह बेटी माया की तरफ़ मुड़े और मज़ाक किया कि– 'क्या मैं उन्हें ग़लत सिद्ध करूँ– अभी चल बसूँ?' किंतु इस बार उनके हास्य के पीछे यह कटु सत्य छिपा था कि वह भी जानते थे कि अब उनका स्वास्थ्य धीरे-धीरे जवाब दे रहा था और घड़ी के काँटे समय नाप रहे थे! ♦

'अभी चल बसूँ?' किंतु इस बार उनके हास्य के पीछे यह कटु सत्य छिपा था कि वह भी जानते थे कि अब उनका स्वास्थ्य धीरे-धीरे जवाब दे रहा था और घड़ी के काँटे समय नाप रहे थे!

8 डिग्री।

9 भारतीय सेना का अनुसंधान एवं संप्रेषण चिकित्सकीय केंद्र।

सैम व सिल्लू एक सफल दंपत्ति।
साभार: 58 गोरखा प्रशिक्षण केंद्र

एक सफल पुरुष के पीछे उसकी पत्नी

सन 1937 में सिल्लू बोद अपनी बहन तेहमी और बहनोई कर्नल कैखुशरू भरूचा, जो ब्रिटिश इंडियन आर्मी में डॉक्टर थे, से मिलने लाहौर गईं। एक भोज के दौरान उनका परिचय एक तेज़ तर्रार युवा कैप्टन से हुआ, जिसने उनके साथ पूरी शाम गुज़ारी और डांस भी किया। दो साल बाद 22 अप्रैल 1939 को सैम और सिल्लू का विवाह हुआ।

सिल्लू एक बहुत अच्छी सैनिक पत्नी साबित हुईं। शादी के शुरुआती सालों में, जब उनके पति ज़्यादातर बार्डर पर तैनात रहते थे तो वह घर और बाहर, दोनों पहलुओं को बखूबी सँभालती थीं। 1946 तक, जब सैम या तो उत्तर-पश्चिमी सीमा क्षेत्र की जनजातियों के विद्रोह को रोकने में या बर्मा के जंगलों में जापानियों से युद्ध करने में लगे थे, सिल्लू अमृतसर में अपने ससुराल

नव दंपति सैम व सिल्लू।

साभार: मानेकशॉ परिवार

आकर्षक सिल्लू बोद। साभार: मानेकशॉ परिवार

में रहती थीं। वैवाहिक जीवन के आरंभिक वर्षों में वह सैम से तभी मिल पाती थीं, जब वह छुट्टियों में घर आते थे। 1940 में दंपति को पहली संतान प्राप्ति हुई जिसका नाम उन्होंने 'शैरी' रखा और 1945 में दूसरी बेटी, माया।

सिल्लू की शिक्षा बंबई के एल्फिंस्टन कॉलेज तथा जे.जे. स्कूल ऑफ आर्ट[1] से हुई थी। चित्रकारी उनका शौक़ था, जिसे उन्होंने बड़ी लगन से जारी रखा। वह पढ़ने की बेहद शौक़ीन थीं, उन्हें अनेक विषयों के बारे में अच्छा ज्ञान था। सुबह योग करना और शाम के वक़्त लंबी सैर करना नियमित था। उन्हें अफ़सरों की पत्नियों के साथ ताश और माह-जोंग (चीनी ताश) खेलना पसंद था। सिल्लू सेना के सामाजिक कार्यकलापों में घुल-मिल गईं और हर फ़ौजी कार्यक्रम में हिस्सा लेती थीं। वह घर का रख-रखाव बहुत सुरुचिपूर्ण ढंग से और मेहमानों की देखभाल आदरपूर्वक करती थीं।

अपने पति के परोपकारी स्वभाव की तरह सिल्लू की सहानुभूति सैनिकों के परिवारों से रहती थी। उनका ज़्यादा समय और श्रम वहाँ के कल्याण केंद्र[2] में लगता था और इस बात का वह ख़ास ध्यान रखती थीं कि यदि किसी सैनिक की पत्नी या बच्चा अस्पताल में भरती हो, तो उनसे मिलने जाएँ और यह सुनिश्चित करें कि उनकी देखरेख सही ढंग से हो रही है या नहीं।

सिल्लू के पाँव पूरी तरह ज़मीन पर थे। उनकी बेटियों शैरी और माया का पालन-पोषण बेहद लाड़-दुलार से हुआ, किंतु सादगी, अनुशासन और परंपरागत मूल्यों का पाठ भी उन्हें पढ़ाया गया।

जब सैम ऊँचे ओहदों पर पहुँच गए, तब भी सिल्लू ने कभी किसी ख़ास आदर-सत्कार या सुविधाओं की माँग नहीं की। वह कभी किसी गपशप या राजनीति में हिस्सा नहीं लेती थीं, यहाँ तक कि उस मुश्किल समय में, जब सैम पर सैनिक जाँच चल रही थी, उनकी ज़िंदगी वैसे ही चलती रही, जैसे कुछ हुआ ही न हो। बल्कि उस समय उन्होंने स्टाफ़ कॉलेज में तीन अंग्रेज़ी नाटकों का निर्देशन किया, यह शायद घर में तनाव कम करने का प्रयास था।

जब मैं कलकत्ता में सैम का अंगरक्षक नियुक्त हुआ, तब सिल्लू ने मुझे परिवार में शामिल किया और मेरी हर ज़रूरत को ध्यान में रखा। मेरी सबसे प्रिय यादगार उस यात्रा की है, जब हम शैरी और डिंकी[3] को आवंटित नई फिएट कार लेने के लिए बंबई गए। सफ़र चार दिन का था। सिल्लू को गाड़ी चलाना पसंद था, तो मैं उनका नामित मार्गदर्शक था। हम सुबह जल्दी ही निकल पड़ते और सूर्यास्त तक चलते रहते। रात या तो पी डब्ल्यू डी[4] के गेस्ट हाउस में या एम ई एस के निरीक्षण बंगले में बिताते। थकान उतारने

1 सर जम्सेतजी जीजेभॉय स्कूल ऑफ आर्ट, बंबई।

2 हर यूनिट में कल्याण केंद्र सैनिकों के परिवारों का ध्यान रखता है। इसमें महिलाओं के लिए प्रौढ़ शिक्षा और घरेलू कामकाज सिखाए जाते हैं। साथ ही, इसमें स्वास्थ्य की देखरेख और उनके परिवारों के लिए प्रतिरक्षण कार्यक्रम चलाए जाते हैं। सी ओ की पत्नी अन्य अफ़सरों की पत्नियों की मदद से यह कार्य देखती है।

3 उनका जमाई।

4 लोक निर्माण विभाग।

के लिए गरम पानी से नहाने के बाद एक-आध ड्रिंक लगाते और फिर रात्रि-भोज के बाद रमी (ताश) का दौर शुरू होता। सिल्लू उस खेल में माहिर थीं, मैं नौसिखिया था लेकिन उस यात्रा के दौरान मैंने हर बाज़ी जीती। हालाँकि उन्हें यह अजीब लगा पर वह कुछ न बोलीं। कलकत्ता पहुँचने के बाद अपराधबोध से दबा मैं यह स्वीकार करने पर मजबूर हो गया कि हर बाज़ी जीतने के लिए मैंने अपनी बारी में कोई न कोई छल किया था! यह उनका 'जाने दो' जैसा लापरवाह रवैया ही था कि एक युवा कैप्टन को आर्मी कमांडर की पत्नी के साथ ऐसी छूट लेने की हिम्मत हुई। मेरे बार-बार जीतने पर उन्हें शक़ तो हुआ लेकिन मेरे स्वीकार कर लेने पर वह हँस दीं और मेरे बचकाने मज़ाक को टाल दिया।

जैसा कि सैम अकसर कहा करते थे कि सिल्लू जहाँ उनकी उत्कट समर्थक थीं, वहीं कठोर आलोचक भी थीं। जब वह पूर्वी आर्मी कमांडर की हैसियत से तरक्क़ी के आख़िरी पायदान के क़रीब थे, तब कुछ ऐसी अफ़वाह चल पड़ी कि वह अगले सेना अध्यक्ष बनाए जाने वाले हैं। सेवानिवृत्ति का दिन क़रीब आ गया किंतु उनकी पदोन्नति का कोई एलान नहीं किया गया। जब उन्होंने सब कुछ भविष्य पर छोड़ दिया, तभी सेना अध्यक्ष, जनरल कुमारामंगलम, ने उन्हें घर पर फोन करके यह शुभ समाचार दिया कि सरकार ने उनके सेना अध्यक्ष पद पर नियुक्ति को स्वीकृति दे दी है। वह उछल कर सिल्लू के कमरे में गए और बोले, 'डार्लिंग! उठो, मुझे अभी-अभी बताया गया है कि मैं अगला सेना अध्यक्ष बनने जा रहा हूँ। अब तुम ख़ुश हो?' सिल्लू ने करवट ली और निश्चिंत होकर बोलीं, 'मुझे हमेशा से पता था कि तुम सेना अध्यक्ष ज़रूर बनोगे।' 'तुम्हें मुझसे ज़्यादा यकीन था,' कह कर सैम चुपचाप अपने कमरे में लौट गए।

जैसे ही वे लोग सैम के सेना अध्यक्ष का पदभार ग्रहण के लिए दिल्ली आए, सिल्लू को फ़्लू हो गया। वह अपनी सनबीम रेपियर चलाकर आर्मी हाउस से आधा मील दूर डलहौज़ी रोड के सेना क्लीनिक गईं और लाइन में खड़े होकर अपना टोकन लिया। जब वह काउंटर पर पहुँचीं तो नर्सिंग अर्दली ने तीन मानक सवाल पूछे– पति का आई सी नंबर, रैंक और नाम।

युवा माँ अपनी प्रथम संतान के साथ और (दाएँ) गर्वित माता-पिता।

साभार: मानेकशॉ परिवार

जम्मू के कल्याण केंद्र में। साभार: 2/8 गोरखा राइफ़ल्स

जब उसने सुना 'जनरल मानेकशॉ' तो उसने उत्तर दिया, 'वह तो हमारे सेना अध्यक्ष हैं!' 'हाँ और मैं उनकी बीवी हूँ।' यह सुनकर नर्सिंग अर्दली अपने कमांडेंट के पास भागा जो ख़ुद दौड़ते हुए प्रतीक्षा-कक्ष में आए और बोले, 'आपको क्लीनिक आने का कष्ट नहीं करना चाहिए था।' सेना अध्यक्ष की पत्नी होने की हैसियत से वह डॉक्टर को घर पर बुला सकती थीं। सिल्लू ने कमांडेंट को शांत किया और कहा कि उन्हें गाड़ी चलाना पसंद है, और वह कभी भी अपने लिए कोई ख़ास तरजीह नहीं चाहती हैं!

एक अच्छी सैन्य पत्नी की तरह सिल्लू सरकारी कामकाज से दूर ही रहती थीं और अपने पति के किसी फ़ैसले पर, ख़ासकर जब वह ऊँचे पदों पर पहुँच गए थे, कोई असर डालने का प्रयास नहीं करती थीं। जो

एक अच्छी सैन्य पत्नी की तरह सिल्लू शासकीय कामकाज से दूर ही रहती थीं और अपने पति के किसी फ़ैसले पर कोई असर डालने का प्रयास नहीं किया।

अपनी तैनाती या पदोन्नति के लिए उनके पास जाते थे, वह सिर्फ़ उनकी बात सहानुभूतिपूर्वक सुन लेती थीं। 1971 के युद्ध के समय एक पत्रकार सिल्लू का साक्षात्कार करने गई इस उम्मीद के साथ कि शायद कोई अनूठी ख़बर निकल पाए, पर उसे घोर निराशा हुई जब उसे कुछ भी नहीं मिला! 'हाँ, मुझे युद्ध के बारे में सिर्फ़ अख़बारों से पता चलता है! हाँ, मुझे इतना मालूम है कि सैम रात में बहुत देर से घर आते हैं। कभी-कभी

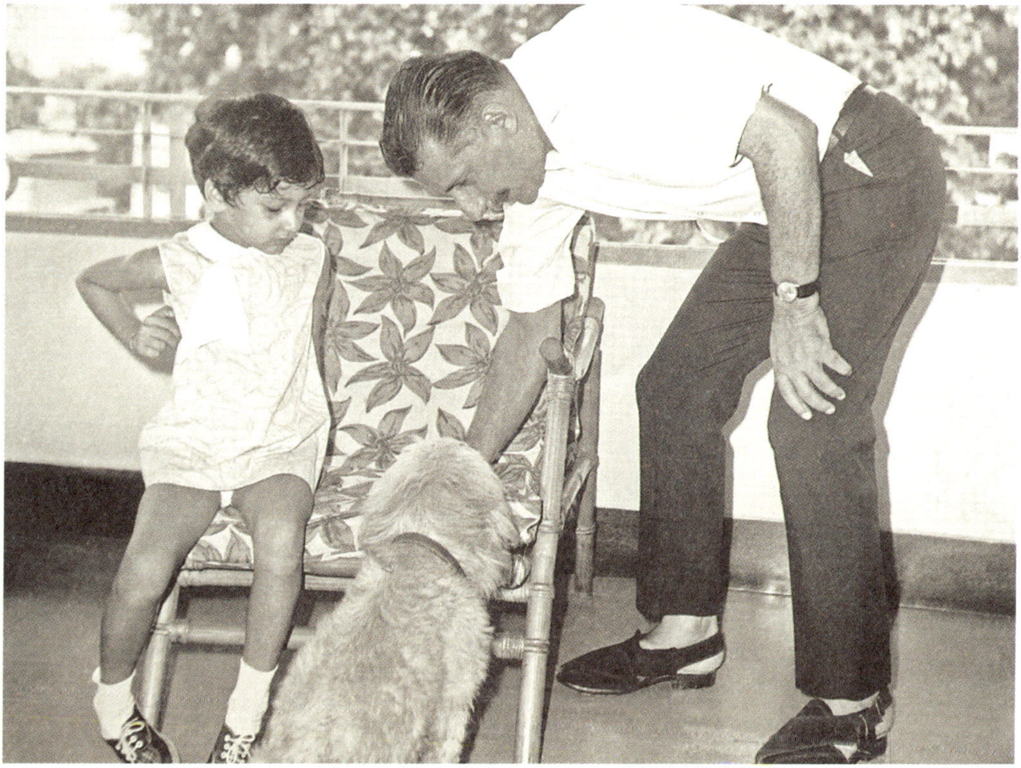

सैम कलकत्ता के कमांड हाउस में अपनी पोती ब्रेंडी के साथ। साभार: 58 गोरखा प्रशिक्षण केंद्र

तो पूरी रात दफ़्तर में ही बिता देते हैं और यह भी मुझे तब मालूम पड़ता जब सुबह अर्दली मुझे बताता।'

उदासीनता के इस परदे के पीछे उनकी घायलों और युद्ध-विधवाओं के प्रति गंभीर और निरंतर प्रतिबद्धता बनी रही। अस्पताल के कमांडेंट को यह निर्देश दे रखे थे कि जब भी कभी घायलों का नया दस्ता आने वाला हो, उन्हें तुरंत सूचना दी जाए। नंबर 2 स्टाफ़ कार उनके लिए रखी गई थी। समय का विचार किए बिना ए डब्ल्यू डब्ल्यू ए[5] की सचिव, जनरल एम.एन. 'बीम' बत्रा की पत्नी, मोना बत्रा, तथा कुछ और अफ़सरों की समर्पित पत्नियों के साथ फ़ौरन अस्पताल पहुँच जाती थीं। हर दिन वह ए डब्ल्यू डब्ल्यू ए के सदस्यों के साथ वहाँ का दौरा करतीं, घायलों का हाल पूछतीं, उनके स्वास्थ्य लाभ की पूछताछ करतीं, यह पता लगातीं कि उनके परिवारों तक यह समाचार पहुँचा या नहीं और पत्र लिखने में मदद करतीं। ए डब्ल्यू डब्ल्यू ए के सदस्य उन सिपाहियों में कुछ आशा का संचार करने का प्रयास करते थे जो विकलांग थे या गंभीर रूप से घायल थे। सिल्लू उनसे बात करतीं, उन्हें सिगरेट और पढ़ने के लिए पत्रिकाएँ देतीं और उन निराशाग्रस्त सैनिकों को कुछ आशा की किरण दिखाने का प्रयास करती थीं।

उदासीनता के इस परदे के पीछे उनकी घायलों और युद्ध-विधवाओं के प्रति गंभीर और निरंतर प्रतिबद्धता बनी रही।

5 सैनिक-पत्नी कल्याण संघ।

अपने प्यारे दादू के लिए पोती ब्रैन्डी का प्यार

मेरे प्यारे दादू,

मेरे दादू के साथ मेरे रिश्ते को शब्दों में बयाँ करना बहुत कठिन काम है। वह हिंदुस्तानी फ़ौज में अपनी क़ामयाबी के लिए मशहूर हैं। पर मेरा उनका संबंध बहुत सरल था। सही मायनों में, वे एक महान इनसान थे, जिनके बारे में जानने का सौभाग्य मुझे मिला।

मेरी सभी दिलचस्प यादें बचपन की हैं। वह शांत गरमी की छुट्टियाँ, जो मैं उनके साथ कुनूर में बिताती थी। हर सुबह, हम एक-दूसरे का हाथ थामे बग़ीचे में सुगंधित गुलाबों की देखभाल करते। वह मुझे हर एक फूल का नाम बताते और सहृदयता के साथ मेरी ज़िंदगी के बारे में पूछताछ करते। हर मोड़ पर मेरा साथ देते और मुझे प्रोत्साहित करते। मैं हमेशा कहती हूँ कि शायद उन्हें यह न मालूम था, पर उन्होंने मुझे पंख दिए और हमेशा मेरा साथ दिया। उनके चरित्र में मुझे हमेशा कई खूबियाँ नज़र आईं। वे अति उत्साहित, आत्मविश्वासी और व्यवस्थित थे। आज जब मैं उन दिनों को याद करती हूँ तो मुझे उनकी हर चीज़ में बुनियादी गरिमा दिखाई देती है।

सैम हमेशा हँसमुख रहा करते थे। उनकी कल्पनाशक्ति बहुत तीव्र थी और किसी बात को कहने का मज़ाकिया अंदाज़ भी खूब था। हमें, उनके परिवार के सदस्य होने का फ़ायदा और ज़ुल्म, दोनों को सहन करना पड़ता था। उनके पास निजी और व्यावसायिक मनोरंजक कहानियों का भंडार था, जो वे हमें सुनाते थे।

मेरे दादा-दादी बड़े दिलवाले थे। दूसरों की बात सुनना, उनकी मदद करना, उनकी ज़िंदगी में सुधार लाना ही उनका लक्ष्य था। यह उन्हें ख़ुशी और संतुष्टि देता था।

वह पाकिस्तानी युद्धबंदियों पर भी एकसमान ध्यान एवं समय देती थीं। दिल्ली के बेस अस्पताल में भरती एक युवा पाकिस्तानी अफ़सर सिल्लू के आने पर उन्हें नज़रअंदाज़ करता था। जब वह उसके पलंग के पास से गुज़रतीं तो वह अफ़सर सोने का बहाना करके करवट लेकर दीवार की ओर मुँह फेर लेता था। एक दिन जब उसकी जिज्ञासा बहुत अधिक बढ़ी तो उसने वहाँ के नर्सिंग अर्दली से पूछा कि यह पतलून पहने महिला कौन है, जो रोज़ इतनी लगन से हर मरीज़ से मिलकर उसकी सेहत के बारे में पूछती हैं? जब उसे पता चला कि वह सेना अध्यक्ष की पत्नी हैं, तो उसे बेहद पश्चाताप हुआ। अगले दिन वह बेचैनी से उनके आने का इंतज़ार करता रहा और रू-ब-रू अपने व्यवहार के लिए क्षमा माँगी, और बोला कि वह सपने में भी नहीं सोच सकता था कि सेना अध्यक्ष की पत्नी इतनी चिंतित और दयालु हो सकती है! सिल्लू ने उसे शांत किया और उसके साथ सिगरेट पी। उसने खुलकर सिल्लू से बात की और कहा कि उसे आशा ही नहीं, पर पूरा विश्वास

सैम कहा करते थे, 'मैं और मेरी पत्नी भीख का कटोरा लेकर घूमते हैं ताकि हमारे ज़ख़्मी सिपाहियों और शहीदों की विधवाओं को कभी किसी से कुछ न माँगना पड़े!'

था कि हम युद्ध जीतेंगे और आत्मसमर्पण की शरम एवं निराशा से रो दिया। सिल्लू की सहानुभूति ने उसके मन पर मरहम का काम किया। उसके बाद वह हर रोज़ उनके आने का बेसब्री से इंतज़ार करता था और उनका उत्कट प्रशंसक बन गया!

उसी बीच ए डब्ल्यू डब्ल्यू ए के लिए धन एकत्रित करना उनकी पहली प्राथमिकता बन गई थी। सिल्लू ने सिनेमा की अभिनेत्रियों, दान देने वाली संस्थाओं और देश के बड़े-बड़े व्यापारी घरानों से संपर्क किया। नतीज़ा, ढाई करोड़ नकद और पाँच करोड़ का सामान एकत्रित हुआ। उनके कहने पर बॉम्बे डाइंग के चेयरमैन नस्ली वाडिया ने सैनिक अस्पतालों के लिए कंबल और चादरें आदि भेंट किए, जिनकी मरीज़ बढ़ जाने के कारण बेहद कमी हो गई थी। सैम कहा करते थे, 'मैं और मेरी पत्नी भीख का कटोरा लेकर घूमते हैं ताकि हमारे ज़ख़्मी सिपाहियों और शहीदों की विधवाओं को कभी किसी से कुछ न माँगना पड़े!' जब सैम और सिल्लू किसी गैर-सरकारी संस्थान में विकलांग सैनिकों या शहीदों की विधवाओं को नौकरी दिलवाने की विनती करते थे, तो शायद ही कभी उनकी दरख़्वास्त टाली गई हो।

सिल्लू अपने पति की उपलब्धियों का आनंद अपने ही गुपचुप ढंग से मनाती थी। जब उनकी पदोन्नति फ़ील्ड मार्शल के रूप में हुई तो उन्होंने उनको तोहफ़े में देने के लिए एक विशेष अँगूठी बनवाई, जिस पर फ़ील्ड मार्शल की शिखा बनी थी। सैम वह अँगूठी जीवनभर पहने रहे, जबकि उन्होंने अपनी शादी की अँगूठी कभी नहीं पहनी थी! लेकिन जब लोग सैम की बेहद चापलूसी करने लगते थे तो वह सुनिश्चित करती

सिनेमा के सितारों द्वारा सैम का सम्मान। साभार: 58 गोरखा प्रशिक्षण केंद्र

थीं कि उनके पैर ज़मीन पर टिके रहें। बकौल सैम ख़ुद कहते थे, '1971 के भारत-पाक युद्ध में हमें इतने कम समय में विजय हासिल हो गई थी, कि हमारे लिए कहीं भी जाना संभव नहीं रह गया था, क्योंकि हम हमेशा प्रशंसकों, चापलूसों, ख़ुशामदीदों, चाटुकारों और पिछलग्गुओं से घिरे रहते थे। कोई मेरी तुलना रोमेल से तो कोई सीज़र, नेपोलियन या मोंटगोमरी[6] से करता था। मैं यह सब छाती फुलाए मानने ही लगा था कि उसी बीच प्रधानमंत्री ने मुझे फ़ील्ड मार्शल बना दिया...लेकिन इन सब चापलूसों से दूर रहने वाली मेरी पत्नी, जिसके पाँव हमेशा ज़मीन पर टिके रहते थे, ने मुझे सँभाला और मुझे पागलखाने का एक और सदस्य बनने से बचाया!'

6 अंग्रेज़ों के प्राचीन और मशहूर जनरल।

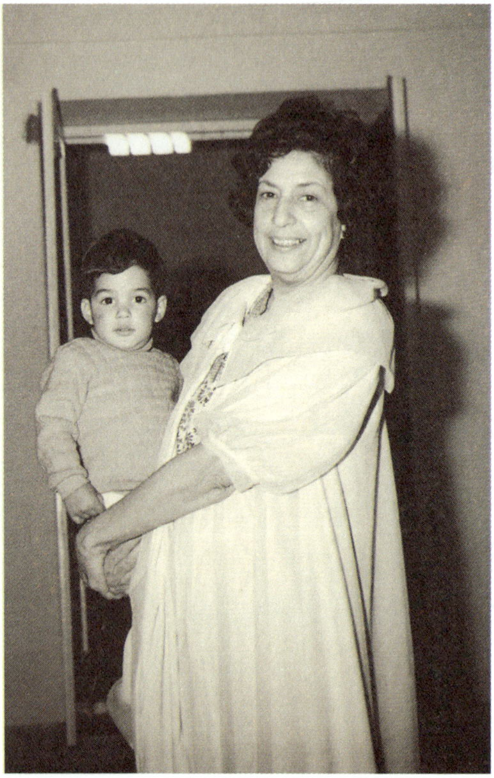

सिल्लू आर्मी हाउस दिल्ली में अपने पोते राओल सैम के साथ।
साभार: 58 गोरखा प्रशिक्षण केंद्र

बाद के दिनों का एक पारिवारिक चित्र।
साभार: मानेकशॉ परिवार

इंदौर में नागरिकों ने एक जन समारोह में सैम का अभिनंदन किया। उस समय सिल्लू उनके साथ नहीं जा पाईं। वहाँ पहुँचने पर 'मानेकशॉ की जय' के नारों से उनका स्वागत किया गया और मुख्य वक्ता ने हिंदी में भाषण देते हुए एक ऐसे वीर योद्धा के रूप में उनका परिचय दिया जो भारत के महान योद्धाओं, जैसे महाराणा प्रताप, झाँसी की रानी, वीर शिवाजी महाराज की कोटि में आते हैं। सैम भी हिंदी में ही बोले और वहाँ के व्यवस्थापकों से मज़ाक में कहा कि क्या वे इस भाषण का अंग्रेज़ी अनुवाद उनकी पत्नी के लिए करवा सकते हैं, क्योंकि वह उन्हें इस प्रशंसा के योग्य नहीं समझती हैं! 'जब भी मैं उन्हें समझाने का प्रयास करता हूँ कि मैं बड़ा आदमी हूँ, एक महान व्यक्ति हूँ, वह मेरी बातों पर ध्यान ही नहीं देती हैं। शायद यह अनुवाद पढ़ने के बाद उन्हें मुझ पर विश्वास हो जाए,' उनकी इस बात पर पूरी सभा हँसी से गूँज उठी।[7]

यद्यपि उन सब बातों को कम ही कहा गया है किंतु सिल्लू अपने पति की परिस्थितियों को अच्छी तरह समझती थीं। वह उनकी हिफ़ाज़त के लिए हर समय पूरी तरह तैयार रहती थीं और यदि कोई सैम को तकलीफ़ पहुँचाता था तो उसकी सुनवाई करने से नहीं झिझकती थीं। 1969 में हम लोग राष्ट्रपति भवन के भोज में शामिल हो रहे थे। हमारे बगल में पूर्व रक्षा मंत्री कृष्णा मेनन खड़े थे, जिन्होंने अपने उरूज़ के ज़माने

7 स्रोत: *द हिंदू* अख़बार में प्रकाशित कॉमोडोर सी. उदय भास्कर के मृत्युलेख से उद्धृत।

बाद के सालों में सिल्लू ने अपना अधिकांश समय और सामर्थ्य निर्धनों के लिए कुनूर में एक चिकित्सालय को दिया।

में सैम को बरबाद करने में अपनी ताक़त भर कोई कोर कसर नहीं छोड़ी थी। सैम ने विनम्रतापूर्वक उनका अभिवादन किया, पर सिल्लू ने उनसे मुँह फेर लिया। सैम कुछ परेशान से हुए और उन्हें हाथ से इशारा करते हुए बोले, 'डार्लिंग! तुम श्री मेनन को तो पहचानती हो?' सिल्लू हठीले तौर से कंधे उचकाते हुए बोली, 'क्या मुझे इन्हें पहचानना चाहिए?'

सिल्लू अपने स्नेह का प्रदर्शन नहीं करती थीं और जो उन्हें अच्छी तरह से नहीं जानते थे, उन्हें शायद उनका व्यवहार उदासीनतापूर्ण लगता था। मगर उस उदासीनता के मुखौटे के पीछे बेहद सहारा देने वाली एक माँ, एक स्नेहमयी नानी, एक विश्वस्त मित्र और सहानुभूति रखने वाली एक 'प्रथम फ़ौजी महिला' थीं।

बाद के सालों में सिल्लू ने अपना अधिकांश समय और सामर्थ्य निर्धनों के लिए कुनूर में एक चिकित्सालय को दिया, जिसकी स्थापना एक एंग्लो इंडियन महिला डॉ. फिलिप बेलहर्ट ने 1976 में एक निजी मकान में की थी। यह क्लीनिक 'यूनिवर्सिटी विमेंस एसोसिएशन'[8] द्वारा संचालित स्वयंसेवक संस्था थी। जब भी सैम कहीं दौरे पर जाते, सिल्लू दवाओं की एक सूची उन्हें पकड़ा देतीं, कि वह दवाएँ चाहे मुफ़्त में या ख़रीदकर ले आएँ! जब 1994 में सिल्लू उस संस्था की अध्यक्ष बनीं तो उन्होंने तमिलनाडु की सरकार को लोअर कुनूर में एक जगह दान करने के लिए राज़ी करा लिया। वहाँ एक छोटे-से भवन का निर्माण किया गया और चिकित्सालय अपने नए घर में स्थापित हो गया। वहाँ कई फ़ौजी पत्नियाँ निश्शुल्क सेवा प्रदान करती थीं, उनमें से एक स्टाफ़ कॉलेज के शिक्षार्थी, 2/8 जी आर के मेजर डेविड

लोअर कुनूर में निर्धनों के लिए चिकित्सालय। साभार: लेखकगण

देवासहायम की पत्नी, डॉ. रेणुका देवासहायम थीं। रेणुका बताती हैं कि जब वह मरीज़ों के नुसख़े लिखती थीं, तब सिल्लू बिना किसी हिचकिचाहट के कम्पाउंडर की तरह दवाइयाँ बाँटती थीं।

उस क्लीनिक का मुख्य उद्देश्य ख़ासतौर पर स्त्रियों और बच्चों की मुफ़्त में जाँच करना, दवाइयाँ देना और कुछ विशेष परिस्थितियों में अस्पताल में भरती करवाना था। बाद में इसका दायरा बढ़ाकर बच्चों और बूढ़ों को पौष्टिक सम्पूरक देने तक कर दिया गया। इस क्लीनिक में हर महीने लगभग 500 मरीज़ों का उपचार किया जाता था। यहाँ तीन नियमित वैतनिक नर्सें थीं। मरीज़ों से मात्र तीन रुपए की सांकेतिक राशि ली जाती थी।

13 फरवरी 2001 को थोड़े दिन की बीमारी के बाद कोयम्बटूर में सिल्लू का देहांत हो गया। इसके बाद उनके परम निष्ठावान पति सैम बहुत अकेले हो गए और पहले के जैसे नहीं रहे। उनकी ज़िंदगी में से रोशनी हमेशा के लिए चली गई। ♦

---

8 उच्चविद्यालय स्त्री संगठन।

58 गोरखा प्रशिक्षण केंद्र में सैनिकों के साथ सैम।

साभार: 58 गोरखा प्रशिक्षण केंद्र

मेरा ढंग, मेरा दृष्टिकोण

समय के साथ सैम मानेकशॉ एक जीवित कथा बन गए थे, एक ऐसे अफ़सर जो अपने सिद्धांतों से समझौता नहीं करते थे और अपने पद की गरिमा बनाए रखते थे। उनकी तीव्र बुद्धि, विचारों की स्पष्टता, अपने स्तर पर निर्णय लेने की क्षमता उन्हें सबसे अलग कर देती थी। उसी तरह उनके बहुरंगी, बढ़ा-चढ़ाकर बोलने के तरीक़े ने उन्हें मशहूर कर दिया था। उनके आलोचकों को उनकी नाटकीयता और अलंकृत प्रदर्शनबाजी, उबाऊ और कष्टप्रद लगती थी। सैम बेहद उदार थे और अपने निंदकों तक को आसानी से माफ़ कर देते थे। हाँ! उनके कुछ कृपापात्र भी थे पर वह सब चरित्रवान और योग्य थे, उनके विश्वस्त सहयोगी थे, जो कड़ी मेहनत करके उनका नाम रोशन करने में तुले थे। सैम में कुछ कमियाँ भी थीं पर उनकी निष्कपटता और नेकदिली के सामने वह नगण्य थीं।

सैम की योग्यता की सबसे बड़ी विशेषता थी, उनका अपने मातहतों तक पहुँचना। मेजर जनरल के.एस. बाजवा (आर्टिलरी), मार्च 1967 का वह दिन याद करते हैं जब वह पहली बार पूर्वी कमांड के मुख्यालय में जी एस ओ-1 के तौर पर आए। कमांडर का प्रातः विवरण सुनने के लिए पूरा स्टाफ़ एकत्रित था। सैम ने संचालन कक्ष में घुसते ही सीधे बाजवा को संबोधित किया, 'कर्नल! आप कब आए?' 'इसी सुबह, सर!' 'आपका स्वागत है। क्या मैंने कभी आपको पढ़ाया है?' 'जी, सर!' 'तो फिर मैं तुम्हारी कोई कमी नहीं निकाल सकता हूँ!' थोड़े ही दिन बाद बाजवा ने सैम के पास दस्तख़त करने के लिए एक नोट भेजा। उसमें लिखा था कि 'यदि आर्मी कमांडर इसे मंज़ूर करें तो इस पर दस्तख़त कर दें।' मिनटों में सैम उनके दफ़्तर में पहुँच गए, 'क्या यह फाइल चिढ़ाने के लिए भेजी है? तुम्हारा मतलब क्या है यह लिखने से, कि यदि आर्मी कमांडर मंज़ूर करें तो दस्तख़त कर दें? तुम समझते क्या हो, मैं तुम्हें यहाँ किसलिए लाया हूँ? यदि तुम ठीक समझते हो कि मैं इस पर दस्तख़त कर दूँ तो ऐसा कहो, मैं दस्तख़त कर दूँगा, यानी मेरा काम मत बढ़ाओ बल्कि मेरी मदद करो!' छह महीने बाद ही एक

सैम एक आकर्षक अंदाज़ में। साभार: मानेकशॉ परिवार

ब्रिगेड को एक आपातस्थिति से निपटने के लिए तुरंत दूसरी जगह जाना था। इस प्रकार की गतिविधियों के लिए केवल आर्मी कमांडर को ही अधिकार होता है। किंतु उस समय सैम, उनके चीफ़ ऑफ स्टाफ़ और बी जी एस[1] सभी मुख्यालय से बाहर थे। बाजवा ने उस मामले से निपटने के लिए ब्रिगेड को वहाँ भेजा और यह सब कराने के बाद आर्मी कमांडर को सूचित किया। सैम ने अपने जी एस ओ1 की पहल का अनुमोदन किया किंतु बाजवा की टाँग खींचते हुए बोले, 'अच्छा! अब तो आर्मी कमांडर से बिना पूछे ब्रिगेड भी इधर से उधर भेजने लगे हो!' कुछ साल बाद बाजवा ब्रिगेडियर पदोन्नत हो गए। वह अपने पुराने बॉस, जो अब सेना अध्यक्ष बन चुके थे, से मिलने गए। सैम आर्मी कमांडरों के सम्मेलन को संबोधित कर रहे थे, किंतु दस मिनट में वह अपने पुराने स्टाफ़ अफ़सर को मुबारकबाद देने बाहर आए। बाजवा उन्हें अभिवादन करने के लिए उठे किंतु सैम उन्हें कुरसी पर बैठा कर बोले, 'ओह! अब तुम्हारे कंधे पर बहुत बिल्ले लग गए हैं। बैठे रहो।' चलते-चलते सैम ने सलाह दी, 'याद रखो, जितना ऊँचा चढ़ते जाओ, उतना ही विनम्र रहना,' यही उनका अपना मूल मंत्र था।

सैम ने यह आदर्श-वाक्य, जो भारतीय सेना अकादमी के चैटवुड हॉल की दीवार पर खुदा है, उसे अपना कर उसका एक सिद्धांत बना दिया था।

1 ब्रिगेडियर जनरल स्टाफ़, एक ब्रिगेडियर जो आर्मी कमांडर को संचालन में मदद करता है।

चैटवुड हॉल में फ़ौज के आदर्श सिद्धांत का अनुवाद:
देश की सुरक्षा, सम्मान और कल्याण हमेशा सर्वप्रथम आता है।
आपके जवानों का सम्मान, कल्याण और आराम
उसके बाद आता है।
आपका अपना चैन, सुरक्षा और आराम
हमेशा और हर वक़्त अंत में आता है।

चैटवुड हॉल में फ़ौज का आदर्श सिद्धांत। साभार: 58 गोरखा प्रशिक्षण केंद्र

सेना अध्यक्ष अपना कार्यक्रम कभी भी मौसम के हिसाब से निर्धारित नहीं करेंगे! सैनिकों तक क्या संदेश जाएगा कि उनका अध्यक्ष थोड़ी-सी बारिश से डर गया?

अंगरक्षक अर्दलियों की पीठ थपथपाते सैम। साभार: 58 गोरखा प्रशिक्षण केंद्र

सैम अपने सैनिकों से बहुत जल्दी एक आत्मीय संबंध और भाईचारा बना लेते थे। वह निश्चित तौर पर उनकी खोज ख़बर रखते थे, कि वह किस गाँव के रहने वाले हैं, उनके पास कितनी ज़मीन है, उन्हें आसानी से ठीकतौर पर छुट्टी मिल रही है, कितने बच्चे हैं और यदि बच्चे अधिक हुए तो एक लंबे परिहास के साथ उन्हें परिवार नियोजन की मुफ़्त सलाह भी दे डालते थे! सैनिक उनके प्रति श्रद्धा रखते थे और उनकी बेपनाह इज़्ज़त भी करते थे।

'बड़ा खाना' के मौक़े पर वह इस बात का ख़ास ध्यान रखते थे कि वह 'स्कॉच' न लें, सिर्फ़ 'रम' पिएँ, क्योंकि यह जवानों का पसंदीदा ड्रिंक है। वह सैनिकों और उनकी पत्नियों से हिल-मिल जाते, मज़ाक करते, छोटी-मोटी बातें करते पर उसी बीच एक प्रयास छिपा था। वह उनकी समस्याओं की जानकारी लेते, जो अन्यथा वरिष्ठ अधिकारियों के सामने आ नहीं पातीं, और यह निश्चित करते थे कि उन समस्याओं का समाधान शीघ्रातिशीघ्र हो जाए। वह सिपाहियों के साथ मिल-जुलकर नाचते थे और शाम को भरपूर आनंदमय बना देते थे।

पूर्वी आर्मी के कमांडर की हैसियत से सैम नागालैंड में एक गढ़वाल बटालियन के दौरे पर थे। अचानक एक सफ़ाई कर्मचारी बाशा[2] से निकला और अपने जी ओ सी-इन-सी के सामने आ खड़ा हुआ। दरअसल, वरिष्ठ अधिकारियों के दौरे के समय कुछ इलाक़ों को खाली किया जाता है और वहाँ सैनिकों का अकारण आना-जाना मना होता है। घबराया सफ़ाई कर्मचारी वापस जाने के लिए मुड़ा लेकिन सैम ने फट से उसे रोका और बिना झिझक उसके हाथ को अपने हाथ में लेते हुए, दूसरा हाथ उसके कंधे पर रखकर उससे उसकी ख़ैरियत पूछी। लौटते समय वहाँ के कमांडिंग अफ़सर से कह दिया कि उस सिपाही को इस छोटी-सी ग़लती की सज़ा ना दें।

जब सैम सेना अध्यक्ष थे, उन्हें अम्बाला दौरे पर जाना था। मौसम विभाग से उनके दौरे के दिन के लिए वहाँ चक्रवातीय तूफ़ान की भविष्यवाणी की चेतावनी दी। इसलिए उनको दौरा रद्द करने की सलाह दी गई। सैम के लिए यह क़तई अस्वीकार था। सेना अध्यक्ष अपना कार्यक्रम कभी भी मौसम के हिसाब से निर्धारित नहीं करेंगे! सैनिकों तक क्या संदेश जाएगा कि उनका अध्यक्ष थोड़ी-सी बारिश से डर गया? आख़िरी समय पर दौरा रद्द करने से वहाँ के सैनिकों, जिन्होंने अपना समय और मेहनत लगाई है ताकि पूरा संस्थान साफ़-

2 कच्ची मिट्टी का मकान, जिसमें फ़ौज रहती है।

बाएँ से दाएँ: गोरखा सैनिकों के साथ 'बड़ा खाना' में तथा बैंड के साथ रू-ब-रू एवं ख़ुशनुमा माहौल में सबके साथ मौज-मस्ती करते।
साभार: 58 गोरखा प्रशिक्षण केंद्र

सफ़ाई में चाक-चौबंद हो, के प्रति उनकी लापरवाही लक्षित होगी।

सैम और सिल्लू कम ख़ुशक़िस्मत लोगों की मदद के लिए दो क़दम आगे ही रहते थे। 1947 में जब सैम मुख्यालय निदेशालय में जी एस ओ1 थे, तभी कैप्टन तेजा सिंह औलख उनके मातहत काम करते थे। तेजा पाकिस्तान से शरणार्थी की तरह आए थे; उनका सब कुछ वहाँ लुट चुका था। वह दिल्ली के बाहरी हिस्से में, छतरपुर में रहते थे और 20 किलोमीटर साइकिल से आते-जाते थे। एक कड़कड़ाती ठंड की धुँधलकी शाम में सिल्लू अपनी गाड़ी में साउथ ब्लॉक के बाहर सैम को लेने के लिए आई थीं, तभी सिल्लू ने तेजा को अपने लंबे सफ़र के लिए साइकिल पर चढ़ते देखा। उन्होंने तेजा से सैम की मोटरसाइकिल, जो बरामदे में खड़ी धूल खा रही थी, ले जाने को कहा। तेजा ने यह प्रस्ताव सधन्यवाद स्वीकार कर लिया। कुछ महीने बाद तेजा वेलिंगटन में स्टाफ़ कॉलेज के लिए नामित हो गए, तो एक रविवार के दिन वह सैम के घर उनकी मोटरसाइकिल लौटाने गए। सैम ने उनसे उसे अपने पास रख लेने का आग्रह किया, किंतु तेजा के स्वाभिमान ने इतना महँगा उपहार लेना स्वीकार नहीं किया। आख़िर समझौता हुआ, तेजा ने उसे 300 रुपए में ख़रीद ली।

अपने पूरे सेवाकाल में सैम इस बात से बेहद परेशान रहते थे कि सेना के सामने अपने सैनिकों और अफ़सरों के निवासस्थान की विकट समस्या है। जब भी संभव होता, वह अपने प्रभाव का इस्तेमाल घरों के निर्माण तथा निर्माणाधीन योजनाओं को गति देने में करते थे। सन 1970 में जब 2/8 जी आर दिल्ली आई तो उसे लाल क़िले में स्थित किया गया। बटालियन के एक समारोह में आम बातचीत के दौरान कुछ अफ़सरों की पत्नियों से पता लगा कि कई घरों के गीज़र काम नहीं कर रहे हैं या उनमें गीज़र हैं ही नहीं! घर लौटते समय कार में सैम बोले, 'बेरोज़, घर पहुँचते ही, यदि 12 भी बजे हो, तुम जी ई (गैरिसन इंजीनियर)[3]

3 जो लाल क़िले के फ़ौजी मकानों की स्थिति के ज़िम्मेदार थे।

को फोन करो। उसे जगाओ और उससे बोलो कि वह मेरे दफ़्तर में सुबह नौ बजे हाज़िर हो।' एक हफ़्ते के अंदर ही लाल क़िले के सभी अफ़सरों के घर में गीज़र चालू हो गए।

जम्मू-कश्मीर राइफ़ल्स के कर्नल एम.एम.एल. चोपड़ा की पत्नी एक मज़ेदार क़िस्सा बताती हैं। वह आगरा में एस एफ़[4] निवास में रहती थीं और उनके पति, जो उस समय मेजर थे, फ़ील्ड में तैनात थे। एक दोपहर उनके घर पर घंटी बजी और उन्होंने देखा कि दरवाज़े पर सेना अध्यक्ष खड़े थे। उन्होंने पूछा, 'स्वीटी! अगर आपकी इज़ाज़त हो तो मैं आपका घर देख सकता हूँ?' बहुत ही ख़ुश होकर उन्होंने उन्हें अंदर बुलाया। घर का हाल देखकर सेना अध्यक्ष बेहद निराश हुए। यह बहुत अनुचित था कि 'उनकी पत्नियाँ' इन बदहाल मकानों में रहें, जबकि उनके पति फ़ील्ड पर तैनात हैं। अधिकारियों को अच्छी-ख़ासी सुननी पड़ी होगी, क्योंकि 15 दिन के अंदर ही आगरा में सारे एस एफ़ घर बेहतरीन हो गए। सैम ने पूछा, 'स्वीटी! आप यहाँ कब से रह रही हैं?' मेजर चोपड़ा पाँच साल से फ़ील्ड में तैनात थे। जब सैम दिल्ली लौटे, उन्होंने एम एस[5] को फोन करके कहा कि वह सुनिश्चित करें कि मेजर चोपड़ा की तैनाती उनकी पसंद के किसी पीस स्टेशन[6] में कर दी जाए, जहाँ से उनकी इतनी लंबी फ़ील्ड पोस्टिंग की भरपाई हो सके।

सेना अध्यक्ष के तौर पर उन्हें संस्था के अंदर भी कई लड़ाइयाँ लड़नी पड़ीं ताकि सेना में काम करने वालों के विभिन्न भत्ते बरक़रार रहें। रक्षा मंत्रालय के सैनिकों की छुट्टियाँ कम करने के प्रस्ताव को उन्होंने यह जवाब देकर रुकवा दिया कि चूँकि सैनिकों की फ़ील्ड में लंबी और बार-बार तैनाती रहती है, इसलिए छुट्टियाँ और अधिक दी जाती हैं ताकि वे कुछ ख़ास समय अपने परिवार के साथ बिताएँ। अपना स्वयं का

4 सेपरेट फैमिली निवास, उन अफ़सरों के परिवारों को दिया जाता है, जो फ़ील्ड में तैनात होते हैं।

5 वह जनरल, जो अफ़सरों की तैनाती के ज़िम्मेदार होते हैं।

6 वह शहर, जहाँ सैनिक अपने परिवारों के साथ रह सकते हैं।

'अब बताइए कि अगर मैं नेताओं की तरह चुन्नटदार धोती और कुरता पहनूँ तो कोई मेरा हुलिया देखकर मेरी बात सुनेगा?'

अनुभव बताते हुए उन्होंने कहा कि– शादी के बाद मैं युद्ध में चला गया। मैंने अपनी पत्नी को तीन वर्षों तक नहीं देखा, सिवाए जब कभी मुझे थोड़ी छुट्टी मिलती थी। जब मैं अपनी तैनाती के बाद घर आया तो मुझे अपनी नन्ही-सी नवजात बेटी मिली और सिर्फ़ इस वजह से मैंने उसे पहचाना क्योंकि उसकी शकल बिलकुल मेरी जैसी थी और मज़ाक करके बोले, 'तभी मैंने माना कि वह मेरी ही बेटी है।'

वेतन आयोग से एक प्रस्ताव आया कि बिछोह भत्ता बंद कर दिया जाए, यह एक छोटा-सा सांकेतिक भत्ता है, जो परिवार से अलग तैनात होने पर दिया जाता है। आर्थिक दृष्टि से यह रक़म एक व्यक्ति को भरपेट खाने भर के लिए पर्याप्त नहीं थी, फिर दो गृहस्थी चलाना तो बहुत दूर की बात थी। सैम ने चेतावनी दी कि यदि इसे खतम किया गया तो इसका सेना के मनोबल पर बुरा प्रभाव पड़ेगा। ख़ैर! वह प्रस्ताव वापस लिया गया। उसके बाद ही किट संरक्षण भत्ता वापस लेने का प्रस्ताव आया। यह भत्ता सेना के हर व्यक्ति को अपनी वरदी और साथ की अन्य वस्तुओं के रख-रखाव के लिए दिया जाता है। सैम ने नाटक करते हुए वेतन आयोग के सदस्यों को अपने कार्यालय बुलाया और उनके सामने परेड करते हुए कहा कि वे लोग उनकी कड़क वरदी, पतलून की क्रीज़ (प्रेस), बेल्ट और जूतों की चमक आदि को ध्यान से देखें और बोले, 'अब बताइए कि अगर मैं नेताओं की तरह चुन्नटदार धोती और कुरता पहनूँ तो कोई मेरा हुलिया देखकर मेरी बात सुनेगा?' नेताओं के इस व्यंग्य-चित्र को सुनकर और सैम का नाटक देखकर वेतन आयोग के सदस्य हँसी से लोटपोट हो गए और यह दूसरा महत्वपूर्ण भत्ता बरकरार रहा।

सैम हर उस व्यक्ति के विरुद्ध खड़े हो जाते थे, जो सेना के किसी अधिकारी की मर्यादा को चोट पहुँचाता था। रक्षा सचिव हरीश सरीन ने एक कर्नल को 'ए सुनो' कहकर संबोधित किया और खिड़की खोलने को कहा। सैम ने तुरंत फटकारते हुए कहा, 'सचिव महोदय! आइंदा कभी मेरे किसी अफ़सर को इस सुर और लहज़े में मत बोलिएगा। आप विनम्रतापूर्वक मुझसे कहते तो मैं खिड़की खोल देता। लेकिन मेरा कोई भी अफ़सर *ए सुनो* नहीं है।' सरीन ने अपनी बात वापस लेते हुए कहा कि उनका इरादा अपमान करने का नहीं था, लेकिन सैम अपनी बात पर तुले रहे, उन्होंने ज़ोर देकर कहा कि जो सुना, उसे वह पसंद नहीं करते, न लहज़ा और न ही तरीक़ा।

सैम उन अफ़सरों से भी बहुत चिढ़ते थे, जो नियमों के साथ घालमेल करते थे। जब सैम ने सेना अध्यक्ष का पद सँभाला तो पाया कि कुछ अफ़सर लगातार दिल्ली में तैनाती पाने के लिए झूठ बोलकर कभी इस बहाने से, तो कभी उस बहाने से व्यवस्था के साथ ही खिलवाड़ कर रहे थे। एम एस से ऐसे तिकड़मबाज़ों की सूची तैयार करने को कहा और उनमें से हर एक को वहाँ से रास्ता नापने को कहा। जिन अफ़सरों ने राजनीतिक दबाव बनाने की कोशिश की या धमकी दी, उन्हें सीधे बर्ख़ास्तगी की धमकी मिली और वे सही मार्ग पर लौट आए।

आवश्यकता पड़ने पर सैम रुखाई और बेरहमी से भी पेश आते थे। स्टाफ़ कॉलेज के कमांडेंट की हैसियत से वह विद्यार्थियों की लिखित प्रस्तुतियों में कभी अचानक निरीक्षण कर लेते थे। एक घमंडी छात्र अफ़सर जो हमेशा तारीफ़ पाने की कोशिश करता था, उसका लिखा पर्चा उनके पास मूल्यांकन के लिए भेजा गया। उन्होंने कड़क शब्द लिखे, 'देख लिया, बकवास है!' उस नौजवान अफ़सर ने समझ लिया कि उनकी हैसियत का पता चल गया है और उसे कमांडेंट से झिड़की मिली है, तो उसने जल्दी ही अपना रवैया बदल लिया।

1/8 जी आर की जे सी ओ मेस में बियर का मग लिए हुए।

साभार: 58 गोरखा प्रशिक्षण केंद्र

सैम की अटल ईमानदारी की ख्याति उनसे आगे आगे चलती थी। उनका हुक्म था कि औपचारिक दौरे पूरा करने के बाद 24 घंटों के अंदर उनके बिल का भुगतान कर देना ज़रूरी था। संबंधित विभागों को यह सूचना दे दी गई थी कि ऐसा न होने पर उनके क्रोध का सामना करना पड़ेगा। उनकी दोनों बेटियों की शादियाँ उनके जनरल बनने के बाद हुईं। उन्होंने यह निश्चित किया कि विवाह उनकी तैनाती की जगह से दूर, बंबई में हो। विवाह गिने-चुने मेहमानों के साथ, कुछ पारिवारिक रस्मों-रिवाज़ के साथ, बिना किसी तामझाम के संपन्न हुए, जिनके लिए किसी भी सरकारी संसाधन का प्रयोग नहीं किया गया। अपने पूरे सेवाकाल में, जब वह सेना अध्यक्ष बन गए तब भी, सिवाए दो अर्दली और एक गार्ड के, जिसके लिए वह अधिकृत थे, एक भी और सिपाही उनके घर पर नहीं लगाया गया। एक महीना, जब सिल्लू लंदन में थीं और स्वामी छुट्टी पर गया था, उनके खाने की व्यवस्था दिल्ली के पारसी संघ से की गई।

न्यायप्रियता और सत्यनिष्ठा के जो पैमाने सैम ने अपने लिए तय किए थे, अपने अफ़सरों की भी उसी के आधार पर वह तुलना करते थे। जब वह पूर्वी सेना के कमांडर थे, उनके बी जी एस पदोन्नति पर एक डिवीज़न कमांड करने गए और कुछ समय बाद बंगाल क्षेत्र के जी ओ सी की हैसियत से कलकत्ता लौट आए। सैम ने देखा कि वे अफ़सर तमाम संसाधनों का प्रयोग फ्लैग स्टाफ़ हाउस[7] के नवीनीकरण पर ख़र्च कर रहे हैं। सैम ने अफ़सरों के बीच कुछ ऐसी फुसफुसाहट भी सुनी कि वह जी ओ सी अपनी कमांड के अफ़सरों और सैनिकों के हितों की उपेक्षा करते थे। तथ्यों की

7 उनका आधिकारिक निवास।

पुष्टि कर लेने के बाद एक रविवार की सुबह जी ओ सी को सेना कमांडर के कार्यालय बुलाया गया और उन्हें वार्षिक गोपनीय रिपोर्ट पकड़ाई गई। पहले उनकी व्यावसायिक क्षमताओं की प्रशंसा की गई थी और फिर लिखा था, 'नकारात्मक पक्ष यह है कि यह अफ़सर जब से कलकत्ता आए हैं, तब से अपना अधिकांश समय एवं प्रयास स्वयं अपने लिए और अपने हितों के लिए लगाते रहे हैं और वह भी अपने सैनिकों के हितों की क़ीमत पर...' रंगे हाथों पकड़े जाने पर उन अफ़सर के पास कोई और चारा नहीं था, सिवाए इसके कि वह बिंदु-रेखा के ऊपर अपने हस्ताक्षर कर दें।

सैम का संदेश स्पष्ट था कि वह किसी तरह, अनिच्छा से, कुछ अक्षमता तो स्वीकार कर सकते थे किंतु बेईमानी उन्हें किसी भी सूरत में स्वीकार नहीं थी। जब वह सेना अध्यक्ष थे, उस समय उनके सामने एक जनरल का मामला आया, जिसने कुछ आर्थिक दुरुपयोग किए थे। सैम ने उस जनरल को अपने कार्यालय में बुलाया और सच्चाई उसके सामने रख दी। जनरल ने नाराज़ होते हुए, उस इलज़ाम का प्रतिकार करते हुए कहा, 'सर! आप जानते हैं आप क्या कह रहे हैं? आप अपने जनरल पर बेईमान होने का आरोप लगा रहे हैं।' सैम ने बिना क्रोध दिखाए उत्तर दिया, 'आपके चीफ़ आप पर सिर्फ़ बेईमान होने का आरोप नहीं लगा रहे हैं, वह आपको चोर और झूठा अफ़सर भी कह रहे हैं। आपकी जगह मैं होता तो या तो अपने आप को गोली मार लेता या त्यागपत्र दे देता।' अगले दिन उनकी मेज़ पर उस जनरल का त्यागपत्र प्रस्तुत था।

सामाजिक कार्यक्रमों में लोगों के बीच सैम खुलकर आनंद लेते थे और अपने अफ़सरों को भी इसी बात के लिए प्रोत्साहित करते थे कि शालीनता की सीमाओं में रहते हुए उनका अनुसरण करें। आर्मी कमांडर की हैसियत से उन्हें टेंगा वैली, नेफ़ा में 5 माउंटेन डिवीज़न के स्थापना दिवस समारोह में मुख्य अतिथि के रूप में आमंत्रित किया गया। समारोह चालू होने के थोड़ी देर बाद नशे में धुत्त एक ब्रिगेडियर ने कार्यक्रम के संचालक से माइक लेकर एक हरियाणवी लोक धुन, 'रागिनी', गाना शुरू किया और मेहमानों से भी उसके साथ गाने को कहा। जब सम्मेलन में मौजूद सभी ने उसकी बात को नज़रअंदाज़ किया तो बिना इस बात पर ध्यान दिए कि उसके हाथ में माइक है, एक नौजवान अफ़सर से अभद्रता करते हुए अशिष्ट भाषा में उसे डाँटने लगा। वहाँ उपस्थित सभी अफ़सर उस अशोभनीय व्यवहार को चुपचाप देखते ही रह गए। सैम भी पूरी शाम शांत रहे किंतु कलकत्ता लौटने पर उस ब्रिगेडियर को पत्र लिखा, 'तुम एक होनहार अफ़सर हो, जिसका सेना में उज्ज्वल भविष्य है। यदि तुम शराब, क्रोध और झगड़ालूपन पर नियंत्रण कर लोगे तो यकीनन बहुत तरक्क़ी कर सकते हो।'

सैम का संदेश स्पष्ट था कि वह किसी तरह, अनिच्छा से, कुछ अक्षमता तो स्वीकार कर सकते थे किंतु बेईमानी उन्हें किसी भी सूरत में स्वीकार नहीं थी।

सैम सेना के मापदंड, अनुशासन और प्रदर्शन के मामलों में कोई समझौता नहीं करते थे। सेना अध्यक्ष की हैसियत से एक बार वह भारतीय सेना अकादमी, देहरादून, निरीक्षण करने गए। वहाँ उन्होंने देखा कि कैडेट्स के बैरक्स की सफ़ाई और चमक सही स्तर की नहीं थी। वह मेरी तरफ़ मुड़े और कमांडेंट के सामने बोले, 'बेरोज़! दिल्ली पहुँचकर तुम यहाँ के कमांडेंट को एक पेटी पीतल और लक्कड़ पॉलिश भिजवा देना। ज़ाहिर है उन्हें देहरादून में ये वस्तुएँ नहीं मिलती हैं!' सुबह सैम ने वहाँ पासिंग आउट परेड की सलामी ली और उसी दोपहर 58 जी टी सी में प्रशिक्षण पूरा कर चुके गोरखा रंगरूटों की परेड की सलामी ली। उन रंगरूटों को संबोधित करते हुए उनके त्रुटिहीन मार्च और रख-रखाव की प्रशंसा की और कहा कि उनका स्तर भारतीय सेना अकादमी के कैडेट्स से कहीं ऊँचा

टेंगा घाटी में 5 माउंटेन डिवीज़न पर सैनिकों के परिवारों के नए निवास–स्थान पर। साभार: 58 गोरखा प्रशिक्षण केंद्र

था। कुछ घंटों के अंतराल में ही अकादमी के कमांडेंट को यह दूसरी फटकार थी। किंतु अपनी अप्रसन्नता ज़ाहिर करने के बाद सैम ने बात को वहीं खतम कर दिया। कुछ महीने बाद उन्हें युगोस्लाविया आने का निमंत्रण मिला और उस यात्रा के लिए उसी कमांडेंट को उनके जनरल-इन-वेटिंग के रूप में चुना गया।

सैम अपने मन में किसी के प्रति दुर्भाव नहीं रखते थे, यहाँ तक कि जो उन्हें नुकसान पहुँचाते थे, उनके प्रति भी नहीं। 1962 में 4 कॉर का ज़िम्मा मिलने पर सेना मुख्यालय ने उनसे दो अफ़सरों की पदोन्नति के लिए सलाह माँगी, जिन्होंने उनके ऊपर की गई जाँच में उनके विरुद्ध गवाही दी थी। उन्होंने बिना किसी विद्वेष के उन दोनों की पदोन्नति की सिफ़ारिश की। चलते-चलते उन्होंने अपने इस फ़ैसले के बारे में अपने जी एस ओ1 (अभियान) लेफ़्टिनेंट कर्नल बीर वोहरा को बताया। बीर, जो सारी घटना के साक्षी थे, उन्हें सैम के फ़ैसले पर संदेह था, इसलिए उन्होंने कहा कि वे दोनों अफ़सर नैतिक चरित्र के मामले में खरे नहीं हैं। यही उन्हें पदोन्नति से रोकने के लिए पर्याप्त है। सैम ने इस चेतावनी को झिड़क कर कहा, 'बीर! तुम सिल्लू की तरह मेरा सिर न खाओ।'

सैम के विरुद्ध जाँच के दौरान अभियोजन पक्ष की ओर से मुख्य गवाह ग्रेनेडियर्स रेजिमेंट के कर्नल एच.एस. 'किम' यादव थे। जब सैम पश्चिमी सेना के कमांडर थे, तब किम उनके मातहत ब्रिगेड कमांडर थे। कुछ अफ़सर उनके सामने यादव को नीचा दिखाते हुए सैम का अनुग्रह प्राप्त करना चाहते थे। उस प्रवृत्ति को उसी जगह रोकते हुए सैम ने कहा, 'लड़को! देखो

यह सही तरीक़ा नहीं है कि अफ़सर नाकामी का भार अपने मातहतों पर डाल दे और ख़ुद तारीफ़ का हक़दार बन जाए...

किम तुम्हारा वरिष्ठ अफ़सर है और तुम सबसे बहुत ऊँचा है।' यह बात यादव तक पहुँची और वर्षों तक उन्हें बेहद पश्चाताप होता रहा, यहाँ तक कि स्वयं ही सुधार करने के लिए मजबूर हो गए और 1971 के युद्ध की विजय के बाद उन्होंने सैम को एक टेलीग्राम भेजा, जिसमें लिखा था, 'आपने यह युद्ध अकेले ही जीता है बिना मेरे। यह प्रशंसनीय उपलब्धि है, मुबारकबाद!'

स्टाफ़ कॉलेज में दाख़िला हर अफ़सर के लिए सेवाकाल का एक लक्ष्य प्राप्ति माना जाता है। हर साल लगभग 1000 सेना के अफ़सर प्रतियोगिता में हिस्सा लेते हैं, जिनमें से 300 चुने जाते हैं। योग्यता सूची में ऊपर से दो अफ़सर इंगलैंड के स्टाफ़ कॉलेज में दाख़िला पाते हैं और तीसरे नंबर पर आने वाला अफ़सर आस्ट्रेलिया के स्टाफ़ कॉलेज भेजा जाता है। जब सैम सेना अध्यक्ष थे, सेना के आर्डिनैंस कॉर[8] का एक मेजर उस सूची में तीसरे नंबर पर आया लेकिन सैनिक प्रशिक्षण के निदेशक ने सिफ़ारिश की कि लड़ाकू सेना के किसी अफ़सर को आस्ट्रेलिया भेजा जाए। सैम ने उनकी बात नहीं मानी; कि यदि कोई अफ़सर प्रतियोगिता में ऊपर के पायदान पर आता है तो पारितोषिक पाना उसका अधिकार है। इससे कोई मतलब नहीं कि वह सेना के किस खंड में काम कर रहा है। वह आर्डिनैंस अफ़सर आस्ट्रेलिया गया और आगे चलकर लेफ़्टिनेंट जनरल के पद तक पहुँचा।

जैसे ही सैम सेना अध्यक्ष बने, सेना-सचिव के पद पर किसी को नियुक्त करना था। उन्होंने मेजर जनरल बी.एन. (जिमी) सरकार (आर्म्ड कॉर) का चुनाव किया लेकिन रक्षा मंत्री, स्वर्ण सिंह, के दिमाग़ में कोई अन्य उम्मीदवार था। उन्होंने सैम के प्रस्ताव को अस्वीकार करते हुए चयन प्रक्रिया को विस्तृत करने की दृष्टि से मंत्रालय के पास तीन नाम भेजने को कहा। सैम ने फौरन असली मामला समझ लिया। उन्होंने तीन श्रेष्ठ मेजर जनरलों के नाम भेज दिए। इन्फैंट्री से मेहदी हसनैन, कॉर ऑफ सिगनल्स से सावक आंटिया और आर्म्ड कॉर से जिमी सरकार। इस तरह उन्होंने रक्षा मंत्री के संकीर्ण मनसूबे को धराशायी कर दिया। मंत्रालय ने चुपचाप जिमी के नाम पर स्वीकृति दे दी और वह सेना-सचिव बन गए।

जब रक्षा मंत्रालय ने दो सक्षम जनरलों की पदोन्नति को अस्वीकृत कर दिया, तब सैम ने प्रधानमंत्री इंदिरा गांधी को पत्र लिखा। पहले जनरल के संबंध में, '...वह बेहद ईमानदार हैं और निडर होकर अपनी बात कहते हैं। मैं मानता हूँ कि वह बोलने में कुछ विनम्र हो सकते हैं पर मैं कौन होता हूँ विनम्रता के बारे में बोलने वाला? वह अभिमानी हैं, सीधी बात करते हैं, सत्यनिष्ठ हैं और पेशेवर हैं, इसलिए मुझे लगता है उन्हें पदोन्नत होना चाहिए।' दूसरा, जिसके ऊपर 1962 और 1971 के दौरान संचालन में नाकामी का इलज़ाम था, उसका बचाव करते हुए उन्होंने कहा, '...1962 का दौर हम सब के लिए ख़राब था, उसकी जगह मैं भी होता तो कोई बेहतर नतीज़ा न दे पाता। 1971 में वह शायद मुझसे भी बेहतर कर सकते थे... मेरी शिकायत उनसे सिर्फ़ इतनी है कि उनके कॉर में जो कुछ भी हुआ, उस सब की ज़िम्मेदारी उन्हें अपने ऊपर लेनी चाहिए थी, न कि अपने डिवीज़न या ब्रिगेड कमांडरों पर सारा दोष मढ़ दें। यह सही तरीक़ा नहीं है कि अफ़सर नाकामी का भार अपने मातहतों पर डाल दे और ख़ुद तारीफ़ का हक़दार बन जाए... प्रधानमंत्री जी, आप मेरे निर्णय पर विश्वास कीजिए... मुझे विश्वास है कि मुझसे एक बार बात करने से पहले आप मेरी सलाह के विरुद्ध फ़ैसला नहीं करेंगी। हमारे विचार ज़्यादातर मिलते हैं; यह बहुत दुर्भाग्यपूर्ण होगा, यदि इस मुद्दे पर हम एक-

---

8 आर्डिनैंस कॉर की ज़िम्मेदारी हथियार और उपकरण हासिल करना होती है। यह इन्फैंट्री, आर्मर और आर्टिलरी की तरह सेना का लड़ाकू हिस्सा नहीं है।

सैनिकों के बच्चों को तोहफ़े बाँटते हुए। साभार: 58 गोरखा प्रशिक्षण केंद्र

दूसरे के विरुद्ध हों। स्वाभाविक है कि मैं निष्ठापूर्वक आपका फ़ैसला मानूँगा, लेकिन पुन: एक बार आपसे प्रार्थना है कि आप मेरी सिफ़ारिश स्वीकार कर लें।' और दोनों ही मामलों में उन्होंने अपनी बात मनवा ली!

श्रीमती गांधी के साथ सौहार्दपूर्ण संबंध सैम की सबसे बड़ी ताक़त थी। उन्होंने हर क्षेत्र में सफलतापूर्वक नतीज़े देकर उनका आत्मविश्वास जमा लिया था। इंदिरा ने उन्हें 1971 में योजना बनाने की और उसे कार्यान्वित करने की पूरी आज़ादी दे रखी थी। यहाँ तक कि डी-डे, यानी युद्ध शुरुआत का दिन और समय, जो 4 दिसंबर की सुबह 4 बजे का था, तय करने का भी अधिकार उन्हें दे रखा था। नंबर 4 सैम की भाग्यशाली संख्या थी। उनका जन्म एवं विवाह अप्रैल यानी चौथे महीने में हुआ था। जब वह 4 कॉर को कमांड कर रहे थे, तभी उनके भाग्य ने पलटा खाया था और सेना अध्यक्ष के तौर पर उनका निवास 4, किंग जॉर्ज एवेन्यू था। क्या सैम अंधविश्वासी थे? नहीं, लेकिन जब लोग ऊँचे ओहदों पर होते हैं तो उनके इर्द-गिर्द कुछ उनसे चाहने वाले और कुछ भविष्यवक्ता अपने विचार उन पर थोपते रहते हैं और सैम की कमज़ोरी यह थी कि वह सबको अपने साथ बनाए रखने का लोभ त्याग नहीं पाते थे। जब वह इन्फैंट्री स्कूल के कमांडेंट थे, तब किसी हस्तरेखा विशेषज्ञ ने उन्हें बताया कि 22 फरवरी 1942 के दिन वह मरने से बाल-बाल बचे थे। सैम ने कहा,

उनके युवाकाल में जिन झंझटों में वह पड़ चुके थे, उन्हें याद करके वह युवा अफ़सरों और जवानों के प्रति कुछ अधिक ही कृपालु हो जाते थे।

'मुझे लगता है आप ग़लत हैं, मैं 21 फरवरी को ज़ख़्मी हुआ था।' लेकिन वह हस्तरेखा विशेषज्ञ अपनी बात पर अड़ा रहा, बोला, 'सर यदि मैं ग़लत निकलूँ तो आप मेरा सिर कलम करवा दीजिए।' सैम बताते हैं कि उन्होंने उस कम्बख्त से कहा कि 'मैं ऐसा ज़रूर करूँगा।' लेकिन जैसे ही वह घर के अंदर आए, सिल्लू सीढ़ी से नीचे उतर रही थीं, तो उन्होंने पूछा, 'डार्लिंग, क्या तुम्हें याद है कि मैं किस दिन ज़ख़्मी हुआ था?' सिल्लू ने उत्तर दिया, '22 फरवरी को।' बरबस उनका ध्यान एक और भाग्यशाली अंक '4' पर चल दिया।

सैम की निष्पक्षता के भाव ने उन्हें अधिकांश अनुशासनात्मक कार्यवाहियों के संबंध में बहुत विवेकशील बना दिया था। उनके युवाकाल में जिन झंझटों में वह पड़ चुके थे, उन्हें याद करके वह युवा अफ़सरों और जवानों के प्रति कुछ अधिक ही कृपालु हो जाते थे। नागालैंड में एक युवा अफ़सर एक जनजातीय लड़की के प्रति आकर्षित हो गया था। वह उसके साथ प्रेम-लीला में व्यस्त था और उसे पता भी नहीं चला कि उस लड़की के बिरादरी वालों ने गुस्से से उसकी कुटिया को घेर लिया था और उसे जान से मारने के लिए चिल्ला रहे थे। यह बात बटालियन के मुख्यालय तक जा पहुँची और कमांडिंग अधिकारी ने अपने मातहत अफ़सर को बचाने की व्यवस्था की। नियमानुसार, पूर्वी कमांड के मुख्यालय को सचेत कर दिया गया। सी ओ ने जनजाति के बुजुर्गों से बातचीत करके मामले को सुलझाया और अपने अफ़सर को वहाँ से सुरक्षित निकाल लिया। एक महीने बाद हम लोग उस पोस्ट का निरीक्षण करने गए। जब सैम उस युवा लेफ़्टिनेंट से मिले तो उन्होंने बस इतना ही कहा, 'बेटा, तुमने मेरी पूरी पूर्वी सेना को सावधान कर दिया। मुझे उम्मीद है कि कम से कम वह इस लायक थी!'

4/12 एफ एफ आर के युवा कैप्टन की हैसियत से सैम के सामने बर्मा में एक ऐसी ही परिस्थिति उपस्थित हुई। उनके दो सैनिक प्रतिबंधित रेड लाइट एरिया[9] में सी एम पी[10] द्वारा पकड़े गए और उनके सामने अनुशासनात्मक कार्यवाही के लिए प्रस्तुत किए गए। जाँच में पाया गया कि उनमें से एक सैनिक तो उस गुनाह में लिप्त था, जबकि दूसरा उसके इस अनैतिक काम में साथ देने भर गया था। गुनहगार सैनिक को क्वार्टर गार्ड[11] में 48 घंटे के लिए रख दिया गया, जबकि दूसरे के विरुद्ध मामले को ख़ारिज़ कर दिया गया। कुछ मिनट बाद ही सैम ने पुन: विचार किया। सैनिक बहुत दिनों तक अपनी पत्नियों से अलग रहते हैं। यह दंड कुछ अधिक कठोर तो नहीं था? तो वह क्वार्टर गार्ड में उस दंडित सिपाही के पास गए और उससे मज़ाक में पूछा, 'क्या तुम्हारा पैसा वसूल हुआ?' उस सिपाही ने कुछ झेंपते हुए उत्तर दिया, 'नहीं साहब, कुछ करने के पहले ही सी एम पी आ गए।' सैम ने सोचा यह दंड कुछ ज़्यादा ही है और उसी समय उसकी सज़ा कम कर दी।

जब सैम पूर्वी सेना के कमांडर थे, तभी 61 माउंटेन ब्रिगेड के कमांडर ब्रिगेडियर रूसी काब्राजी ने शिकायत की, कि मिज़ो हिल्स में बग़ावत रोकने में सबसे बड़ी अड़चन वहाँ संचार व्यवस्था की दयनीय दशा थी। चूँकि रूसी कॉर ऑफ सिगनल्स के अफ़सर थे, इसलिए उनसे बेहतर कोई दूसरा परिस्थिति का मूल्यांकन कर ही नहीं सकता था। डाक-तार विभाग ने बड़ी लापरवाहीपूर्वक बुनियादी ढाँचे को बेहतर करने के लिए 4-5 साल का

---

9 रेड लाइट एरिया (वेश्यालय) जाना सेना में अपराध माना जाता है, इसलिए यह क्षेत्र सभी सेनाकर्मियों के लिए 'सीमा से बाहर' घोषित कर दिए जाते हैं।

10 फ़ौजी पुलिस।

11 सेना की जेल, जहाँ सैनिक छोटे अपराधों के लिए बंद किए जाते हैं।

सैम अफ़सरों में सबसे अधिक उनके साहस की क़द्र करते थे। किसी अफ़सर के लिए, मातहतों के सामने, भय प्रदर्शित करना क़तई अस्वीकार था।

प्रोजेक्ट प्रस्तुत किया गया, जो सेना के लिए बिलकुल अस्वीकार था। समस्या का समाधान खोजने के प्रयास में सैम ने एक युवा सिगनल अफ़सर को पुकारा, जो उस बातचीत के समय वहीं पर मौजूद था, और उससे पूछा कि यहाँ की लाइनें उच्चस्तरीय करने में कितना समय लगना चाहिए? 'सर ! ज़्यादा से ज़्यादा दो या तीन महीने, बशर्ते मुझे पूरा सामान मिले।' 'और वह सामान कहाँ मिलेगा?' 'सर ! डाक-तार के सिलचर के गोदाम में,' 'तो जाओ और ले आओ पर पकड़े न जाना!' सैम ने मज़ाक में कहा। उस युवा अफ़सर ने उसे हुक्म समझा और अगले दिन तीन ट्रकों का दस्ता लेकर गया और न सिर्फ़ सामान लाया, बल्कि साथ में बेहद गुस्से में एतराज जताते उस सरकारी गोदाम के कार्यभारी को भी, जिसने इस 'चोरी' का विरोध किया था। नतीज़तन सेना और डाक-तार विभाग के बीच विवाद हो गया और मामला सेना मुख्यालय तक जा पहुँचा तथा बढ़ा-चढ़ाकर अवांछित अख़बारबाज़ी हो गई। सेना अध्यक्ष जनरल कुमारामंगलम ने फोन पर सैम से पूरी जानकारी ली और ब्रिगेड कमांडर तथा उस युवा सिगनल अफ़सर को तुरंत बर्ख़ास्त करने को कहा। सैम ने उस गड़बड़झाले की पूरी ज़िम्मेदारी अपने ऊपर ले ली और कहा कि यदि कोई बर्ख़ास्त होगा तो वह होंगे। ब्रिगेड कमांडर तथा उस युवा सिगनल अफ़सर पर छोटे अपराध का दोष लगाकर हलके में छोड़ दिए गए। लेकिन उसका सकारात्मक पक्ष यह रहा कि तीन महीने के अंदर संचार का बुनियादी ढाँचा उच्चस्तरीय कर दिया गया!

सैम की निष्पक्षता की कहीं कोई सीमा नहीं थी। जब उनसे 1971 की विजय के बारे में पूछा गया कि क्या उसका श्रेय पाकिस्तान के सैन्य नेतृत्व की नाकामी और नाक़ाबिलियत को दिया जाना चाहिए, तो उन्होंने बड़ी ईमानदारी से उत्तर दिया कि 'पाकिस्तानी सेना बड़ी बहादुरी से लड़ी, लेकिन हमारी संख्या उनसे बहुत अधिक थी और वे घिर गए थे। हमारे पास तैयारी करने के लिए आठ महीने का समय था, जबकि वह अपने बेस से एक हज़ार मील दूर थे। हमारी संख्या का परिमाण 15 पर 1 का था।' सच तो यह है कि सैम ने 31 बलूच रेजिमेंट के कैप्टन अहसान मलिक की वीरता और पाकिस्तानी चौकी, हिलि, को बचाने के शौर्यपूर्ण प्रयास के बारे में सुना तो बेझिझक उसकी प्रशंसा करते हुए जनरल टिक्का ख़ान को पत्र लिखा और अपनी दोनों लाहौर यात्राओं के दौरान उनसे कहा कि उस अफ़सर को शौर्य पुरस्कार अवश्य मिलना चाहिए।

सैम अफ़सरों में सबसे अधिक उनके साहस की क़द्र करते थे। किसी अफ़सर के लिए, मातहतों के सामने, भय प्रदर्शित करना क़तई अस्वीकार था। यह राब उन्होंने अपने शुरुआती दिनों में ही सीख लिया था। अपने बर्मा अभियान के दौरान सैम मेजर थे और 4/12 एफ एफ आर की सिख कंपनी को कमांड कर रहे थे। बटालियन को भारी जन-क्षति हो चुकी थी और एन सी ओ[12] की बेहद कमी थी। सी ओ ने पदोन्नति के लिए परामर्श समिति बुलाई ताकि उम्मीदवारों के नाम छाँटे जा सकें। उस सूची में सैम की कंपनी के सूरत सिंह का नाम था, जो एक मज़बूत सिपाही था किंतु नालायक और बदमाश था। सैम ने उसकी उम्मीदवारी का समर्थन नहीं किया और सूरत सिंह की जगह दूसरे सिपाही का चयन कर लिया गया। यह बात यूनिट में होते हुए सूरत सिंह तक पहुँची और उसने खुलेआम युवा मेजर की हत्या करने की धमकी दी। युद्ध के दौरान हत्या की धमकी को गंभीरता से लिया जाता है, इसलिए सूरत सिंह से हथियार ले लिए गए और उसे बाँध दिया गया। उस शाम जब सैम कंपनी लाइंस में लौटे तो उन्हें

12 ग़ैर कमीशन प्राप्त अधिकारी।

राष्ट्रीय डिफेंस कॉलेज को भाषण
17 अगस्त 1979
फ़ील्ड मार्शल सैम मानेकशॉ, एम सी

पाकिस्तान की सैन्य क्षमताएँ समेत नाभिकीय नीति

1. प्रस्तावना।

2. पाकिस्तान की भौगोलिक परिस्थिति।

3. पड़ोसी देशों से संबंध:-
    अफ़गानिस्तान
    ईरान
    सोवियत संघ
    चीन
    हिंदुस्तान

4. पाकिस्तान के सहयोगी:-
    बांग्लादेश
    चीन
    अरब देश
    अन्य मुसलिम देश

5. पाकिस्तान किन देशों से हथियार बरामद कर सकता है!

6. पाकिस्तान की अंदरूनी परिस्थिति:-
    एन डब्ल्यू एफ पी, समेत पख़तूनिस्तान की माँग
    बलूचिस्तान
    भुट्टो के बाद का समय

7. पाकिस्तान की आर्थिक स्थिति। आधारिक संरचना। उद्योग क्षेत्र।

8. युद्ध में हारने का परिणाम।

9. पाकिस्तान क्यों युद्ध ललकारेगा, युद्ध से क्या प्राप्त होगा!

10. पाकिस्तान की हिंदुस्तान से अनुकूल परिस्थिति।
    केवल मुसलिम समुदाय
    सरलता से दुर्भावना से उत्तेजित
    रक्षा नियंत्रण की बेहतर प्रणाली

11. पाकिस्तान और उसका परमाणु बम।

पाकिस्तान की सैन्य क्षमताओं पर बोलने के लिए मुख्य बिंदु। साभार: मानेकशॉ परिवार

सैम 'जी हुज़ूरों' को बहुत नापसंद करते थे कि वह बेहद नुकसान पहुँचाने वाले होते हैं, जिनका उनके अधिकारी इस्तेमाल करते हैं, सहकर्मी उन पर अविश्वास करते हैं और उनके मातहत उनसे घृणा करते हैं।

एक बेचैनी भरी ख़ामोशी और सन्नाटा महसूस हुआ, जो सिख कंपनी के लिए बिलकुल अस्वाभाविक था। जब उन्हें सारी घटना का पता चला तो उन्होंने कंपनी को लाइन में खड़े होने को कहा। गिरफ़्तार सूरत सिंह भी लाया गया और उसका आरोप पढ़ा गया। सैम ने सूरत सिंह की पिस्तौल माँगी, उसमें गोली भरी और सूरत सिंह के हाथ में देकर बोले, 'चलो, अपनी धमकी पूरी करो।' और हुआ यह कि वह लंबा-चौड़ा सिख रो पड़ा, 'नहीं साहिब, ग़लती हो गई।' सैम ने उस सिपाही को चेतावनी देकर, उसे मुक्त करके, मामले को खतम कर दिया। उसी शाम सूरत सिंह को उसका हथियार लौटाया गया और उसे सैम का अर्दली नियुक्त किया गया। 'सूरत सिंह, आज रात को मेरे तंबू पर तू पहरा देगा और कल सुबह 6 बजे मेरे लिए एक मग चाय और हजामत के लिए एक मग गरम पानी लाएगा।' घटना के इस प्रकार सुलझाने पर कंपनी सूबेदार बेचैन था, क्योंकि उसे विश्वास था कि सूरत सिंह, जिसकी बेइज़्ज़ती सरेआम हुई है, वह युवा मेजर की निश्चित हत्या कर देगा। सैम ने हर आहट पर चौकन्ना रहते हुए वह रात बेचैनी से गुज़ारी। सुबह होते ही सूरत सिंह सैम के लिए चाय और हजामत का पानी लेकर टेंट में दाख़िल हुआ और उस दिन से वह उनका प्रबल प्रशंसक बन गया। इस घटना से सैम को यह विश्वास हो गया कि अनुशासनहीनता के सभी मामलों को वहीं का वहीं खतम कर देना चाहिए और एक अफ़सर को अपने मातहतों के सामने कभी भय प्रदर्शित नहीं करना चाहिए।

सैम की प्रतिभा कुछ ऐसी थी कि वह हर किसी को अपने वश में कर लेती थी। उन्हें अपने ढंग से काम करने के लिए किसी को बहुत अधिक समझाने की ज़रूरत नहीं पड़ती थी। हम दिल्ली की फ्लाइट पकड़ने के लिए कलकत्ता के दमदम हवाई अड्डे के लिए जा रहे थे तभी अचानक हमारी स्टाफ़ कार एक झटके से रुकी। पता चला कि एक युवा कम्युनिस्ट कुछ लकड़ी के बक्सों के ऊपर खड़े होकर मार्क्सवादी सिद्धांत उगल रहा था और उसे सुनने के लिए लोगों की भीड़ ने हवाई अड्डे जाने वाली उस एकमात्र सड़क को रोक लिया था। हम कुछ करें, उससे पहले ही सैम गाड़ी से बाहर निकले। उन्हें देखकर भीड़ छँटने लगी और वह वक्ता कुछ हिचकिचाया और चुप हो गया। सैम ने उसका हाथ हिलाते हुए कहा, 'मैं पूर्वी सेना का कमांडर हूँ और मुझे एक महत्वपूर्ण बैठक के लिए तुरंत दिल्ली पहुँचना है। अब क्या आप कृपा करके यह सड़क खाली करेंगे ताकि हम अपनी फ्लाइट पकड़ सकें।' वह नौसिखिया कम्युनिस्ट इतना अचंभित हो गया कि वह अपना इरादा ही भूल गया और कुछ देर पहले जिन लोगों को रास्ता रोकने के लिए उकसा रहा था, उन्हीं को हाथ हिला-हिला कर दूर हटने को कहने लगा और चिल्लाकर बोला कि आर्मी कमांडर की कार के लिए रास्ता खाली करो!

सैम का विश्वास था कि निर्णय लेना नेतृत्व के लिए आवश्यक है। अपने अफ़सरों को वह सलाह देते थे कि बिना देर लगाए या बहुत अधिक सोच-विचार किए तेज़ी से हर निर्णय लें। हालाँकि यह सिद्धांत भी उन्होंने अपनी विशिष्ट वक्तृत्व शैली में ही समझाया, 'अगर आपको महामूर्ख बनना है तो वह भी शीघ्रता से बनिए।' वह क्रिया पर विश्वास करते थे, क्योंकि... 'एक ग़लत काम या निर्णय को सुलझाया जा सकता है, पर अकृत काम का कोई सुलझाव असंभव है।'[13] सैम 'जी हुज़ूरों' को बहुत नापसंद करते थे कि वह बेहद नुकसान पहुँचाने

13 11 नवंबर 1998 को डी एस एस सी वेलिंगटन में 'नेतृत्व और अनुशासन' पर विद्यार्थियों को भाषण देते हुए।

वाले होते हैं, जिनका उनके अधिकारी इस्तेमाल करते हैं, सहकर्मी उन पर अविश्वास करते हैं और उनके मातहत उनसे घृणा करते हैं।

इन सिद्धांतों का पालन करते हुए सैम अपने इर्द-गिर्द चरित्रवान लोगों को ही रखते थे। ऐसे ही एक निष्ठावान अफ़सर थे, मेजर जनरल इन्दर गिल। यह बात 13 दिसंबर 1971 की है जब हम घनघोर युद्ध के मध्य थे। पश्चिमी क्षेत्र में योजना के मुताबिक, नतीज़े नहीं आ रहे थे। पाकिस्तान हमारी रक्षा पंक्ति को भेदकर जम्मू-कश्मीर में छम्ब तक घुस आया था। सोवियत संघ की तरफ़ से ज़ोर दिया जा रहा था कि हम जल्दी करें, क्योंकि सुरक्षा परिषद में उन्हें पाकिस्तान के समर्थक अमेरिका और चीन के युद्ध-विराम के प्रस्ताव के लगातार विरुद्ध करने में दिक़्क़त आ रही थी। सैम बेहद तनाव के कारण बेचैन थे, उन्होंने अपने वाइस चीफ़ लेफ़्टिनेंट जनरल 'नाटा' हरप्रसाद और स्थानापन्न डी एम ओ मेजर जनरल इन्दर गिल को ऑप्स रूम में बुलाया। मौजूदा हालात का ज़िक्र करते हुए उन्होंने पूछा, 'इन्दर, इस परिस्थिति के बारे में हमें क्या करना चाहिए?' इन्दर पूरी तरह अविचलित रहे। उन्होंने मुँह बिचकाया, थोड़ी देर रुके, अपना सिगार जलाया, कश खींचा, धुआँ छोड़ा और धीरे-धीरे बोले, 'चीफ़! मुझे यह तो नहीं मालूम कि आप क्या करने वाले हैं लेकिन मैं तो बाथरूम में जा रहा हूँ!' सेना अध्यक्ष को शांत करने के लिए यह उत्तर पर्याप्त था। 'बहुत अच्छे,' सैम ने कहा, 'मैं भी यही सोच रहा था!'

एक दूसरे अफ़सर जिनकी सैम बहुत इज़्ज़त करते थे, वह थे लेफ़्टिनेंट जनरल बीर वोहरा। बीर पूर्वी कमांड के दौरान उनके बी जी एस थे। मिज़ो हिल्स में, सेना, गाँवों के कुछ दल बनाने की योजना बना रही थी, जिससे विद्रोही, गाँवों में घुस न सकें और न ही वहाँ के निवासियों से कोई मदद ले सकें। इसके लिए यह तय किया गया कि गाँव के लोगों को वहाँ से हटाकर कैम्पों में रखा जाए जहाँ सेना उनकी सुरक्षा करेगी। सेना के कमांडर के ऊपर दबाव बढ़ रहा था कि यह

सैम जितना कष्ट किसी को दे सकते थे, उतना ही कष्ट उससे ले भी सकते थे।

काम 25 दिसंबर के पहले कर लिया जाए। बीर को इस अवास्तविक समय-सीमा पर एतराज था लेकिन उनकी बात नहीं मानी गई। इस पर सैम से नाराज़ होते हुए, यह कहकर उनके कमरे से निकल गए कि वह अपने लिए दूसरा बी जी एस ढूँढ़ लें। दो घंटे बाद सैम बीर के दफ़्तर गए और पूछा, 'स्वीटी! क्या तुम अब भी मुझसे नाराज़ हो?' वह उनके साथ वहीं बैठे और दोनों ने मिलकर एक यथार्थपरक समय-सीमा तय की और वह काम सफलतापूर्वक पूरा किया गया। सैम जितना कष्ट किसी को दे सकते थे, उतना ही कष्ट उससे ले भी सकते थे।

1971 के युद्ध के दौरान दिल्ली के राष्ट्रीय सैन्य विद्यालय (नेशनल डिफेंस कॉलेज) में मेजर जनरल मोहिन्दर 'बीम' बत्रा (कॉर ऑफ सिगनल्स और बाद में इंटेलीजेंस[14] कॉर) वरिष्ठ प्रशिक्षक थे। इस पद पर आने से पहले बीम 11 साल तक सैन्य ख़ुफ़िया विभाग के निदेशक रह चुके थे। युद्ध के तीसरे दिन 'बीम' से कहा गया कि वह अपना अध्यापन कार्य छोड़कर सेना अध्यक्ष के साथ सेना प्रमुखों की समिति की बैठक में जाएँ। सैम उस समिति के अध्यक्ष थे और वायु सेना तथा नौ सेना के प्रमुख उसके सदस्य थे। सैम की गंभीर मुद्रा देखकर बीम ने कोई प्रश्न नहीं पूछा। सैम ने समिति को संबोधित किया। प्रेस को दिया गया दैनिक विवरण बहुत ही आपत्तिजनक हो गया था। 'रक्षा विभाग के एक अफ़सर ने मूरिड (पाकिस्तान की वायु सेना का बेस) कहने के बजाए कहा कि कल हमारे विमानों ने मरी (रावलपिंडी जिले का एक पहाड़ी पर्यटन स्थल) पर बमबारी की। सुरक्षा कारणों से उन्होंने चिट्टागोंग में बमबारी करने वाले जहाज़ों के एयरक्राफ्ट कैरियर का नाम बताने से इनकार कर दिया। हमारे दस्ते में एक ही एयरक्राफ्ट कैरियर है। इसलिए अब से बीम प्रेस विज्ञप्ति देंगे।' बीम का इस नए कार्यभार में हाथ कुछ

14 ख़ुफ़िया कॉर।

तंग था, लेकिन उन्होंने तय किया कि वह सत्यपरक, यथार्थ और निष्पक्ष रहेंगे। उन्होंने अपनी विज्ञप्ति बनाने में पूरे 24 घंटे लगाए। अगले दिन पहले ही सत्र में एक दबंग से अमेरिकी पत्रकार ने रोब जमाते हुए पूछा, 'आप भारतीय क्या कर लेंगे, यदि अमेरिका अपना सातवाँ बेड़ा बंगाल की खाड़ी में भेज दे और अपने जहाज़ युद्ध क्षेत्र में खड़ा कर दे?' एक क्षण सोचने के बाद बीम ने तुरंत जवाब दिया, 'मैरिलिन मनरो।'[15] वह पत्रकार कुछ समझ नहीं पाया और चिड़चिड़ा कर बोला, 'इसका मतलब क्या है?' बीम ने बड़ी रुखाई से उत्तर दिया, 'जहाज़ तो मेरा ख़याल है काफ़ी दिन से समुद्र में ही है। संभवतया नौसैनिकों ने औरत की शकल न देखी होगी, तो वह इस सुंदरी के पीछे युद्ध का मैदान छोड़कर भागेंगे!' उपस्थित पत्रकार खिलखिलाकर हँस पड़े। उसके बाद विज्ञप्ति बिना किसी रुकावट के चलती रही।

जब युद्ध अपने चरम पर था, तब सेना अध्यक्ष कहाँ थे? दिल्ली में इस तरह की अफ़वाहें गरम थीं कि उन्हें ओबेरॉय होटल के डिस्कोथिक[16] 'तबेला' में देखा गया। यह उनके व्यवहार के बिलकुल विपरीत भी नहीं था कि एक झलक के लिए वहाँ प्रस्तुत हों, और साथ ही साथ राष्ट्र को विजयपथ पर सफल करें!

ऐसे सफल और हर क्षेत्र में पूरी ईमानदारी बरतने वाले व्यक्ति के प्रति सरकार का रवैया इतना ग़लत रहा, यह बहुत लोगों को अस्वीकार रहा। सैम ने कभी इस बात पर ध्यान ही नहीं दिया, यहाँ तक इस पर भी नहीं कि उनकी तनख्वाह का कभी पुनरीक्षण नहीं किया गया। 2007 में सरकार ने अचानक कायापलट करते हुए फ़ील्ड मार्शल के वेतन और भत्तों के पुनरीक्षण करने का विचार किया और उन्हें 34 साल का बकाया 1.16 करोड़ रुपए देने का एलान किया। उन्हें वह भी सब अनुलाभ देने का प्रस्ताव किया, जो उन्हें पदोन्नति के समय देने से मना कर दिया था। उस समय के रक्षा

ऐसे सफल और हर क्षेत्र में पूरी ईमानदारी बरतने वाले व्यक्ति के प्रति सरकार का रवैया इतना ग़लत रहा, यह बहुत लोगों को अस्वीकार रहा।

सचिव, कैप्टन शेखर दत्त, एस एम[17] (आर्टिलरी), जो बाद में छत्तीसगढ़ के राज्यपाल रहे थे, ने व्यक्तिगत रूप से वेलिंगटन के सैनिक अस्पताल में जाकर सैम को चेक दिया। सैम ने कुछ अविश्वासपूर्वक चेक को देखा और पूछा कि क्या उन्हें सरकार को इस पर कोई टैक्स देना पड़ेगा? सब, जो प्रस्तुत थे, ने इसे मज़ाक समझ कर टाल दिया, लेकिन सैम की शंका अकारण नहीं थी। भत्तों में एक कार्यालय, दो घरेलू गार्ड, दो अर्दली, एक स्टाफ़ अफ़सर और एक स्टाफ़ कार शामिल थे। यह सब इतनी देर से दिया जा रहा था और वह भी राष्ट्रपति अब्दुल कलाम की पहल पर, जिन्होंने सरकार की चेतना को झकझोरा था। सैम ने कार्यालय लेना अस्वीकार कर दिया कि 90 वर्ष की उम्र में जब वह अधिकतर अस्पताल में ही रहते थे, उसकी कोई आवश्यकता नहीं थी। उन्होंने गार्ड लेने को भी मना कर दिया कि उनकी जान को कोई ख़तरा नहीं था और उन्हें किसी प्रतिष्ठा-प्रतीक की भी आवश्यकता नहीं थी। उन्होंने स्टाफ़ कार और स्टाफ़ अफ़सर लेना स्वीकार कर लिया ताकि उनकी देखरेख करने वाले अर्दलियों का कुछ बोझ कम हो जाए। उनके परिवार को स्टाफ़ कार का इस्तेमाल करने की सख़्त मनाही थी। जब वह उनकी देखरेख करने आते थे तो वह ज़ोर देकर कहते थे कि उन्हें कोयम्बटूर तक लेने और छोड़ने उनकी व्यक्तिगत कार ही जाएगी। उनकी मृत्यु के एक हफ़्ते बाद ही उनकी बेटियों ने सरकार को ख़त लिख भेजा कि उनकी स्टाफ़ कार और स्टाफ़ अफ़सर वापस ले लिए जाएँ। आख़िर बच्चे अपने माता-पिता की छवि ही तो होते हैं! ♦

15 एक सुंदर अमेरिकी अभिनेत्री का नाम!

16 डांस करने की एक जगह जिसका नाम 'तबेला' था!

17 एस एम– सेना पदक।

'मैं भी रंगे मुँह (मतलब युद्ध का कैमोफ्लाज लगाए) तुम्हारा मुक़ाबला कर सकता हूँ।' एक सिने अभिनेत्री से वार्तालाप करते सैम।

साभार: 58 गोरखा प्रशिक्षण केंद्र

विचित्र व्यवहार और मज़ाकिया स्वभाव

तेज़-तर्रार सैनिक गठन के साथ मोटी मूँछें सैम के व्यक्तित्व की ख़ास पहचान थीं। अकसर शुभि और मुझसे लोग पूछते कि क्या सैम ने हम दोनों को उनके जैसी ही मूँछें रखने का आदेश दिया था? उस रहस्य पर परदा रखने के लिए हम दोनों जवाब देना टालते रहे और अब भी टालते हैं!

सैम को आम शख़्स से अलग दिखना पसंद था। इन्फैंट्री स्कूल के कमांडेंट की हैसियत से वह गरमी के दिनों में अपने दफ़्तर शार्ट्स और पेशावरी चप्पल पहनकर जाते थे। जब वह आर्मी कमांडर बन गए तो फ़ील्ड मार्शल मोंटगोमरी की तरह पोशाक के नियमों से कुछ छूट लेते थे और नियमानुसार तय ऑलिव ग्रीन कमीज़ तथा तय टोपी के बजाए सलेटी रंग की 'मज़री' कमीज़ पहनते और तिरछी टोपी लगाते थे। मैं भी 'मज़री' कमीज़ पहनना पसंद करता था और ख़ासतौर पर जब वह चाहते थे कि उनके अंगरक्षक उन्हीं के जैसे कपड़े पहनें, इसलिए जब एक बार मैंने पूछा कि मैं भी उसी तरह की कमीज़ पहन सकता हूँ तो एक रूखी-सी झिड़की मिली, 'बेरोज़, अभी कुछ दिन इंतज़ार करो। जब तुम्हारे कंधों पर कुछ और सितारे लग जाएँ, तब इसके सपने देखना!'

सैम को कुछ चीज़ें सख़्त नापसंद थीं। उन्हें लगता था कि छाता महिला का उपसाधन है। 'एक सिपाही के ऊपर कुछ पानी की बूँदें गिर भी जाएँ तो क्या नष्ट हो जाएगा?' उन्हें काले चश्मे से नफ़रत थी। एक बार उनके कमांडिंग अफ़सर ने उनकी नाक पर से एक क़ीमती काला चश्मा खींचकर ज़मीन पर पटक दिया था और कुचलते हुए अपनी आँखें चौपट न करने की सख़्त सलाह दी थी। तब से उन्होंने कभी काला चश्मा नहीं पहना, यहाँ तक कि अंधकारी बर्फ़ से बचाव के लिए भी नहीं! उन्हें माइक से भी बहुत चिढ़ थी। एक बार वह बटालियन में 'सैनिक सम्मेलन'[1] को संबोधित करने

1 जहाँ बटालियन या टुकड़ी के सभी अफ़सर और सैनिक अपने सी ओ अथवा आमंत्रित वरिष्ठ अधिकारी को सुनने के लिए इकट्ठे होते हैं।

चिर-परिचित मुसकराहट के साथ सैम। साभार: लेखकगण

आए थे। मंच पर एक माइक रखा था। वह बोले, 'इस बेकार यंत्र को यहाँ से हटाओ: मैं अपने लडकों से सीधे बात करना चाहता हूँ!' 1977 में जब मैं स्टाफ़ कॉलेज में पढ़ रहा था, मेरे सिंडिकेट[2] को 1971 के युद्ध की योजना बनाने और उसके कार्यान्वयन पर प्रस्तुति तैयार करने का ज़िम्मा दिया गया। एक टेपरिकॉर्डर लेकर मैं सैम से सूचनाएँ लेने स्टाव्का पहुँचा। उस मशीन को देखते ही सैम ने मुझे उलटे पाँव लौटाया और कहा कि इसकी जगह अपनी पत्नी को लेकर आओ। ज़िनोब्या ने इस सुअवसर को लपक लिया और बिना किसी त्रुटि के ठीक वैसा ही दोहरा दिया, जैसा उसे बताया गया था। ऐसे यंत्रों से उनकी चिढ़ अंत तक कम नहीं हुई। वरदी में होने पर सैम बाहर कभी कुछ नहीं खाते थे, चाहे हवाई सफ़र करते समय या औपचारिक समारोह में, जैसे राष्ट्रपति द्वारा दिए गए भोज में। ऐसे अवसरों पर, जब सामने तरह-तरह के व्यंजन मौजूद हों, हम नौजवान अफ़सरों के लिए अपने आप को रोकना बेहद मुश्किल होता था।

सैम जैसे विशाल हृदय व्यक्ति थे, उन्हें डिब्बाबंद खाने के पदार्थ, अचार और सामग्री का भंडार जमा करने का बड़ा शौक़ था। उनका डीप फ्रीज़[3] बेहतरीन लज़ीज़ चीज़ों का ख़ज़ाना होता था: पारसी अचार, रूस के कैवियार (ख़ास मछली के अंडे), डिब्बाबंद तीतर इत्यादि। उन्हें छूने, हटाने या फेंकने की इज़ाज़त किसी को भी नहीं थी, चाहे उनकी समाप्ति तिथि बीत चुकी हो! इसका अधिकार सिर्फ़ उन्हीं को था। यहाँ

2 शिक्षार्थी अफ़सरों की टीम।

3 फ्रीज़र (हिमयंत्र)

बाएँ से दाएँ: कैप्टन शुभि सूद, सिल्लू, सेना अध्यक्ष, माया और कैप्टन बेहराम एम. पंथकी। साभार: लेखकगण

बाएँ, लक्ष्मण द्वारा निर्मित सैम का कार्टून और दाएँ, उससे मिलती-जुलती उनकी तसवीर। साभार: मानेकशॉ परिवार

तक कि गोरखा अर्दली भी लाचार होकर बड़बड़ाते थे– 'कुन्ने के राखे छा फ्रीज़र मा' (भगवान जाने क्या कबाड़ फ्रीज़र में रखते हैं!) सैम के पास शराब का भी अच्छा संग्रह था। उन्हें अपने परिवार से बेहद प्रेम था लेकिन उनके जाने के बाद वह शिकायत करते– 'मेरे दामाद कमबख़्त आते हैं और मेरा आधा तहख़ाना खाली कर जाते हैं!' यही हाल उनके अच्छे मित्रों और सहयोगियों का होता था। उन्हें उनसे मिलना-जुलना बेहद पसंद था, उनका स्वागत करते, उन्हें जमकर शराब पिलाते लेकिन उनके जाने के बाद बनावटी गुस्सा दिखाते, 'सत्यानाशी, पूरी की पूरी बोतल दारू साफ़ कर गया!' यह सब उनका नाटक था, जो वह हर बार रचते थे। वास्तविकता में तो वह बेहद उदार थे।

एक बार सेना अध्यक्ष बनने के बाद वह झाँसी के औपचारिक दौरे पर गए थे। सिल्लू की अनुपस्थिति के लिए क्षमा प्रकट करते उन्होंने ब्रिगेडियर और श्रीमती बाजवा से मज़ाक में कहा, 'आज शनिवार का दिन है, जो सिल्लू अशुभ मानती है, क्योंकि उसने मुझसे शनिवार के दिन शादी की थी!' अकसर उनका मज़ाक सिल्लू को ही लेकर होता था। उनसे जब 1971 के युद्ध के विषय में पूछा गया तो उन्होंने कहा, 'मैं लड़ाई के बारे में कुछ नहीं जानता, ज़िंदगी में अगर मैंने कोई गंभीर लड़ाई की है तो सिर्फ़ अपनी पत्नी के साथ!'

सैम स्वभाव से ही किसी भी संजीदा परिस्थिति को हलका बनाने में माहिर थे। जब उनके पिता को उनकी घातक चोटों के बारे में पता चला तो वृद्ध अनुभवी चिकित्सक होने के नाते उन्होंने चेतावनी दी, 'बेटा,

तुम्हारे जिगर में गोली लगी है, यदि तुम शराब पिओगे तो मर जाओगे, तुम्हारे फेफड़ों में गोली लगी है, यदि धूम्रपान करोगे तो मर जाओगे, तुम्हारी तिल्ली में गोली लगी है, यदि बेहिसाब खाओगे तो मर जाओगे।' बहुत साल बाद यह क़िस्सा सुनाते हुए सैम अपने अंदाज़ में बोले, 'मैंने अपने पिता की सलाह मानी और इस कारण लगभग मर ही गया!'

वरिष्ठ अधिकारी के रूप में सैम अपनी अप्रसन्नता ज़ाहिर करने के लिए गंभीरता के साथ कुछ मज़ाकिया लहज़े में अपनी नाराज़गी दिखाते थे। एक बार जब वह पूर्वी आर्मी के कमांडर थे, वह मिज़ो हिल्स पर तैनात गढ़वाल बटालियन के निरीक्षण पर गए। सी ओ से सामान्य संग्रामिक बातें पूछने के बाद उन्होंने तीव्रता से दिशा बदलते हुए पूछा कि बटालियन में कितने एस टी डी[4] मामले रिपोर्ट हुए हैं? सी ओ ने बुदबुदाते हुए जो संख्या बताई, वह सामान्य से अधिक थी। सैम को यह स्वीकार नहीं था, इसलिए उन्होंने पलटकर पूछा, 'तुम उनसे कैसे निपटते हो?' 'श्रीमान जी! हम उनके सिर मुँड़वा देते हैं।' 'क्या? मुझे नहीं पता था कि गढ़वाल रेजिमेंट में तुम लोग वह 'काम' सिर से करते हो,' यह कहते हुए वह मुड़कर चल दिए और हैरान सी ओ यह समझ नहीं पाया कि यह डाँट थी या मज़ाक!

थल सेना अध्यक्ष के रूप में सैम को रक्षा मंत्री से अकसर बात करनी पड़ती थी। पारंपरिक तौर पर सैम के नाम का पारसी ढंग से उच्चारण 'साम' होता है, जिसका आजकल अंग्रेज़ीकरण 'सैम' बन गया है। उस समय के रक्षा मंत्री बाबू जगजीवन राम उन्हें हमेशा 'श्याम' ही बुलाते थे, जिससे उन्हें बहुत उलझन होती थी। 'बेरोज़, अगली बार जब रक्षा मंत्री का फोन आए तो कह देना यहाँ कोई कमबख़्त श्याम नहीं है।'

1970 में जब हम सोवियत संघ गए थे, तब शेरेमेत्येवो अंतरराष्ट्रीय हवाई अड्डे पर उतरे और वहाँ से हमें होटल ले जाया गया। वहाँ के संपर्क अधिकारी

उस समय के रक्षा मंत्री जगजीवन राम उन्हें हमेशा 'श्याम' ही बुलाते थे, जिससे उन्हें बहुत उलझन होती थी। 'बेरोज़, अगली बार जब रक्षा मंत्री का फोन आए तो कह देना यहाँ कोई कमबख़्त श्याम नहीं है।'

लेफ़्टिनेंट जनरल कुप्रियानो सैम और सिल्लू को उनके कमरों के कक्ष में ले गए और उन्हें व्यवस्थापित करके जाने ही वाले थे कि सिल्लू उनकी तरफ़ मुड़ी और पूछा कि क्या वह उन्हें उनका कमरा दिखाएँगे? जनरल कुप्रियानो यह सुनकर चकित हो गए। सैम ने तुरंत स्थिति को सँभालते हुए, जनरल को एक तरफ़ ले जाकर कहा कि चूँकि वह खर्राटे लेते हैं तो उनकी पत्नी सो नहीं पातीं। इसलिए वे दोनों अलग-अलग कमरों में सोते हैं। इसके बाद उनके कान में फुसफुसाकर कहा कि वह जितनी औरतों को जानते हैं, उनमें केवल यही एक हैं जिन्हें मेरे खर्राटों से शिकायत है। रूसी जनरल ठहाका मार कर हँस पड़े और सैम की पीठ पर कई ज़बरदस्त धौल जमा दिए!

सैम 1947 में जब बतौर जी एस ओ 1 सैन्य अभियान निदेशालय में तैनात थे, तब उनके पास एक लाल रंग की 'जेम्स' मोटरसाइकिल थी। उनके जी एस ओ 2 मेजर याहया ख़ान उसे देख कर ललचाते थे। उन्होंने कई बार उसे ख़रीदने का प्रस्ताव रखा लेकिन सैम ने हर बार उसे टाल दिया। स्वतंत्रता के बाद जब याहया ख़ान पाकिस्तान जाने ही वाले थे, सैम ने आख़िर वह मोटरसाइकिल उन्हें 1000 रुपए में बेच दी। याहया ख़ान ने बड़ी ख़ुशी से वह मोटरसाइकिल ले ली और वादा किया कि अपने देश में अच्छी तरह स्थापित होते ही वह उन्हें पैसे भेज देंगे। साल पर साल बीतते गए पर याहया का चेक नहीं आया। सैम ने भी उसे डूबा हुआ कर्ज़ मान लिया। बहुत साल बाद जब 1971 में भारत-पाक युद्ध हुआ, तो भाग्य का ऐसा विचित्र खेल हुआ कि

---

4 यौन-संपर्क जन्य रोग– सेना में इन पर पैनी नज़र रखी जाती है।

अगर समय का सदुपयोग किया, अगर कर्तव्य पूरे किए, तो फिर थोड़ी शराब में क्या हर्ज़ है? साभार: मारिओ मिरांडा म्यूज़ियम

सैम और याहया ख़ान, दोनों अपने-अपने देश के सेना अध्यक्ष बन गए थे। युद्ध जीतने के बाद सैम ने मज़ाक में कहा कि 'मैं 24 साल तक याहया के चेक का इंतज़ार करता रहा पर वह नहीं आया। अब उसने अपना आधा देश देकर उस पुराने ऋण को चुकाया है!'

जब हम 'थाको चक' मुद्दा हल करने लाहौर गए, तब हमारा स्वागत करने के लिए जनरल टिक्का ख़ान पूरी वरदी में काला चश्मा लगाए हवाई अड्डे पर मौजूद थे। हम लोग सैनिक मुख्यालय के लिए चल दिए। हमारे बीच एक ठंडी ख़ामोशी थी। सैम ने उस अजीब तनाव के माहौल को खतम करते हुए कहा, 'टिक्का! तुम यह काला चश्मा क्यों पहने हो? तुम सिगरेट नहीं पीते, शराब नहीं पीते, तुम्हें क्या छिपाना है, इसे तो मुझे पहनना चाहिए!'

युद्ध जीतने के बाद सैम ने मज़ाक में कहा कि 'मैं 24 साल तक याहया के चेक का इंतज़ार करता रहा पर वह नहीं आया। अब उसने अपना आधा देश देकर उस पुराने ऋण को चुकाया है!'

1972 में हम लोग एक समारोह में शामिल होने के लिए नेपाली दूतावास गए थे। 1971 की विजय के बाद सैम की लोकप्रियता चरम पर थी। एक राजनयिक की पत्नी किसी न किसी बहाने पूरी शाम सैम के पीछे चलती रहीं, यहाँ तक कि वह उससे परेशान हो गए।

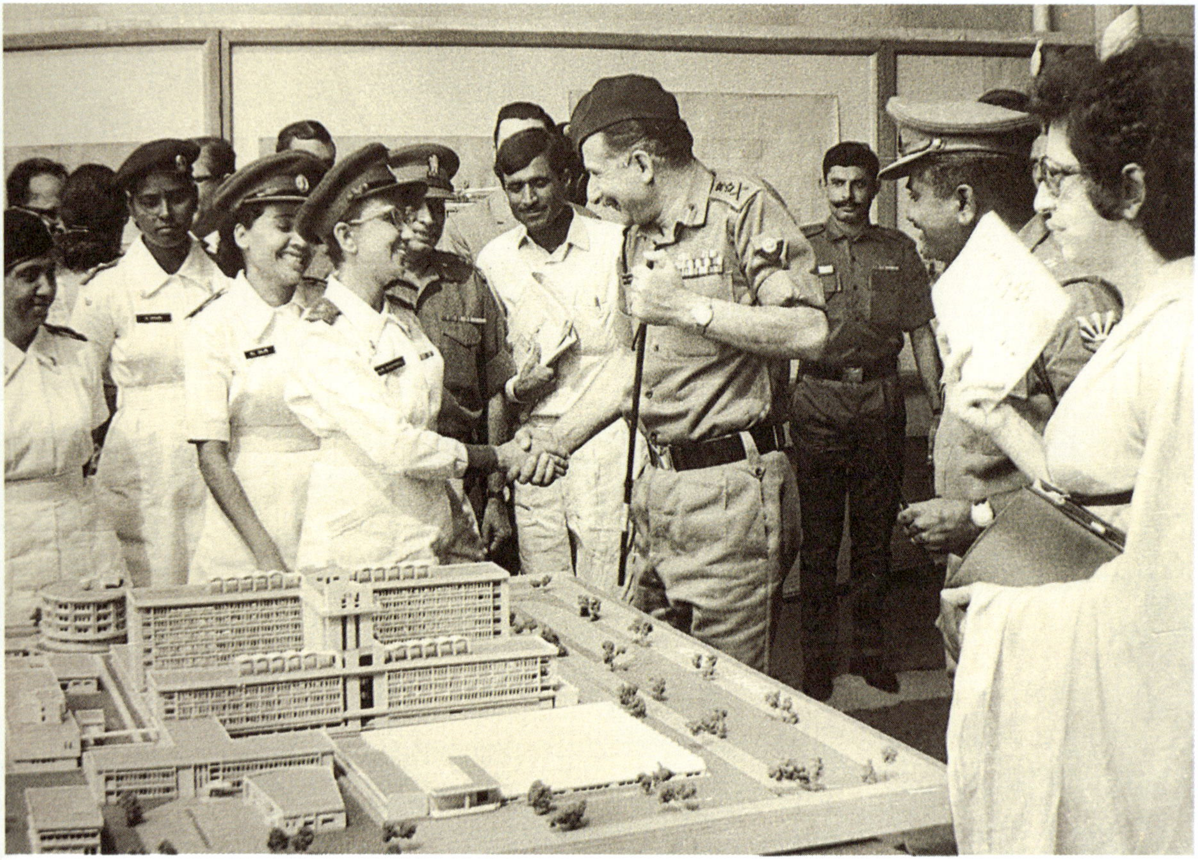

कलकत्ता (अब कोलकाता) में नए कमांड अस्पताल का शिलान्यास करते समय मिलिट्री नर्सिंग सर्विस की अफ़सरों और मेट्रन के साथ।
साभार: 2/8 गोरखा राइफ़ल्स

अचानक उन्होंने मुझे और ज़िनोब्या को देखा और उस प्रशंसक को लिए हमारे पास आए और बोले, 'मुझे उम्मीद है आप मेरे अंगरक्षक को मिलकर ख़ुश होंगी, वह कभी-कभी उतने ही आकर्षक लगते हैं, जितना मैं।' जब ज़िनोब्या और वह महिला कुछ बात कर रही थीं, तो वह मुझे एक तरफ़ ले जाकर बोले, 'बेरोज़! तुम इस सुंदरी को पूरी शाम अपने पास रखना, अगर यह एक मीटर की दूरी से भी मेरे नज़दीक आई तो यह समझ लेना कि कल तुम्हारी परेड अवश्य होगी!'

1973 में फ़ील्ड मार्शल बनने और पद छोड़ने के बाद सैम इंगलैंड गए। वहाँ उन्होंने ब्रिटिश अफ़सरों के लिए एक रात्रि भोज का आयोजन किया जिसमें उनके एक पुराने कमांडिंग अफ़सर, जो कर्नल थे, उनके पास आए और पूछा कि क्या वह उन्हें 'सैम' कह कर संबोधित कर सकते हैं, क्योंकि अब तो वह फ़ील्ड मार्शल बन चुके थे। सैम बोले, 'कृपया सर! ज़रूर कीजिए, क्योंकि आप तो पहले मुझे केवल 'ब्लडीफूल'[5] ही कहकर बुलाते थे। मैं तो उसे अपना असली नाम ही समझ बैठा था!'

सेना से सेवानिवृत्ति के बाद सैम 14 कंपनियों की निदेशकीय समिति के सदस्य थे, जिसमें एक

5 उल्लू की औलाद।

वह यह स्वीकार करने में कभी नहीं चूकते थे कि उनके जीवन-वृत्ति में भाग्य का बड़ा हाथ था, और जैसे ही आप उस पर हामी भरते, वह आगे बोलते, 'और जैसे-जैसे मैं कड़ी से कड़ी मेहनत करता गया, वैसे-वैसे ही मैं और भाग्यशाली होता गया!'

वह यह स्वीकार करने में कभी नहीं चूकते थे कि उनके जीवन-वृत्ति में भाग्य का बड़ा हाथ था, और जैसे ही आप उस पर हामी भरते, वह आगे बोलते, 'और जैसे-जैसे मैं कड़ी से कड़ी मेहनत करता गया, वैसे-वैसे ही मैं और भाग्यशाली होता गया!'

थी– एस्कार्ट्स। कंपनी को एक विरोधी अधिग्रहण को रोकने के उद्देश्य से एस्कार्ट्स को अपना पूरा निदेशक मंडल बदलना पड़ा। सैम की जगह पर श्री नाइक को निदेशक बनाया गया। भारतीय सेना में नायक का ओहदा हवलदार से भी एक दर्जा नीचे होता है। सैम ने टिप्पणी की– 'यह शायद पहली और इकलौती बार एक नायक ने एक फ़ील्ड मार्शल की जगह ली है!'

सैम का हास्य सामान्यतौर पर निंदापूर्ण या दुर्भावनापूर्ण नहीं होता था, सिवाए इसके कि जब कभी वह किसी चालाक अथवा धोखेबाज़ के प्रति हो। यह कोई छोटी बात नहीं है कि उनका जो परिहास सैनिकों और आम जनता को बहुत प्रिय था, वही परिहास राजनेताओं के लिए कठोर और नापसंद था। वह इस तथ्य पर खीजते थे कि 'इस देश के राजनीतिक नायक, जिनके ऊपर इस देश की सुरक्षा एवं प्रतिरक्षा की ज़िम्मेदारी है, वह क़सम खाकर कहते हैं कि उन्होंने कोई ऐसी किताब नहीं पढ़ी, जो सैनिक इतिहास, रणनीति अथवा शस्त्र विकास पर हो।' वह अपने मज़ाकिया ढंग में कहते थे कि अपने नेता जो कि गोला बारूद (यानी मौर्टर[6]) और गाड़ी (यानी मोटर) में अंतर नहीं बता सकते, ना ही बंदूक और तोप का अंतर और ना ही गुरिल्ला (आतंकवादी) और गोरिल्ला (बंदर) का अंतर, हालाँकि उनमें से ज़्यादातर तो वह इस जाति के संबंधी दिखते हैं![7]

जो अफ़सर ग़लत तरीक़ों से ऊपर पहुँचे हैं, उन्हें अपना एतराज ज़ाहिर करते हुए सैम कहते, 'ऊपर पहुँचने का पहला तरीक़ा है कि आप हर वरिष्ठ अधिकारी के सामने, पीठ के बल झुकने को तैयार हों, चाहे वह कितना ही निकम्मा और मूर्ख क्यों न हो! दूसरा तरीक़ा है कि आपकी पत्नी आपको सबसे आगे रखने के लिए कुछ भी करने को तैयार हो! और तीसरा तरीक़ा है कि आप एक ख़ुशक़िस्मत सिपाही हो! अब मैं आप पर छोड़ता हूँ कि आप अंदाज़ा लगाइए कि मैं सेना अध्यक्ष कैसे बना!' वह यह स्वीकार करने में कभी नहीं चूकते थे कि उनके जीवन-वृत्ति में भाग्य का बड़ा हाथ था, और जैसे ही आप उस पर हामी भरते, वह आगे बोलते, 'और जैसे-जैसे मैं कड़ी से कड़ी मेहनत करता गया, वैसे-वैसे ही मैं और भाग्यशाली होता गया!'

सैम हमेशा सबसे घुलमिल कर रहते थे। उनके जीवन का सिद्धांत था कि– 'कितने भी ऊँचे पद पर क्यों न पहुँचो, अपने दिल में हमेशा बच्चे की सर्वप्रियता बनाए रखो।' वह औपचारिक सैनिक समारोह के माहौल को भी हलका बना देते थे, उनके अंदर आते ही हर व्यक्ति सहज हो जाता था। यह स्वाभाविक ही था कि उनका श्रेष्ठतम परिहास उनके अफ़सरों, उनकी पत्नियों और उनके वफ़ादार सिपाहियों के लिए ही होता था। सैम उनसे मज़ाक में कहते– 'शुक्र है ख़ुदा का कि मैं औरत नहीं हूँ, क्योंकि मैं किसी को 'ना' तो कह ही नहीं सकता। क्या आप कल्पना कर सकते हैं? या तो मैं हमेशा गर्भवती रहता या फिर हमेशा गर्भ-निरोधक गोली लेता रहता!'

1977 में जब मैं स्टाफ़ कॉलेज में छात्र था, ज़िनोब्या और मैं गोरखा अफ़सरों और उनकी पत्नियों के लिए आयोजित सालाना भोज के लिए स्टाव्का गए। सैम महिलाओं से बात कर रहे थे, तभी एक महिला

6 गोले, बारूद फेंकने वाला हथियार।

7 11 नवंबर 1998 को डी एस एस सी वेलिंगटन में दिए भाषण से उद्धृत।

उपलब्धि ही सफलता का पैमाना होती है।

साभार: मानेकशॉ परिवार

सैम हमेशा सबसे घुलमिल कर रहते थे। उनके जीवन का सिद्धांत था कि– 'कितने भी ऊँचे पद पर क्यों न पहुँचो, अपने दिल में हमेशा बच्चे की सर्वप्रियता बनाए रखो।'

ने उनकी लाल रंग की कमीज़ की तारीफ़ की। 'प्रिय, देखो मेरे सारे कपड़े इंगलैंड से आते हैं। यह कमीज़ इंगलैंड से आई है, देखो कॉलर पर लेबल लगा है और यह सूट भी इंगलैंड से आया है, देखो यह लेबल,' और इसके बाद एक शरारती मुसकराहट के साथ बोले, 'उसी तरह मेरे तमाम कपड़े इंगलैंड से आते हैं, पर मैं यहाँ उन सभी का लेबल नहीं दिखा सकता हूँ!' अपने नज़दीकियों के बीच यह सैम का सर्वोत्कृष्ट परिहास था।

महिलाओं के साथ इस तरह के उनके हँसी-मज़ाक को बहुत बढ़ा-चढ़ा कर कहानियाँ बनाई जाती थीं। इनकी थोड़ी-सी भनक उनको लग जाती तो वह उसमें और भी मिर्च-मसाला जोड़ देते ताकि उनका व्यक्तित्व और भी रहस्यमय बन जाए। हम लोग जो उनके क़रीब थे, उस रहस्य पर से परदा हटाने का कोई प्रयास नहीं करते थे, सिवाए कि वह कहानियाँ एक हद से बाहर होतीं, क्योंकि सैम सिर्फ़ मज़ाक किया करते थे। वह हर इनसान से, चाहे वह पुरुष हो या स्त्री, ईमानदारी से पेश आते थे।

स्वास्थ्य ख़राब रहने के बावजूद सैम की हाज़िरजवाबी और उनका ख़ास व्यवहार नहीं बदला था। 2007 में राष्ट्रपति अब्दुल कलाम वेलिंगटन के सैनिक अस्पताल में उनको देखने आने वाले थे। उनके आने के ठीक पहले एक युवा महिला रिपोर्टर उनके कमरे में घुस आई और उनकी मुलाक़ात का वीडियो टेप बनाने की इज़ाज़त माँगने लगी। सैम बोले कि उनकी समझ में नहीं आ रहा था कि एक प्यारी-सी नौजवान लड़की, दो बुड्ढों की बातचीत रिकॉर्ड करने में अपना समय क्यों बरबाद करना चाहती है? यदि वह चाहे तो राष्ट्रपति के जाने तक का इंतज़ार करे, और उसके बाद अकेले में सैम से मुलाक़ात करे! इसके साथ, बड़ी होशियारी से, उस महिला को कमरे से बाहर निकाला गया। ♦

वह शख़्सियत, जिसने फ़ील्ड मार्शल बनने या बर्ख़ास्त होने की तलवार की धार पर सफलतापूर्वक चलकर दिखा दिया।

साभार: मानेकशॉ परिवार

उपसंहार

हमारी शादी के बाद ज़िनोब्या और मैंने आर्मी हाउस के पीछे ए डी सी कॉटेज में घर बसाया। शुभि, जिनकी कविता से शादी हो चुकी थी, इंगलैंड जा चुके थे। सैम और सिल्लू हमारा बेहद ख़याल रखते थे। सैम सुबह उठकर माली के साथ अपने और हमारे भी बग़ीचे का रख-रखाव देखते। एक रविवार की सुबह लगभग 8 बजे मैंने ज़ोर की आवाज़ सुनी। सैम हमारे कॉटेज में आए थे और अर्दली से पूछ रहे थे कि हम दोनों कहाँ हैं? मैं बिस्तर से जल्दी-जल्दी उठा, कपड़े ठीक किए और पलक झपकते ही उनके सामने खड़ा हुआ, झिड़की खाने के लिए कि मैं कितना सुस्त इनसान हूँ! उन्होंने कहा कि एक घंटे में वह फिर आएँगे और नाश्ते में उन्हें पारसी 'पोरो' (आमलेट) चाहिए। सिल्लू लंदन में थीं। ज़िनोब्या जल्दी से रसोई में गईं लेकिन उस दिन हर प्रयास असफल रहा। तेल में इतना झाग उठा कि आमलेट के टुकड़े-टुकड़े हो गए। ख़ैर, उसने बड़े-बड़े टुकड़े छाँटे और उन्हें एक तश्तरी में सजा दिया। सैम आए और बिना कुछ कहे आमलेट खा लिया। ज़िनोब्या ने राहत की साँस ली, सोचा बात बन गई। लेकिन भला सैम बिना कुछ कहे कैसे रह सकते थे, 'बेरोज़! एने पाछी एनी माई ना घेरे मोकल। बिलकुल रांधता नथी आवरतू (बेरोज़, इसे माँ के घर वापस भेजो, इसे तो खाना बनाना बिलकुल भी नहीं आता)। मैं ऐसा अंगरक्षक नहीं रख सकता, जिसे ढंग से खाना भी न मिले!'

आर्मी हाउस में सेम की फली, जिसे गुजराती में 'पापरी' कहते हैं, की बेल थी। दो हफ़्ते बाद सैम ने ज़िनोब्या से पूछा, 'क्या वह एक ख़ास पारसी व्यंजन 'पापरी मा कबाब' (सेम की फली और कबाब) बना लेती है!' ज़िनोब्या ने इस व्यंजन का नाम तक नहीं सुना था, पर अपनी माँ से पूछ कर बिलकुल सही ढंग से बनाया और अपनी प्रतिष्ठा बचा ली!

एक सेना अध्यक्ष के विवाहित अंगरक्षक होने की पहली चुनौती मेरे सामने तब आई, जब डी एस ओ आई में एक औपचारिक समारोह था। सुबह ही सैम मेरे दफ़्तर आए और पूछा कि ज़िनोब्या के लिए भी निमंत्रण है न? मेरे 'हाँ' कहने पर आगे पूछा कि शाम को उसके

सैम का स्वयं का सबसे प्रिय चित्र। साभार: लेखकगण

हमारे विवाह के दिन, शादी के मंडप में सैम, ज़िनोब्या से: 'तुम्हारा पक्का इरादा है कि तुम इस शख़्स से ब्याह करना चाहती हो? अभी तुम्हारे पास विचार बदलने के लिए पाँच मिनट बाक़ी हैं!' साभार: लेखकगण

वहाँ पहुँचने की मैंने क्या व्यवस्था की है? मैंने उन्हें बताया कि मैं उसे 5.30 बजे अपनी मोटरसाइकिल से क्लब पहुँचा दूँगा, फिर लौट कर उन्हें और सिल्लू को 7.00 बजे ले जाऊँगा। उन्होंने मुझे बीच में ही टोक कर कहा, 'तुम पागल हो गए हो क्या! वह हम लोगों के साथ ही जाएगी,' और उसके बाद यही क्रम चलता रहा। इतना ही नहीं, इससे भी आगे उन्होंने यह व्यवस्था की कि हमेशा उसे व्यक्तिगत रूप से निमंत्रित किया जाए। हर मेज़बान को पता होना चाहिए कि मेरा अंगरक्षक विवाहित है।

सैम और सिल्लू के लिए बिरला[1] परिवार की तरफ़ से बहुत दिनों से पिलानी आने का इसरार था। उन्होंने सेवानिवृत्त होने के बाद वह निमंत्रण स्वीकार किया और बिरला परिवार को कहा गया कि हम चार लोग आएँगे। हम उनके व्यक्तिगत जहाज़ से सुबह पिलानी गए। बिरला इंस्टीट्यूट ऑफ साइंस, वहाँ का शानदार संग्रहालय और बिरला के कई विद्यालय देखे। उनके पुश्तैनी घर 'बिरला हवेली' में शानदार भोजन किया और शाम को दिल्ली लौट आए।

1977 में मुझे वेलिंगटन के स्टाफ़ कॉलेज में जाने के लिए चयनित किया गया। वेलिंगटन के सर्किल क्वार्टर्स में मुझे एक फ़ौजी फ़्लैट आवंटित गया था, लेकिन वहाँ पहुँचने पर पता चला कि मेरा मुकाम बदल कर कुनूर के एक प्राइवेट घर 'रोज़री' कर दिया गया है। यह स्टाफ़ कॉलेज से काफ़ी दूर था। मुझे बहुत गुस्सा आया और अगले ही दिन मैं यह

1 भारत का एक प्रमुख औद्योगिक घराना, जो मशहूर शैक्षणिक संस्थान भी चलाता है।

जानने के लिए कि यह कैसे हुआ, कॉलेज गया। वहाँ मुझे पता चला कि फ़ील्ड मार्शल ने कमांडेंट, मेजर जनरल अदी सेठना, से स्वयं सिफ़ारिश की थी कि उनके अंगरक्षक को उनके सबसे नज़दीक का मकान दिया जाए। मुझे अब कोई शिकायत नहीं रही। सच तो यह था कि रोज़री एक सपनों का घर साबित हुआ, स्टाव्का से कुल दो मिनट दूर। यह घुमावदार रास्ते की चढ़ाई के बाद पहाड़ी के ऊपर, विशाल बंगला था। इसके बावजूद कि हम चार छात्र अफ़सरों के बीच यह घर बाँटा था, फिर भी हर एक के हिस्से में सात बड़े-बड़े कमरे थे; फ़र्श संगमरमर का, ऊँची छत, आतिशदान, एक बड़ा द्वारमंडप और ब़गीचा। उस साल हमने कितनी ही शानदार शामें सैम और सिल्लू के साथ बिताईं, पुराने सहकर्मियों के बारे में पता लगाया; कलकत्ता और दिल्ली में बिताए पुराने दिनों का स्मरण किया। मेरे लिए यह एक बार फिर उनका अंगरक्षक बनने के समान ही था, अलबत्ता इस बार परिवार के तीन सदस्यों के साथ! हमारे पड़ोसी अफ़सर यह देखकर ताज्जुब करते रहे कि सिल्लू

2/8 जी आर के 150वें स्थापना दिवस समारोह में अफ़सरों और उनकी पत्नियों के साथ सैम। साभार: लेखकगण

स्वयं गाड़ी चलाकर ज़िनोब्या को रोज़री से घर का सामान ख़रीदवाने ले जाती थी, क्योंकि उन्हें विश्वास था कि मेरी पत्नी को मोल-भाव करना सिखाने की ज़रूरत थी!

ज़िनोब्या और मैं स्टाफ़ कॉलेज की अन्य पार्टियों में काफ़ी मशगूल रहने लगे। घर तो हम अकसर आधी रात तक लौटते। सैम हमारे घूमने-फिरने की पूरी ख़बर

रखते– तुम लोग इस शनिवार को क्या कर रहे हो? कल रात घर कब लौटे? कोर्स के आरंभ में, आपसी परिचय के लिए, हमने एक पार्टी दी और कॉलेज के नोटिस बोर्ड पर एक विज्ञप्ति लगाई: 'अगर नाच-गाना पसंद करते हो तो अपनी बीबी, अपनी बोतल और एक व्यंजन लेकर शनिवार की शाम, 7 बजे रोज़री में अवश्य पधारिए!' सिल्लू इंगलैंड में थीं। जब सैम को पार्टी के बारे में पता चला तो उन्होंने पूछा कि उन्हें क्यों नहीं निमंत्रण भेजा? सच तो यह था कि हमने सोचा कि उनकी इस धूमधाम के जमावड़े में कोई रुचि न होगी, लेकिन यह जानकर ख़ुशी हुई कि वह अपनी बोतल और पसंदीदा खाना लिए एक मित्र को भी साथ लेकर आएँगे। पार्टी शुरू होने के बाद सैम ने एक आकर्षक महिला के साथ प्रवेश किया। उनके इस नाटकीय आगमन से अफ़वाहों का बाज़ार गरम होने लगा। उस शाम वह पूरी मस्ती में थे, छात्र-अफ़सरों के साथ घुल-मिल रहे थे, नाच रहे थे और उनका करिश्मा ऐसा था कि अधिकतर महिलाएँ उनके साथ नाचने के लिए उत्सुक थीं। जैसा अंदाज़ा था, अगले दिन कॉलेज पहुँचने पर देखा कि अफ़वाहें फैल चुकी थीं। दरअसल, जो युवती सैम के साथ आई थी, वह हाल ही में अपनी कुछ पैतृक संपत्ति की वारिस बनी थी और सैम उसकी मदद कर रहे थे। वह कुछ कानूनी और वित्तीय समस्याओं से इस तरह घिरी थी कि सैम ने समझा कि यह उचित मौक़ा था, जब वह उसे अपने हमउम्र लोगों से परिचित कराएँ और उसे अपनी समस्याओं को भूलने का मौक़ा दें। कुछ साल बाद उस महिला ने स्टाफ़ कॉलेज के एक सैनिक अफ़सर से विवाह कर लिया। उस रंगीन साल के अंत में हम वेलिंगटन से चल दिए– यही एक फ़ौजी जीवन का रवैया है।

सैम मिलिट्री कॉलेज और आर्मी संस्थानों के लोकप्रिय मेहमान थे और निमंत्रण पाने पर अवश्य वहाँ जाते थे। चूँकि मैं उनके साथ लंबे समय तक तैनात था तो यदि मैं उस शहर में होता, या उस संस्थान में होता, तो वह मुझसे अवश्य मिलते और फ़ौज मुझे उनका एल

पुरानी आदतें बदलती नहीं। सैम हमेशा मेरे ही सुपुर्द रहेंगे।
साभार: लेखकगण

ओ नियुक्त कर देती। 1983 में जब मैं महू में हायर कमांड कोर्स कर रहा था, सैम विद्यार्थियों को संबोधित करने आए। अपनी औपचारिक व्यस्तताओं के बावजूद उन्होंने एक शाम हमारे लिए और एक शाम वहाँ तैनात सब गोरखा अफ़सरों के लिए तय की थी। जब नवंबर 1984 में वह इंदिरा गांधी के अंतिम संस्कार के लिए दिल्ली आए तो मैं सेना मुख्यालय में तैनात था और मुझे उनका एल ओ तैनात किया गया। सन 1987 में, जब 3 इन्फेंट्री डिवीज़न में मैं कर्नल जनरल स्टाफ़ था, वह बेटी माया और दामाद के साथ मुझसे मिलने लेह आए, और 1990 में जब मैं दिल्ली में 35 इन्फेंट्री ब्रिगेड कमांड कर रहा था, तब हम अकसर मिलते रहे। जब भी वह बोर्ड की बैठक में शामिल होने के लिए दिल्ली या मुंबई

लेह (जम्मू और कश्मीर) में 3 इन्फेंट्री डिवीज़न का दौरा करते हुए। साभार: लेखकगण

आते थे, तब ओबेरॉय होटल में जहाँ वह ठहरा करते थे, हमारी मुलाक़ात हो जाती थी।

सन 1989 में मैं वेलिंगटन के स्टाफ़ कॉलेज में प्रशिक्षक के रूप में तैनात हुआ। तब तक सैम ने घर पर अधिक समय बिताने के इरादे से अपने कुछ निदेशक दायित्व छोड़ दिए थे। मैंने देखा कि वह और सिल्लू उम्रदराज़ हो रहे थे और अपनी सामाजिक व्यस्तताएँ कम करते जा रहे थे। मैं परिस्थिति के कारण 'कुँवारा' जीवन जी रहा था। ज़िनोब्या और बच्चे दिल्ली में ही रह रहे थे, क्योंकि बच्चे सीनियर क्लास में थे। मैं स्टाव्का अकसर जाता था और उन दोनों के साथ मैंने कई मज़ेदार शामें बिताईं।

1999 में सैम और सिल्लू ने अपनी शादी की हीरक जयंती मनाई। बेटियों के बहुत कहने पर सैम ने सिल्लू को हीरे की अँगूठी दी लेकिन हमेशा की तरह हँसकर यह विरोध जताते हुए कि इसका दाम यानी 'निवेश' इतना अधिक है और बदले में, इस उम्र में, उन्हें कुछ 'ब्याज' नहीं मिलने वाला है!

हमारी अगली मुलाक़ात ख़ुशगवार माहौल में नहीं हुई। हम लोग अमेरिका में रहने लगे थे। सन 2000 में मैं किसी काम से बंगलौर आया था। मैंने तय किया था कि मैं कुनूर जाकर सिल्लू के साथ कुछ समय ज़रूर बिताऊँगा, क्योंकि मैंने सुना था कि उनका स्वास्थ्य ठीक नहीं था। मेरे वहाँ पहुँचने के कुछ दिन पहले उनकी भरती कोयम्बटूर के सिविल अस्पताल में हो चुकी थी। मैं सीधे कोयम्बटूर गया और कुछ दिन उनके साथ बिताए। अस्पताल के बिस्तर से भी वह सैम को मेरा अच्छी तरह ख़याल रखने की ताकीद करती रहीं,

उनके पुराने कॉर कमांडर लेफ़्टिनेंट जनरल कलवंत सिंह की विधवा और उनकी पुरानी मित्र श्रीमती कलवंत सिंह के साथ।
साभार: मानेकशॉ परिवार

ख़ासतौर से मेरे खाने-पीने की, बिना यह सोचे कि समय बीत चुका था और उमर बढ़ने से मैं अब बहुत कम खाता था। मैं यह सोच कर ख़ुश था कि मुझे यह मौक़ा मिला, क्योंकि मैं दिल ही दिल में जानता था कि यह हमारी आख़िरी मुलाक़ात होगी। 13 फरवरी 2001 को सिल्लू का देहान्त हो गया और उन्हें ऊटी के पारसी क़ब्रिस्तान में दफ़नाया गया।

सन 2004 में सैम ने अपना 90वाँ जन्मदिन मनाया। सेना ने दिल्ली की बैटल ऑनर्स मेस में इसके लिए आयोजन रखा। शाम हँसी-ख़ुशी से बीती पर सिल्लू के जाने के बाद सैम अब वैसे नहीं रहे थे। सन 2004 में निमोनिया होने के बाद उनका स्वास्थ्य बिगड़ता गया और उनका वेलिंगटन मिलिट्री अस्पताल में आना-जाना लगा ही रहा। 2007 से तो उन्होंने अस्पताल को ही अपना घर बना लिया। उन्हें स्टाव्का में रहने के लिए राज़ी नहीं किया जा सका और वह घर तभी जाते, जब किसी विशेष अवसर पर पूरा परिवार वहाँ इकट्ठा होता।

शुल बहादुर ने यह चुनौती स्वीकार की और दिन के अधिकांश समय वह उनके साथ अस्पताल में रहता ताकि हर व्यवस्था उनकी रुचि के अनुसार की जा सके। वह उनकी पसंद का खाना बनाता, उनकी हर ज़रूरत और हर तमन्ना पूरी करता और रोज़ाना शैरी और माया को उनकी नियमित रिपोर्ट देता। शैरी घर का रख-रखाव और उनकी सेहत का खयाल रखने के लिए लगातार कुनूर आती रहती थीं। ऐसे ही एक बार जब वह अस्पताल आईं, तो उन्हें कमरे में तारपीन के तेल की तीखी महक महसूस हुई। पूरे कमरे का लकड़ी का फ़र्नीचर, यहाँ तक कि सैम का पलंग, निरीक्षण की तैयारी के रूप में सफ़ेद पेंट किया गया था। शैरी को घुटन-सी महसूस हुई। सैम के फेफड़ों की नाज़ुक हालत को लेकर उन्हें बहुत चिंता होने लगी। जब उन्होंने कमांडेंट से शिकायत करने की बात की तो सैम ने तुरंत मना कर दिया, क्योंकि किसी विशिष्ट व्यक्ति के आने पर सेना का यह हमेशा का नियम था कि रंग-रोगन और साफ़-सफ़ाई हो। वह अपने व्यक्तिगत आराम, यहाँ तक कि अपने स्वास्थ्य की क़ीमत पर भी किसी सैनिक प्रोटोकॉल का उल्लंघन नहीं करना चाहते थे।

दिसंबर 2007 में मैं और ज़िनोब्या अपनी सालाना छुट्टियों में हिंदुस्तान आए थे। हमने सैम से मिलने का निश्चय किया। शैरी चेन्नई से आईं और हम लोग पाँच दिन स्टाव्का में रहे। दिन में दो बार हम तीनों अस्पताल जाकर सैम से मिलते और उनके साथ समय बिताते। यह तब की बात है, जब सरकार ने उनकी तनख्वाह का बकाया अदा करने का एलान किया था– उन्होंने शैरी से सिर्फ़ इतना पूछा, 'क्या मेरे खाते में पैसा आ गया है?' एक व्यंग्यात्मक मुसकराहट के साथ उन्होंने शंका व्यक्त की कि शायद चेक अस्वीकृत हो जाएगा!

गिरते स्वास्थ्य के बावजूद सैम हमेशा सतर्क रहते थे। एक दिन हमें घर से निकलने में पाँच मिनट की देरी हो गई। हम लोग वेलिंगटन जिमखाना तक पहुँचे ही थे कि शैरी का फोन बजा। शुले पूछ रहा था– 'टाइम भऐ सक्यो, बूढ़ो ले सोधेछा कि किना पूगे छइना?' (टाइम हो गया है, बुढ़ो, यानी सैम, पूछ रहे हैं कि तुम लोग अभी तक क्यों नहीं पहुँचे हो?) कमरे

अपने 90वें जन्म दिवस की पार्टी के अवसर पर ख़ुशी के कुछ पल अपने घर पर निकट संबंधियों के साथ। साभार: मानेकशॉ परिवार

में पहुँच कर देखा तो उनकी घड़ी उनके सीने पर थी। इस बार वहाँ रहने के दौरान हमने उनकी पुरानी यादों को कुरेदने की कोशिश की, जब वह नौजवान अफ़सर थे, लेकिन ज़्यादातर वह कुछ भी कहने से मना करते रहे, लेकिन जब ज़िनोब्या ने वज़ीरिस्तान में चल रहे ऑपरेशन की बात छेड़ी कि वहाँ के पश्तून क़बाइली किस तरह पाकिस्तान की मुश्किलें बढ़ा रहे हैं, तो वह झट से उठ बैठे और बोले, 'यह कोई नई बात नहीं है, जब 1944 में मैं रज़मक ब्रिगेड का बी एम था, क़बाइलियों ने तब भी ऐसा ही किया था। हम फ़ौजी दस्ते की सुरक्षा के लिए सड़क पर सामरिक महत्व की जगहों पर अपनी पलटन लगाते थे।' हमें उनके कुछ न बोलने से बख़्तरबंद में छेद मिल गया और वह बोलते गए! उन्हें अपने ब्रिगेड कमांडर के साथ की वह झड़प याद आई जब वह बी एम थे। वह हर दिन सिटरैप[2] तैयार करते और उसे संस्तुति के लिए प्रस्तुत करते कि डिवीज़नल मुख्यालय भेजा जाए। लेकिन उनका ब्रिगेड कमांडर, जिसका नाम उन्हें याद नहीं आ रहा था, बेहद ढीला-ढाला था और उनकी रिपोर्ट कभी मुख्यालय समय से नहीं पहुँचती। एक शाम डिवीज़नल कमांडर ने गुस्से में फोन घुमाया और ब्रिगेडियर से बात करना चाहा लेकिन ब्रिगेडियर घर जा चुके थे। ब्रिगेडियर की ग़ैर मौजूदगी में उनके गुस्से का शिकार सैम बन गए और ढिल्लड़पने के लिए झिड़की खानी पड़ी। उन्होंने अपनी सफ़ाई में कुछ भी नहीं कहा, बस शांतिपूर्वक सुनते रहे और बाद में कहा कि वे उनके बॉस से इस

2 मौजूदा हाल की रिपोर्ट।

घर पर इत्मीनान से अख़बार पढ़ते हुए सैम।

बारे में बात कर लेंगे। उस शाम ब्रिगेडियर ने सैम को अपने निवास में ड्रिंक के लिए बुलाया। सैम ठीक पैमाने से सूट-टाई लगाकर उनके यहाँ पहुँचे। दरवाज़े पर दस्तक दी तो उनका अर्दली उन्हें उनके स्नानघर तक ले गया जहाँ उन्होंने देखा कि उनका बॉस बाथटब में डूबा स्कॉच और सोडा की चुस्कियाँ ले रहा था। अर्दली ने वहीं एक कोने में सैम के लिए कुरसी लगाई और उन्हें ड्रिंक थमा दिया। ब्रिगेडियर अपने बदन पर झाँवा रगड़ते हुए बोला, 'देखो बेटा! आज तुम्हारी वजह से मुझे जी ओ सी का कोपभाजन बनना पड़ा। वह समझते हैं कि तुम्हीं इस डिवीज़न के सबसे सुशील अफ़सर हो, जिसे अंग्रेज़ी भी अच्छी आती है और पेशेवर दक्षता भी तुम्हीं में है। आइंदा तुम जितनी सिटरैप लिखोगे, उन्हें मैं बिना देखे मंजूर कर दूँगा। तुम इसका मतलब समझ रहे हो? अब यह तुम्हारी ज़िम्मेदारी है कि वह सब सही हो!' सैम ने उत्तर दिया, 'जी जनाब।' अपना ड्रिंक खतम किया और वहाँ से चल दिए। उसके बाद जी ओ सी से कोई शिकायत नहीं आई। यह सैम द्वारा बताई आख़िरी दास्तान थी। एक अजीब-सा पूर्वाभास हो रहा था कि अब शायद सैम से फिर कभी मुलाक़ात नहीं होगी।

उनकी मृत्यु से एक हफ़्ता पहले बीमारी के अनेक विकार दिखाई देने लगे। उनका परिवार उनके पास ही था। मृत्यु से एक दिन पहले उनकी बेटियाँ उनके कमरे में थीं। डॉक्टरों की एक टीम आई, उनका परीक्षण करने के बाद वे दरवाज़े के पास ही एकसाथ खड़े होकर उनकी स्थिति पर विचार-विमर्श कर रहे थे। सैम अपने परिवार के साथ अकेले रहना चाह रहे थे, इसलिए माया से पूछा, 'वह सब चले गए?' माया के 'न' कहने पर उनका तुरंत जवाब था, 'कमबख़्त इस बात का इंतज़ार कर रहे हैं कि मैं पहले जाऊँ!' दरअसल वह मज़ाक में उस मिलिट्री प्रोटोकॉल का ज़िक्र कर रहे थे, जिसके अनुसार सबसे वरिष्ठ अधिकारी को ही पहले जाना होता है। उनका मज़ाकिया अंदाज़ और मुहावरों का सटीक प्रयोग अब भी हमेशा की तरह ही पैना था।

27 जून 2008 के दिन फ़ील्ड मार्शल सैम मानेकशॉ निमोनिया से जंग हार गए। वह 94 साल के थे। उनका जाना न केवल उनके परिवार के लिए, वरन उनके मित्रों, सहकर्मियों, भारतीय सेना और पूरे राष्ट्र के लिए अपूरणीय क्षति थी। जब हमने यह पुस्तक लिखने का निश्चय किया तो अनेक वरिष्ठ अधिकारियों ने, जिन्होंने उनके मातहत काम किया था और जो अब स्वयं भी बुज़ुर्ग हो चले थे, हमसे संपर्क किया कि वह उनके स्नेहिल संस्मरण हमसे साझा करना चाहते हैं। हालाँकि उनमें से कइयों का स्वास्थ्य अच्छा नहीं था, फिर भी उन्होंने अपने संस्मरण हमें टाइप करके भेजे। सैम के प्रति लोगों के मन में इस हद तक स्नेह था जो हमें और भी विनम्र बना देता था।

उनके पारसी रीति-रिवाज़ों से अंतिम संस्कार के पहले उनका पार्थिव शरीर वेलिंगटन में मद्रास रेजिमेंटल सेंटर में रखा गया। दिल्ली में सेना द्वारा आयोजित उनके एक स्मृति समारोह में उनके नाती, जेहान सैम, ने यह प्रशस्ति पढ़ी–

> *राओल, ब्रैंडी और मेरे लिए वह हमेशा ही सैम थे– हमारे अद्भुत, अद्वितीय, प्यारे नाना। वही थे जिनकी मज़बूत उँगली पकड़ कर हम बग़ीचे में घूमते थे और वह हमें फूलों के नाम याद कराते थे। सैम हम लोगों को अपने साथ हर जगह ले जाते और हमारा परिचय कराते समय 'सैम' पर विशेष ज़ोर देते, 'यह जेहान सैम है, और यह राओल सैम!'*
>
> *सैम हमेशा चाहते थे कि हम हर काम सही ढंग से करें। उदाहरणार्थ– उनका सुबह का कार्यक्रम कुछ इस प्रकार होता था: सुबह उठना, उठते ही बीबीसी[3] लगाना, बिग बेन[4] की धुन के साथ ही अपनी घड़ी मिलाना, उसे जी एम टी[5] से ठीक साढ़े 5 घंटे आगे करना, सही तरतीब से डाक देखना, अख़बार पढ़ना, उसे सिल्लू के लिए सही ढंग से फिर मोड़कर रखना, नहाना, सही तरतीब से कपड़े पहनकर ठीक 9 बजे नाश्ते के लिए प्रस्तुत होना। गरमी की छुट्टियों में जब हम लोग उनके पास होते तो आते ही हमें भी उनके साथ इसी क्रम में शामिल होना पड़ता।*
>
> *सैम में असीम विनोद क्षमता थी। वह लगातार मज़ाक करते रहते और हम लोगों से कुछ न कुछ करवाते जिससे नानी हमसे नाराज़ हो जातीं। वह हम लोगों की व्याकरण हमेशा सुधारते रहते, और अपनी मज़ाकिया तरक़ीब से हमारी ग़लतियाँ सुधारते! वह हमें तब तक चिढ़ाते-छेड़ते रहते जब तक हम भी उन्हें चिढ़ाते। वह इस हद तक हमें नहीं छोड़ते जब तक कि हम ख़ुद उनके बुने जाल से निकलने का तरीक़ा ढूँढ़ निकालते। अंत में हमें यह पता चला कि हमें अपना बचाव ख़ुद करना पड़ेगा और बेहतर यही होगा कि हम ख़ुद उनसे मज़ाक करने लगें।*
>
> *वह अपने बचपन की बातों से हमें सबक़ सिखाते थे। अमृतसर में प्यार भरे माहौल के बीच होने वाली परवरिश के बारे में, वह न केवल अपनी बेटियों, मेरी माँ और मौसी को, बल्कि हम नातियों को भी पूरी तरह बताते थे।*
>
> *कई बार हमारे नाना का विवरण करते लोगों ने 'घमंडी' या 'अकड़ू' जैसे विशेषण का इस्तेमाल किया है लेकिन वास्तविकता यह थी कि ऐसे स्वभाव से वह कोसों दूर थे। किन्हीं शांत क्षणों में वह अपने परिवार के साथ जीवन के बारे में कहते कि वह कितने भाग्यशाली थे, उन पर कितनी कृपा थी कि ज़िंदगी उनके साथ हमेशा ख़ुशनसीबी से पेश आई। उन्हें इस बात का अहसास था कि उन्होंने एक अनुपम जीवन जिया है लेकिन उस तथ्य का महत्व उन्होंने कभी नज़रअंदाज़ नहीं किया। वह कहते, 'मैं हमेशा बहुत ख़ुशनसीब रहा, मेरी सफलता में भाग्य का बहुत बड़ा योगदान है।'*

3 ब्रिटिश रेडियो का विदेशी समाचार।

4 लंदन की मशहूर घड़ी।

5 ब्रिटेन का समय।

चाणक्य ने मौर्य राजवंश के संस्थापक नरेश, चंद्रगुप्त मौर्य को यह सलाह चौथी सदी में दी थी: 'जिस दिन सैनिक को अपनी देय राशि की माँग करनी पड़ेगी, यानी तुम सैनिक के त्याग को नज़रअंदाज़ करोगे, वह दिन मगध के लिए दुखद दिन होगा और उस दिन तुम मगध का महाराज बने रहने का हक़ खो बैठोगे।'

उनके बीतने पर एक युग का अंत हो गया। वेलिंगटन छावनी में पूरे राजकीय एवं सैनिक सम्मान के साथ उनका अंतिम संस्कार किया गया। तत्कालीन प्रधानमंत्री और रक्षा मंत्री ने उसमें शामिल होने की ज़रूरत नहीं समझी। चूँकि थल सेना अध्यक्ष उस समय रूस में थे, इसलिए उप सेना अध्यक्ष शामिल हुए, किंतु नौ सेना और वायु सेनाध्यक्षों ने अपने प्रतिनिधि के रूप में डी एस एस सी में तैनात दो सितारा जनरलों को भेजा। राष्ट्रध्वज भी नहीं झुकाया गया। बहाना यह था कि सरकार उनके पद में वारंट ऑफ प्रिसिडेंस[6] में फ़ील्ड मार्शल जोड़ना भूल गई थी। एक राष्ट्रीय नायक के प्रति यह उपेक्षा नौकरशाही की अकर्मण्यता को दर्शाता है और यह कि हम चरित्रहीनता के किस गर्त में गिर चुके हैं।

ब्रिटिश फ़ील्ड मार्शल ड्यूक ऑफ वेलिंगटन का लंदन में अंतिम संस्कार बेहद शान से किया गया था। उसमें यूरोपीय देशों के राष्ट्रीय प्रतिनिधि और राष्ट्राध्यक्ष शामिल हुए थे। इसके विपरीत भारत में, जहाँ राजनेता बड़े-बड़े धन कुबेरों और संदिग्ध चरित्र के धर्मगुरुओं के अंतिम संस्कार में दौड़े चले जाते हैं, वहीं उन्होंने एक सिपाही और एक राष्ट्रीय नायक के प्रति इस प्रकार की उपेक्षा का भाव प्रदर्शित किया। पर पलट कर देखें तो यह अच्छा ही हुआ कि सैम को उन लोगों की बनावटी सहानुभूति का पात्र नहीं बनना पड़ा, जिनसे वह बिलकुल विपरीत थे। कितने ही अफ़सर, सैनिक, सैनिकों के परिवार के सदस्य, समाज के विभिन्न वर्गों से आए नागरिक उन्हें श्रद्धासुमन अर्पित करने के लिए लाइन में खड़े हुए। वह जिस तरह जीवन-भर जन-जन के सैनिक रहे थे, वैसे ही मृत्यु के बाद भी वह उन्हीं लोगों से घिरे थे जो उनसे प्रेम करते थे और उनका सम्मान करते थे।

---

6 वह सूची जो सरकारी अधिकारियों के दर्जे का फ़ैसला करती है।

अमूल का पोस्टरः 'जय जवान, जय सैम।'

साभारः अमूल एंड द कान्हा कम्युनिकेशंस प्रा.लि.

फ़ील्ड मार्शल सैम मानेकशॉ पारसी परिवार में जन्मे थे, अपनी बिरादरी के लिए तो वह हमेशा 'आपरो सैम' (हमारे सैम) ही रहेंगे। अमृतसर के सिख उन्हें अपना मानते हैं, तो तमिल लोग यह सोचकर ख़ुश होते हैं कि उन्होंने नीलगिरी में अपना घर बसाया। इंगलैंड के रॉयल स्कॉट्स उनकी उपलब्धियों पर गर्व करते हैं तो पाकिस्तान के 4/12 एफ एफ आर के हट्टे-कट्टे सरदार अपने 'जंगी लाट' का सदा आदर करते हैं और यही भाव पाकिस्तान की पिफर पलटनें भी रखती हैं। भारतीय सेना के लिए वह उनके ख़ास 'सैम बहादुर' थे और हमेशा रहेंगे।

वह न केवल भारतीय फ़ौज के हर एक जवान और अफ़सर के 'अपने' थे, सच पूछिए तो सेना के तीनों अंगों में उनके प्रति यही सद्भाव था और रहेगा। सर्वोपरि तो वह हर भारतीय के लिए एक महान नायक हैं और शायद ही कोई उनकी देश की सेवा का मुक़ाबला कर सके! ♦

आभार

हम शैरी बाटलीवाला, माया दारूवाला, फ्रेयान पंथकी, जेहान पंथकी, शेरू कोलाबावाला, रूबीना पटेल, फ़िरोज़ा फिच, हनी मणि, भारत सरकार के पूर्व अतिरिक्त महाधिवक्ता फली एस. नरीमान, भारत सरकार के पूर्व विदेश सचिव ललित मानसिंह के महत्वपूर्ण योगदान के लिए आभारी हैं।

इसके साथ लेफ़्टिनेंट जनरल ए.एम. वोहरा, पी वी एस एम (सेवानिवृत्त), लेफ़्टिनेंट जनरल एम.एन. बत्रा, पी वी एस एम (सेवानिवृत्त), लेफ़्टिनेंट जनरल जे.सी. पंत, पी वी एस एम (सेवानिवृत्त), लेफ़्टिनेंट जनरल विजय ओबेरॉय, पी वी एस एम, ए वी एस एम, वी एस एम (सेवानिवृत्त), मेजर जनरल के.एस. बाजवा (सेवानिवृत्त), लेफ़्टिनेंट जनरल अनूप मलहोत्रा (सेवानिवृत्त), कर्नल विपिन पतपटिया के योगदान के लिए हम हृदय से आभार व्यक्त करते हैं।

साथ ही काम में सहयोग के लिए मेजर जनरल इअन कार्दोज़ो, ए वी एस एम, एस एम (सेवानिवृत्त), ब्रिगेडियर अशोक मलहोत्रा (सेवानिवृत्त), कर्नल प्रदीप काला (सेवानिवृत्त), कर्नल नौरोज़ खम्बाता (सेवानिवृत्त), कर्नल मनीष सरीन (सेवानिवृत्त), कर्नल एम.एम. भट्ट, वी एस एम (सेवानिवृत्त), कर्नल चन्द्र शेखर पंत, वी एस एम (सेवानिवृत्त), लेफ़्टिनेंट कर्नल ए.के. शर्मा (सेवानिवृत्त), ब्रिगेडियर हेमंत जुनेजा (सेवानिवृत्त), लेफ़्टिनेंट कर्नल सी.एन. तेम्बे (सेवानिवृत्त), कर्नल बाबू फ्रांसिस, कर्नल अरुण कुमार लाल (सेवानिवृत्त), कर्नल संजय कन्नोथ, लेफ़्टिनेंट कर्नल आमोद चांदना, लेफ़्टिनेंट कर्नल मनोज हांडा, लेफ़्टिनेंट कर्नल नीरज श्रीवास्तव, अनीता अंकलेसरिया, अमृतसर दक्षिण रोटरी क्लब के अध्यक्ष (2014) रणदीप सिंह अरोरा, ओबेरॉय समूह के अधिशासी अध्यक्ष पी.आर.एस. ओबेरॉय, दिनशॉ मेहता, कावस एस. पंथकी (सेवानिवृत्त), बॉम्बे पारसी पंचायत व कोबाद पंथकी का भी आभार व्यक्त करते हैं।

हमारा संपूर्ण आभार श्रीमती वंदना गुप्ता को, जिन्होंने श्रमपूर्वक एवं कुशलता के साथ इस किताब का संपादन किया। पत्रों के अनुवाद का उपयोगी सुझाव और प्रेरणा भी उन्हीं की थी। अनुक्रमणिका के प्रस्तुतीकरण का श्रेय भी उन्हीं को जाता है।

1971 में भारतीय सशस्त्र बलों का श्रेष्ठता पदक्रम ढाँचा

थल सेना	नौ सेना	वायु सेना
सेकेंड लेफ़्टिनेंट	एक्टिंग सब लेफ़्टिनेंट	पायलट अफ़सर
लेफ़्टिनेंट	सब लेफ़्टिनेंट	फ्लाइंग अफ़सर
कैप्टन	लेफ़्टिनेंट	फ्लाइट लेफ़्टिनेंट
मेजर	लेफ़्टिनेंट कमांडर	स्क्वाड्रन लीडर
लेफ़्टिनेंट कर्नल	कमांडर	विंग कमांडर
कर्नल	कैप्टन	ग्रुप कैप्टन
ब्रिगेडियर	कोमोडोर	एयर कोमोडोर
मेजर जनरल	रिअर एडमिरल	एयर वाइस मार्शल
लेफ़्टिनेंट जनरल	वाइस एडमिरल	एयर मार्शल
जनरल	एडमिरल	एयर चीफ़ मार्शल

1. भारत की सरकार ने भारतीय थल सेना के दो अधिकारियों को फ़ील्ड मार्शल का पद दिया है। 1971 के युद्ध में सेना के उत्कृष्ट प्रदर्शन के लिए जनवरी 1973 में जनरल एस.एच.एफ.जे. मानेकशॉ को सेना अध्यक्ष रहते हुए फ़ील्ड मार्शल पद पर पदोन्नत किया गया। जनवरी 1986 में देरी से ही सही, सरकार ने फ़ैसला किया कि 1947-48 के भारत-पाक युद्ध के दौरान पश्चिमी सीमा पर सफल अभियान के लिए स्वतंत्र भारत के पहले भारतीय कमांडर-इन-चीफ़ जनरल के.एम. करिअप्पा को फ़ील्ड मार्शल पद दिया जाए।

2. वायु सेना में मार्शल का पद 2002 में एयर चीफ़ मार्शल अर्जन सिंह को दिया गया। वह 1964 से 1969 तक भारतीय वायु सेना अध्यक्ष रहे।

अनुक्रमणिका

श

श्र

स

ह